한일관계사연구논집 13

고대 동아시아 재편과 한일관계

한일관계사연구논집 편찬위원회 편

景仁文化社

발 간 사

최근 한국과 일본 두 나라는 새로운 미래를 함께 열어가기 위한 공동의 노력을 전개하고 있다. 양국의 정치지도자나 여론 주도층에서는 동아시아 내지 세계 인류의 발전과 번영을 위해 양국이 공동으로 노력해나가야 한다는 사실에 적지 않게 공감하고 있다. 특히 오늘과 내일의 역사를 주도할 두 나라의 젊은이들도 점차 과거의 관념에서 벗어나 새로운 양국 관계를 형성해 가려고 한다. 이는 양국 관계의 전개에 있어서 매우 바람직한 현상으로 생각된다. 이와 같은 공감대는 해방 이후 반세기 이상이 지나서야 비로소 나타날 수 있었다.

그러나 현재 한일 양국이 인류의 발전을 위해 공동보조를 견지하기 위해서는 더 큰 노력을 기울여야 한다. 특히 오늘의 역사연구자와 역사교육자들, 그리고 교육행정가들은 미래사의 주역이 될 양국의 젊은이들에게 중등학교 교육을 통해서 양국 간의 관계사에 대한 정확한 지식을 전수해야 할 책임을 지고 있다. 과거사에 대한 이해 없이는 미래에 대한 건전한 전망도 불가능하기 때문이다.

그럼에도 불구하고 한국의 연구자들은 일본의 중등학교 역사교육 과정에서 사용되는 일부 교과서에 대해 적지 않은 문제를 제기해 왔다. 이 문제를 해결하기 위해 양국 정부수반의 합의에 따라 2002년도부터 한일역사공동연구위원회가 설치되어 양국간의 역사문제에 대한 공식적 논의를 착수하게 되었다. 특히 제2기 한일역사공동연구위원회는 2007년도부터 활동을 시작하여 2009년도 말에 그 상호연구를 마무리 지을 수 있었다.

생각해보건대, 한국과 일본 두 나라는 분명 그 문화와 역사가 다른 나라이다. 그러나 한국과 일본 두 나라는 선사시대 이래 오늘에 이르기까지 긴밀한 관계를 유지해 왔다. 이 역사적 사실에서 양국 간에는 특별한 관계사가 성립되었다. 한일관계사 속에는 외교관계나 문화관계 등 평화적 상호관계가 있었다. 이와 함께 한국과 일본 두 나라는 때로는 전쟁관계에

놓이기도 했다.

더욱이 한국은 20세기에 이르러 일본 제국주의의 식민지로 전락되었다. 식민지 지배에 대한 한국인의 거부와 저항은 한일양국간의 상호관계를 적대관계로 변질시켰다. 이 적대관계는 해방과 그 이후에 체결된 한일간의 조약에 의해서 법적으로는 청산되었다. 그러나 일본의 중등학교 역사교과서에 수록된 정당하지 못한 내용이 전달될 경우에는 그 적대관계가 재차 형성되었고, 미래사에 대한 암담한 전망 때문에 양국의 상호관계가 냉각되기도 했다.

이에 양국의 연구자들은 그 과거사가 미래를 향하려는 길목에 장애가 됨을 공감했다. 그리하여 연구자들은 새로운 미래사를 전개하기 위한 전제조건으로 양국의 역사문제에 대한 해결을 위해 진지하게 토론하고 의견을 나누었다. 한일역사공동연구위원회는 이를 위해 출범했으며, 제2기 한일역사공동연구위원회의 한국측 위원회는 제1기의 전례에 따라 양국간에 합의한 공동주제에 대해 다시 심화연구를 추진했다.

그 결과 각 분과에서는 각기의 공동주제에 대한 이해의 심화를 위해 소주제들을 정하여 이에 대한 심화연구가 이루어졌다. 4개 분과가 각기 추진해온 그 세부 주제에 대한 연구는 모두 76편의 전문적 논문으로 정리되었다. 그런데 제1기의 경우에는 그 연구결과를 모아서 한일관계사연구논집 편찬위원회의 명의로 ≪한일관계사연구논집≫(전10권)을 간행한 바 있었다. 이에 이어서 한일역사공동연구위원회 제2기 한국측위원회도 그 논집을 이어받아 제11집부터 21집까지의 일련번호를 부여하여 간행하게 되었다. 이번에 간행된 책자에는 영문과 일문의 요약을 첨부했다. 특히 영문 요약문의 최종 검토작업은 한지은 선생과 UBC의 Franklin Rausch 선생이 나누어서 해주었다. 그동안 연구에 참여한 위원 및 공동연구원, 그리고 이 책의 간행에 도움을 준 모든 분들에게 특별히 감사드린다.

2010.3.

한일관계사연구논집 편찬위원회 위원장 조 광

〈목 차〉

고대 동아시아 국제질서의 재편과 한일관계*
－7~9세기－

노 태 돈**

Ⅰ. 머리말

7~9세기 한·일관계는 당시 양국 역사의 전개에 큰 작용을 하였을 뿐 아니라, 이후 양국인들의 상대에 대한 인식에 지대한 영향을 미쳤다. 그런데 7~9세기 한일관계에 대한 이해에서 양국의 학인들이 견해를 달리하는 부분이 적지 않다. 본 연구에서는 양국 학자들 간에 이해에 큰 차이를 보이고 있거나, 그간 연구에서 소홀하였던 주요 문제들

* 이 논문은 ≪제2기 한일역사공동연구보고서 제1권≫(2010, 한일역사공동연구위원회)에서 재수록한 것임.
** 서울대학교 국사학과 교수

을 중심으로 7~9세기 한일관계를 고찰해보고자 한다. 검토할 대상은 다음의 주제들이다.

먼저 663년에 있었던 백(촌)강구 전투를 위시한 백제부흥전쟁을 중심으로 그 전후 시기의 한일관계를 살펴보고자 한다. 고대 한일관계사의 전개과정에서 백제부흥전쟁은 분수령을 이루었다. 그간 일본학계에서 이 전쟁을 전후한 시기의 역사에 대한 정치한 연구가 행해져왔지만, 다분히 일본사의 맥락에서만 고찰하였던 면을 보여준다. 구체적으로 말하자면 日本書紀的 관점에 입각한 이해에 치중하였고, 그에 따라 정작 이 전쟁의 당사국인 신라를 부수적인 존재로 보는 편향된 인식을 보여주었다. 한편 한국의 경우, 개설서나 교과서 등에서 대부분 백강구 전투를 도외시하는데, 이 역시 편향된 역사인식이라 하겠다. 그래서 본 연구에서는 백강구 전투를 위시한 백제 부흥전쟁을 보다 객관적으로 조명해 보고자 한다.

다음으로 신라가 당과 대립하던 시기의 신라·일본 관계에 대해 살펴보고자 한다. 직접적인 무력 상쟁을 벌이던 시기는 물론이고, 676년 이후 신라가 당과 이면적인 대립을 지속하던 시기에, 신·일 관계는 신·당 관계와 깊이 연결되어 움직였다. 이 면에 대한 이해는 곧 이 시기 신·일관계의 실상을 이해하는데 핵심적인 요소가 된다고 여겨진다. 본 연구에서는 이 점을 중시하여, 7세기 후반에서 8세기 중반에 이르는 시기의 신·일관계를 재조명해 보고자 한다. 구체적으로는 이 시기 양국관계의 전개 양상과 양국 조정이 상대국에 대해 지녔던 상이한 인식 및 그것이 국제정세의 변화와 함께 외교적 갈등과 마찰을 일으켜 마침내 8세기 중반 국교 단절로 이어지게 된 과정을 고찰해보려 한다.

7세기에서 8세기에 걸치는 시기에 한반도의 고대국가들과 일본열도의 국가 간에 대립과 상쟁 만이 있었던 것이 아니라, 긴밀한 문화적 교류도 행해졌다. 그것은 양국인 간에 깊은 상호 문화적 연대감을 지닐 수 있게 하는 토대가 될 수 있는 바이다. 그간 이 문제에 대해선 활발히 연구되지 못하였고, 상대적으로 홀시되어 왔다. 본 연구에서는 이 문제를 율령문화와 불교문화를 통해 살펴보고자 한다. 고대 한·일 간의 율령문화 교류에 대한 연구가 그간 자료의 부족으로 한계에 부딪쳐 왔는데, 최근 한국에서 木簡 자료가 속속 발굴되어 나와, 이 방면 연구에 새로운 가능성을 제기해주고 있다. 불교문화의 경우도, 일본에 전해지고 있는 고대 한국인들의 저술이 확인되고 있어 연구에 활기를 불어넣고 있다. 이런 면을 활용하여 7~8세기 양측 간 문화교류의 측면을 살펴보고자 한다.

이어 마지막으로 8세기 중엽 일본 조정이 세운 신라 침공 계획을 둘러싸고 벌어진 발해와 일본 간의 교섭을 중심으로 해서, 8世紀代 발해와 일본 간의 교섭양상을 검토하고자 한다.

본 연구는 이상에서 제기한 주제들을 중심으로 논지를 전개하고자 한다. 부족한 면이 많을 줄 안다. 諸賢의 많은 指摘을 바란다.

Ⅱ. 三國統一戰爭期 三國과 倭(日本)의 關係

1. 隋·唐帝國의 膨脹과 高句麗·百濟·新羅·倭의 對應

1) 高句麗·隋 戰爭

隋帝國이 대륙을 제패하자, 기존(5~6세기)의 세력균형적인 국제정세는 무너졌다. 남조의 陳이 멸망하자 고구려는 곧바로 拒守之策을 강구하였다. 이어 契丹, 靺鞨 등의 種族에 대한 지배권을 둘러싸고 高句麗와 隋 간에는 분쟁이 발발하였으며, 598년 양국 간에 戰端이 열렸다. 그것은 4차례 隋軍의 침공으로 구체화되었고, 隋의 敗北로 일단락되었다.

이 시기 百濟는 겉으로는 隋帝國에 호응하였으나, 실제는 兩端을 보며 중립적 자세를 취하였다. 高句麗와 百濟의 압박을 받고 있던 新羅는 隋에 請兵하였다. 그러나 실제적인 전쟁 개입은 없었다. 倭國 또한 隋와 通交하고, 自國을 '天子國'으로 自負하기도 했지만, 高·隋戰爭에 실제적인 개입은 하지 않았다. 高句麗는 隋와의 전쟁기간 중 북방의 突厥과의 연결을 도모하였으나, 구체적인 성과를 낳지 못하였다. 그 외에 高句麗가 新羅나 百濟 및 倭와 군사 동맹을 추구한 흔적은 확인되지 않는다.

隋帝國의 팽창은 隋의 존립기간이 짧았고, 또 그 군사력이 遼河 線에서 高句麗에 의해 저지되었기 때문에, 그 波動이 遼河 以東으로 직접적으로 깊이 파급되지는 못하였다.

한편 7세기 초 이후 新羅에선 縣이 설치되는[1] 등 지방 행정조직의 확충이 진행되었으며, 촌락사회 내부에까지 중앙정부의 지배력이 침투하여 村落民으로 구성된 法幢軍團이 편성되었다. 新羅의 주요 군사력인 6停의 하나인 軍師幢이 眞平王 26년(604)에 조직되었다. 軍師幢에선 村主級의 지방 유력자인 軍師가 자신의 영향력 아래에 있는 村落民으로 조직한 部隊를 이끌고 中央官인 軍師幢主의 지휘 하에서 下級 武官으로 복무하였다. 삼국 간 항쟁의 격화와 隋帝國의 팽창에 따른 군사적 위기 상황은 인력과 물자에 대한 동원력의 극대화를 요구하였고, 그것은 중앙집권화의 진전을 촉진시켰다. 百濟에서도 비슷한 상황을 상정할 수 있겠다.

2) 645年 高句麗와 唐의 戰爭

隋帝國의 滅亡 以後 混亂에 빠진 中國大陸을 唐이 再次 統一한 뒤, 唐

---

1) 金昌錫, 2007 <新羅 縣制의 成立과 機能> ≪韓國古代史研究≫ 48

중심의 一元的인 세계질서 구축을 지향하여 대외적 팽창을 지속하였다. 唐은 주변 국가와 종족들을 정복하여 이들의 羈縻州化를 추구하였다.

唐이 628년 突厥의 突利可汗을 격파하고 蒙古高原을 제압하자 동부 내몽고 일대의 契丹, 奚 등의 유목민들이 당에 복속하였다. 고구려의 서북부 국경 일대가 당의 세력 앞에 전면적으로 열려 있는 상황이 된 것이었다. 이에 631년 2월 고구려는 千里長城을 축조하기 시작하였다. 그러자 이 해 7월에 唐은 官人을 파견하여 隋와의 전쟁 뒤 高句麗가 遼西地域에 세웠던 景觀을 파괴하여,[2] 反應을 나타내었다. 이 景觀은 고구려 침공 때 죽은 隋軍의 시체를 모아 쌓고 그 위에 흙을 덮은 것으로, 고구려에게는 일종의 戰勝記念物的인 성격을 지닌 것이었다. 물론 唐 朝廷은 이후에도 隋 末의 전란으로 죽은 이들의 白骨을 수습하고 唐 영역 내의 각지에 있던 景觀을 없애는 작업을 행하였다.[3] 그런 면에서 요서 지역 景觀의 파괴도 그 일환이었다고 주장할 수도 있겠지만, 이 시점에서 요서 지역에 있는 고구려가 세운 경관을 파괴하는 조처는 명백히 고구려에 대한 위협이며 도발이었다. 이에 兩國 간에는 긴장이 고조되었으나, 아직 유동적인 중앙아시아 지역의 정세로 인해 직접적인 충돌은 뒤로 미루어지고, 당과 고구려 간의 不安한 平和가 당분간 유지되었다.

그러던 중 唐은 640년 高昌國을 滅하고 郡縣을 설치한[4] 뒤, 641년 5월 兵部郎中 陳大德을 고구려에 파견하였다. 고창국의 멸망 소식을 접한 고구려의 上下에선 전쟁에 대한 위기의식이 고조되었고, 對唐 정책을 둘러싸고 귀족 간의 갈등이 격화되었다. 陳大德의 보고를 받은 唐 太宗은 고구려에 대한 침공 의지를 분명히 하였다.[5]

---

2) 《舊唐書》 3, 太宗 貞觀 5년 8월 甲辰
3) 《唐大詔令集》 114, 貞觀 5년 2월, "剗削景觀詔" ; 貞觀 19년 4월, "收葬隋 朝征遼軍士骸骨詔"[《唐大詔令集 卷5(中華文史叢書 1)》 (華文書局, 臺灣)]
4) 《資治通鑑》 195, 唐 太宗 貞觀 14년 9월조

한편 이 해(641) 3월에 百濟에선 義慈王이 즉위하였다. 이어 11월에는 큰 규모의 정변이 있었고, 이를 통해 의자왕은 왕권 강화를 도모하였다. 나아가 이듬해인 642년 여름 신라를 공격하여 大耶城 등 40여 성을 빼앗았다. 10월에는 高句麗에서 大規模 流血政變을 통해 淵蓋蘇文이 집권하였다. 이 해 末, 百濟의 攻擊을 받아 궁지에 처한 新羅에서는 金春秋가 平壤行을 단행하였다. 그러나 淵蓋蘇文과 金春秋의 평양성 담판은 무위로 끝났다. 신라의 평화 제의를 연개소문이 거부하였던 것이다. 그는 자신의 집권체제의 안정을 도모하기 위한 방편으로 대외 강경책을 추구하였다. 이는 이후 양국 관계에서 하나의 분수령이 되었다.

643년, 高句麗와 百濟는 협력하여 新羅에 대한 공격을 도모하였다. 이에 新羅는 唐에 請兵을 거듭하였다. 고구려 침공의 기회를 노리던 唐은 일단 외교적 압력을 가했으나, 高句麗가 거부하자 644년 高句麗 攻擊을 위한 동원에 들어갔다. 그리고 645년 2월 新羅와 百濟에 사신을 보내어 對高句麗戰에 참전할 것을 촉구하며, 참전한 병력은 唐의 해군 司令官인 大總管 張亮의 지휘를 받을 것을 요구하였다.[6]

대략 20萬 以上으로 산정되는[7] 唐軍은 645년 봄 고구려 침공에서 初盤戰에서는 승리를 거두었다. 이 해 5월 3만의 新羅軍이 북으로 고구려를 공격하였다. 그러나 신라군의 북진을 틈타 百濟軍이 동으로 新羅를 공격하자, 신라군이 급히 후퇴하여 귀환하였다.[8] 이제 고구려와 당의 대결에 따른 戰火가 한반도 內에까지 확산되었다.

한편 이 해 6월 倭國에서 정변이 일어나, 집권귀족인 蘇我氏 세력이 제거되고, 中大兄王子를 중심으로 한 새로운 세력이 집권하였고, 이어 大化改新이 단행되었다. 이 정변에는 蘇我氏 세력의 專橫이라는 대내

---

5) 《資治通鑑》 195 唐 太宗 貞觀 15년 8월 己亥
6) 《文館詞林》 364, "貞觀中撫慰百濟王詔", "貞觀中撫慰新羅王詔"
7) 盧泰敦, 2009 《三國統一戰爭史》 (서울대학교출판부) 82, 94
8) 《三國史記》 新羅本紀 善德王 14년 5월

적 요소 외에도, 高句麗와 唐 간의 전쟁에 따른 긴박한 국제정세와 渡唐留學生을 통한 새로운 문물에 대한 지식이, 倭國 조정의 上下에게 새로운 변화를 추구하는 개혁의 필요성을 절감케 하는 요소로 작용하였던 것 같다.

요동 전선은 安市城 郊外의 會戰에서 唐軍이 대승을 거두고, 安市城 包圍戰이 시작되었다. 그러나 안시성을 둘러싼 공방전은 장기화되었고, 그와 함께 점차 高句麗軍의 戰列이 再整備되어 갔다. 그런 가운데서 가을철이 깊어지고, 북방의 遊牧民 국가인 薛延陀와 高句麗 간의 동맹을 추구하는 움직임이 구체화되자,9) 唐軍은 마침내 9월 말 철수하였다.

3) 新羅·唐 同盟 對 高句麗·百濟·倭 連繫의 形成

(1) 戰後 各國의 動向

①高句麗

對唐 방어에 대외관계의 초점을 두었다. 구체적으로 唐을 측면에서 위협할 수 있는 세력과의 동맹을 모색하였는데, 몽골고원의 유목민 집단이 당에 굴복함에 따라 더 서쪽으로 나가 교섭 대상을 찾았다. 우즈베키스탄 사마르칸트 시 교외에 있는 아프라시앞 궁전 유적에서 발견된 궁전 벽화에 그려져 있는 高句麗人으로 여겨지는 두 명의 鳥羽冠을 쓴 사절의 모습은10) 그러한 고구려 조정의 절박한 노력의 한 증거이

---

9) ≪新唐書≫ 高麗傳

10) L. I. Alibaum, 1975 *Zivopisi Afraciaba*, Tashikent, 75 ; 穴澤和光·馬目順一, 1976 <アフラミヤブ都城址出土壁畵に見られる朝鮮人使節について> ≪朝鮮學報≫ 80 ; 金元龍, 1976 <사마르칸트 아프라시앞 宮殿壁畵의 使節圖> ≪考古美術≫ 129·130 ; 1984 <古代韓國과 西域> ≪美術資料≫ 34 ; 박진욱, 1988 <쏘

다. 그리고 645년 패전 이후 唐의 세력이 위축됨을 이용해 다시 遼河
상류지역으로 세력을 뻗치어, 契丹族을 둘러싸고 唐과 각축을 벌였
고,[11] 한편으로는 新羅를 견제하기 위해 百濟와의 결속을 강화하고, 倭
國과의 교류에 힘을 쏟았다.

②唐

646년 薛延陀를 공격하여 복속시킨 뒤, 고구려에 대해 소규모 병력
을 수시로 투입하여 치고 빠지는 장기 소모전을 진행하여 高句麗를 피
폐하게 할 것을 도모하였다. 그런 뒤 다시 高句麗를 대규모 침공하는
방책을 수립하였다. 그리고 唐軍이 지닌 긴 보급선의 약점을 보완하고
高句麗의 방어력을 분산시키기 위해, 高句麗 남부에 第2戰線을 구축하
는 것에 유의하였다. 따라서 자연히 新羅의 전략적 위치에 새삼 주목
하게 되었다.

③百濟

高句麗·唐 전쟁에서 실제 행동으로 高句麗를 지원하였다. 唐과 高句
麗의 전쟁은, 隋와 高句麗의 전쟁이 그러하였듯, 後者에 승산이 있다고
판단하였던 것이다. 이번에도 645년 전쟁의 결과가 그러하였던 만큼,
자신들의 판단이 옳다고 확신하고, 전후에도 해를 이어 新羅를 공격하
였으며, 高句麗 및 倭와의, 특히 후자와의 우호관계 유지에 주력하였
다.[12] 하지만 唐과의 관계 破綻은 피하려 하여, 표면적으로는 朝貢 관

런 싸마르깐드 아흐라샤브 궁전지 벽화의 고구려 사절도에 대하여> ≪조선
고고연구≫ 1988년 3기 ; 노태돈, 1989 <高句驪·渤海人과 內陸아시아 住民
과의 交涉에 관한 硏究> ≪大東文化硏究≫ 23 ; 1999 ≪고구려사연구≫ (사
계절) 재수록.
11) ≪舊唐書≫ 77, 韋挺 子 待價傳 ; 盧泰敦 ≪위 책≫ 118~119
12) ≪三國史記≫ 百濟本紀 義慈王 13년 8월조에 "王與倭國通好"라 한 것은 그
런 면을 나타낸다.

계를 유지하였다. 그러나 이미 대외정책의 기본 방향을 百濟는 선택하였으며, 그 점을 新羅와 唐은 익히 알고 있었고, 그에 대한 신라와 당의 대응만 남아있는 상황이 되었다.

④新羅

唐의 東進이 저지된 상황에서 신라는 高句麗와 百濟의 협공에 시달리는 형편이었으며, 百濟와 연결된 倭의 동향도 우려의 대상이었다. 아울러 신라 내부에선 645년 전쟁에 직접 참전하였다가 실패로 끝난 정책에 대한 책임을 둘러싸고 논란이 조정 내에서 있었던 것 같고,[13] 後嗣가 없는 여왕의 후계 문제가 심각해지고 있었다. 이어 646년 9월 왜국이 高向玄理를 신라에 파견하여 양국 간의 현안을 논의하기 위해 '質'의 파견을 요청하였다.

이처럼 안팎의 난제가 중첩된 상황에서 647년 正初, 首都에서 '女主不能善理'를 내세운 毗曇의 亂이 발발하였다. 亂은 귀족회의 세력 대 金春秋·金庾信 세력의 대결로, 後者의 승리로 종결되었다. 새로 옹립된 眞德女王 하에서 金春秋·金庾信 세력이 정국의 주도권을 잡았고, 이후 중앙집권화가 급속히 추진되었다. 대내적인 문제가 한 단락이 지워진 후, 대외적 위기 국면을 타개하기 위해, 倭國의 요청에 응해 647년 金春秋가 倭國에 파견되었다. 양국 간의 관계 개선을 추구하고, 倭와 唐 간의 통교를 위한 新羅의 중개 역할도 논의되었던 듯하다.[14] 金春秋로

---

13) 선덕여왕 14년(645) 11월 水品을 교체하여 비담을 상대등으로 삼은 것은 이해 5월에 행한 고구려 공격의 실패에 대한 귀족층들의 반발을 수습하기 위한 대책이었다고 여겨진다(≪三國史記≫ 5, 선덕여왕 14년 11월조). 朱甫暾, 1993 <金春秋의 外交活動과 新羅 內政> ≪韓國學論集≫ 20

14) ≪舊唐書≫ 倭傳. 648년 신라 사신이 3차례 당에 파견되었는데, 그 중 한 사신을 통해 倭國이 唐에 國書를 전달하였다(附新羅奉表 以通起居). 이런 일이 前年 왜국을 방문하였던 金春秋와 倭國 關係者 간에 論議되었을 수 있다. 적어도 新羅가 積極的으로 唐과 倭國 간의 關係改善에 一定한 役割을 하였음은

선 倭國을 親新羅·唐으로 선회할 수 있도록 노력하였을 것이다. 그러나 양국 간의 협의는 별다른 뚜렷한 성과를 거두지 못하였다. 이에 648년 金春秋는 새로운 돌파구를 찾기 위해 唐으로 건너 갔다.

⑤倭國

645년 이후 改新政權은 대외정책에서 새로운 모색을 하였다. 新政權이 親百濟的이었던 蘇我氏 세력을 타도하고 집권하였으며, 渡唐留學生 출신으로서 新羅를 거쳐 귀국하였던 高向玄理와 僧 旻 등이 國博士가 되어 改新政權의 브레인으로 참여하였던 사실 등은 정책 방향을 둘러싸고 새로운 모색을 할 수 있는 객관적 조건이 되었다. 이런 모색의 일환으로 646년 9월 新羅에 高向玄理를 파견하여 '質'의, 사실은 고위 귀족의 파견을 요청하였다. 그에 응해 647년 金春秋가 渡倭하였다.[15] 이때 양국관계와 그리고 唐과 倭의 국교 재개 등을 포함한 여러 현안을 둘러싼 의견교환이 있었던 같다. 특히 後者에 대해 新羅의 역할이 논의되었던 것 같다. 이는 648년 唐에 파견된 新羅使를 통해 倭의 國書가 전달된 사실, 金春秋를 이어 649년 倭에 金多遂가 파견되었던 사실 등을 통해서 추측할 수 있는 바이다. 金多遂는 644년 唐에 사신으로 파견되었다가, 新羅의 對高句麗戰 참전을 요구하는 唐太宗의 璽書를 받아 귀국하였던 일이 있다. 이 시점에 新羅와 唐의 대외관계에 깊은 이해를 지녔을 수 있는 金多遂를 倭國에 파견한 것은 곧 倭國을 新羅-唐 路線에 끌어들이려는 신라의 의도를 담은 조처였다.

아무튼 倭國은 653년과 654년 唐에 使臣을 파견하였다. 654년의 경우 新羅道를 통해 파견되었다. 이 654년의 遣唐使가 귀국하는 편에 新羅를 지원하라는 唐 高宗의 조서를 받았다. 그러나 倭國은 별다른 반

확인할 수 있다.
15) ≪日本書紀≫ 25, 孝德紀 大化 2년 9월조, 3년 是歲條

응을 보이지 않았다. 改新政權은 대외정책에서 새로운 모색을 하였지
만, 급격한 정책 변화를 나타내지 않았다. 新羅와 百濟 중 어느 한 편
에 일방적으로 左袒하지 않고, 兩國이 倭國을 大國으로 여겨 서로 경
쟁적으로 倭國과 교류하려는 것을[16] 보며, 정세를 관망하는 자세를 지
속하였다.

(2) 新羅·唐의 軍事同盟 成立

①唐

649년 唐 太宗 李世民이 죽음으로써, 그가 계획하였던 高句麗 遠征
계획은 중단되었다. 그러나 唐의 동북방 정책의 최대 목표가 高句麗의
멸망임은 여전하였다. 그런데 장기전이 요망되는 대고구려전의 수행을
위해선 두 가지 조건의 해결이 필요하였다. 하나는 서방 中央아시아
지역에서 唐의 지배력 확립이고, 다른 하나는 東北方에서 高句麗에 대
한 협공과 군량 조달을 해줄 수 있는 동맹세력의 확보였다. 唐 太宗은
죽기 전 해에 당에 온 金春秋와 만나 논의하여, 新羅와 구체적인 군사
동맹을 맺었다. 이는 唐 高宗에 의해서 계승되었다. 對高句麗戰에서 新
羅의 적극적인 참여와 활동을 위해서, 新羅軍의 움직임을 견제하는 百
濟의 멸망을 먼저 도모한다는데 양국이 동의하였던 것 같다. 아울러
新羅의 배후에 있는 倭를 견제할 필요성이 있었다. 新羅가 倭와의 관
계를 개선하려는 노력을 계속한 것이나, 654년 唐 高宗이 倭의 사신
편에 보낸 詔書에서 新羅를 지원할 것을 요구한 것은 그러한 면을 나
타낸다. 이런 가운데서 蘇定方이 이끈 唐軍이 657년에서 659년 사이
중앙아시아 방면에서 西突厥을 완전 제압하였다.[17] 이에 당은 660년
蘇定方을 사령관으로 百濟 침공을 감행하였다.

---

16) ≪隋書≫ 倭國傳
17) ≪舊唐書≫ 83, 蘇定方傳

②新羅

648년 金春秋가 唐으로 건너가 李世民과 新·唐 군사동맹을 맺었다. 이후 新羅는 기존의 독자적인 年號를 폐지하고 唐의 연호를 채택하였으며, 아울러 官服도 당의 것을 채택하는 등 급속한 親唐 정책을 추진하였다. 한편 650년에서 656년까지 新羅는 매년 倭國에 使臣을 파견하여, 관계개선을 추구하였으며, 倭를 新羅-唐 축으로 끌어들이려 노력하였다. 하지만 倭國의 반응이 여의치 않자, 651년에는 唐式의 官服을 입은 新羅 使臣을 倭國에 파견하여, 唐과 新羅의 결속을 과시하는 衝擊요법을 구사해 倭國과의 관계에 돌파구를 마련하려는 시도를 하기도 하였다.[18] 653년에는 倭國이 제2차 遣唐使를 파견하였으며, 654년에는 제3차 遣唐使를 파견하였다. 後者는 新羅道를 거쳐 산동반도의 萊州로 건너갔다. 즉 신라의 협조를 얻어 파견한 것이다. 이는 倭와 관계개선을 하려는 新羅의 정책적 의도와 무관한 것은 아닐 것이다.[19]

그러나 倭와의 관계진전을 더 이상 기대할 수 없고, 오히려 더 이상의 교접시도는 對百濟戰 준비에 저해가 될 수 있다고 판단함에 따라, 신라는 657년 倭의 遣唐使와 유학생이 新羅를 거쳐 唐으로 가려는 것을 되돌려 보냄으로써, 倭와의 관계를 사실상 단절하는 조처를 취하였다.

③百濟

651년 唐 高宗이 百濟 使臣에게 新羅와의 우호관계를 당부하고, 이를 거부할 경우 당이 직접 개입할 것임을 통보하였다. 그러나 백제는 신라에 대한 공격을 계속하여 이에 대한 거부의사를 표명하였다. 百濟는 652년을 끝으로 이후 唐에 대한 使臣 파견을 중단하였으며, 반면에 650년부터 656년까지 每年 倭에 사신을 파견하여 倭와의 관계에 크게

---

18) ≪日本書紀≫ 25, 白雉 2년 是歲條
19) 井上光貞, 1973 <大化改新と東アジア> ≪岩波講座 日本歷史 2≫ (岩波書店)

의존하는 정책을 취하였다.[20] 즉 高句麗-百濟-倭를 연결하는 협력 노선을 표명하였다. 당이 공격할 수 있다는 의사를 표명하였음에도 불구하고, 백제는 상상력 빈곤으로 해로를 통한 침공 가능성에 대한 별다른 대응책을 강구치 않았다.

④倭國

大化改新 이후에도 기존의 百濟와의 긴밀한 관계를 유지하였다. 그러면서 한편으로는 新羅와의 관계를 유지하였고 唐과의 관계 개선도 도모하였다. 651년 唐服을 착용한 新羅 사신에 대해 접견을 거부하고 격한 반응을 보였지만, 倭는 분명하게 新羅-唐 축과 高句麗-百濟 축 중 어느 한편에 左袒하려 하지 않으려는 자세를 견지하였다. 이는 실제에 있어선 후자에 기울어져 왔던 기존의 입장을 유지한 것이 되었다. 659년 唐에 파견된 倭國使가 귀국하려 하자, 기밀 누설을 우려한 唐이 이들을 對百濟戰이 종결될 때까지 억류하는 상황이 일어났음에서 보듯, 왜국은 상대적으로 국제정세에 무심한 면을 노출하였다.

2. 百濟의 滅亡과 百濟復興戰爭

1) 百濟의 滅亡

660년 7월 新羅·唐 동맹군은 水陸 양면으로 百濟를 공격하여, 단기간의 전투 끝에 泗沘城과 熊津城을 함락하고, 백제를 멸망시켰다. 곧이어 9월 초, 당군 1만과 신라군 7천을 주둔시키고, 양군의 주력은 백제로부터 철수하였다. 수도권이 공략되었지만, 그 외 지역의 百濟 군사력량은 보존되어 있어, 泗沘城 함락 직후부터 각지에서 百濟復興運動

---

20) 註 12)와 同

이 전개되었다. 초기의 유력한 움직임은 任存城(忠南 禮山 大興山城)을 중심으로 한 저항이었다. 당군과 신라군은 수차례 이들 百濟復興軍을 공격하였으나, 여의치 못하였다. 점차 각지의 부흥운동 세력이 연합하는 움직임을 보였고, 그 중심 인물로 福信이 두각을 나타내었다. 복신은 660년 10월 왜국에 청병하고, 扶餘豊을 왕으로 옹립하려 한다며 그의 귀환을 요청하였다. 이에 왜국은 백제부흥군에 대한 적극적인 지원에 나섰다. 한편 당과 신라는 百濟復興運動에 대해 적극적인 대응을 하지 않은 채, 백제를 멸망시킨 여세를 몰아 高句麗 攻滅戰에 착수하였다. 당은 660년 12월 高句麗 원정을 선언하고, 661년 1월부터 동원에 들어갔다.

한편 고구려는 658~9년에 걸친 唐의 요동 방면에 대한 군사적 공격과 견제로, 660년에 있었던 신·당군에 의한 百濟 攻滅戰에 별다른 대응을 하지 못하였다.[21] 이어 661년 唐軍은 百濟攻略戰처럼 수륙 양 방면으로 대거 高句麗 침공을 감행하였고, 신라군 역시 이에 동참하였다. 이 전쟁은 662년까지 전개되었다. 자연 신라군과 당군은 백제부흥군을 공략할 여력이 없는 상황이었다. 그에 따라 백제부흥군은 군사적·시간적 여유를 가지게 되었고, 나아가 唐의 駐留軍과 新羅軍의 공격을 저지하면서 錦江 이남 지역으로 세력을 확대하였다. 倭國은 高句麗를 지원하겠다는 의지를 표명하였으나[22] 실제적 개입은 못하였고, 百濟復興軍 지원에 집중하였다.

---

21) 高句麗軍이 660년 11월 1일 臨津江 기슭 新羅 七重城에 대한 공격을 하였다. (≪三國史記≫ 新羅本紀 武烈王 7年 11月 1日) 이는 때늦은 대응이라 하겠는데, 658~9년에 걸친 당군의 요동 공격으로, 당의 진정한 군사적 의도를 파악치 못한 채 방어책에 치중한 결과로 여겨진다. 이 전투 역시 단기적인 것이었고, 이어 당군의 대규모 침공으로 南顧할 여력이 없었다.

22) ≪日本書紀≫ 27, 天智 元年 3월조

2) 周留城 攻略戰과 白江口 戰鬪

백제부흥군은 661년 3월 경 周留城으로 중심지를 옮겼으며,[23] 당의 駐屯軍에 대한 압박을 가중하였다. 그리고 661년 9월 扶餘豊이 귀국하여 백제왕위에 취임하였고, 이 때 倭軍 5千이 그를 옹위하여 백제에 도착하였다. 왜국은 662년 정월 다량의 화살 등 물자를 지원하였다. 이어 扶餘豊은 중심지를 周留城에서 금강 남쪽의 避城(全北 金提)으로 옮겼다. 避城은 평야지대로, 이곳으로의 천도는 장기적으로는 부흥군 세력 기반의 확대에 의의가 있을 수 있지만, 방어에 脆弱한 점이 지적되어 반대의견이 제기되기도 하였다. 그러나 이를 강행하였는데, 그 후 新羅軍이 인근까지 압박을 가해오자, 백제부흥군은 다시 周留城으로 되돌아가게 되었다. 이후 정치적 기반을 달리하였던 扶餘豊과 福信 간의 알력과 대립이 심해졌다.[24]

백제부흥군은 신라군의 공세에 직면하자 倭國에 援兵을 요청하였고, 倭國은 663년 3월 2차 원병으로 2만 7천을 파견하여 新羅를 공격케 하

---

23) 복신은 661년 3월에 있었던 신라군의 주류성 공격을 격퇴하였고, 그 세력을 금강 남쪽으로 확대하였다. 이 무렵에 중심지를 주류성에 두었던 것 같다. ≪三國史記≫ 文武王 11년조, '答薛仁貴書' "熊津請兵 日夕相繼 新羅多有疫病 不可徵發兵馬 苦請難違 遂發兵衆 往圍周留 賊知兵小 遂卽來打 大損兵馬 失利而歸 南方諸城 一時總叛 并屬福."

24) 避城 遷都를 왜국의 지원에 세력 근거를 두었던 부여풍이 주도하였다고 보지 않고, 土着 基盤을 지니고 있던 복신이 長期的인 觀點에서 세력 확대를 추구하기 위해 주도하였다고 보는 견해가 있다[鈴木英夫, 1997 <百濟復興運動과 倭王權 - 鬼室福信斬首の背景 - > ≪朝鮮社會の史的展開と東アジア≫ (山川出版社]. 그러나 扶餘豊이 주도한 것으로 되어있는 ≪日本書紀≫ 天智 元年 12月의 기사가 전해주는 바에 따라 부여풍이 주도한 것으로 볼 수 있다. 즉 부여풍이 백제부흥운동 초기부터 복신의 세력 근거지였던 주류성 등 금강 이북 지역에서 벗어나, 금강 이남 지역에 새로운 근거지를 구축하려는 의도로 볼 수 있다.

였다. 악화되는 주변 상황 속에서 福信과 扶餘豊 간의 갈등이 격화되어, 이 해 6월 마침내 扶餘豊이 福信을 처형하는 사태에 이르렀다.[25] 이런 상황 전개는 復興軍 내부의 결속을 크게 약화시켰고, 이런 百濟 復興軍의 내분을 포착한 신라군과 당군은 이를 호기로 삼아 공세를 전개하였다. 이 위기 상황을 타개하기 위해 扶餘豊은 高句麗와 倭國에 구원을 요청하였다.

이 때 熊津城에 주둔하고 있던 唐軍은 孫仁師가 이끄는 7천명의 지원군을 맞이하여 사기가 한껏 올랐다. 孫仁師의 부대는 山東 해안지역 출신이며, 다수가 해군으로 여겨진다. 신라의 문무왕이 28명의 장수와 대병을 이끌고 熊津城에 합류하였다. 웅진성에서 열린 전략회의에서 周留城을 향해 두 방향으로 진군하기로 하였다. 육군은 周留城으로 향하는 進擊路上에 있는 험준한 加林城(忠南 扶餘郡 臨川面 聖興山城)은 건너뛰고 周留城을 직공하기로 하고, 해군은 熊津(江)에서 강을 따라 내려가 白江口로 가 그곳에서 육군과 만나기로 하였다. 육군이 주력이고 이를 해군이 보조하는 형세였다. 그 점은 양 방면군의 將領의 구성에서도 확인된다. 육군의 指揮部는 文武王과 新羅 장수들 그리고 당시 百濟 駐屯 唐軍 司令官인 劉仁願과 孫仁師 등이고, 해군의 그것은 劉仁軌와 杜爽·扶餘隆 등으로 이루어졌다. 당시 劉仁軌는 당의 추가 지원군 사령관인 熊津道 行軍總管 孫仁師 휘하 幕府의 참모인 行軍長史였으며, 杜爽도 휘하의 別將이었다.[26] 육군은 신라군이 중심이었고, 해군은 당군이 주력이었다. 해군은 白江 河口로 陸軍에 소요되는 군량을

---

25) ≪日本書紀≫ 天智 2년 6월
26) 劉仁軌가 그 뒤 크게 出世하여 ≪新·舊唐書≫에 立傳되어 있으나, 한반도에서 활동하던 시기의 劉仁軌에 관한 기록 중에는 여러 곳에서 불확실한 점이 보인다. 그 점과 그와 劉仁願과의 관계에 대해서는, 拜根興, 2003 ≪七世紀中葉唐與新羅關係硏究≫ (中國社會科學出版社) 152~160 참조. 백제부흥군을 진압한 뒤 세워진 것이 "劉仁願 紀功碑"였다는 사실은 당시 당군의 總帥가 劉仁願이었음을 말해준다.

운송하고, 白江口를 방어하여 바다에서 오는 원병(倭兵)을 저지하는 것이 주된 목적이었던 듯하다.

육군은 먼저 豆良尹城(忠南 靑陽郡 定山面 鷄峯山城)을 공략한 뒤, 8월 13일 周留城에 도착하였다. 마침 倭의 지원군이 도착한다는 소식이 전해지자 부여풍은 일부 倭軍과 復興軍을 끌고 8월 13일 白江口 방면으로 이를 맞이하러 갔다.[27] 倭의 지원군과 합류하여 周留城을 공격하는 新·唐軍을 안팎에서 협공하겠다는 목적과 함께, 最惡의 경우 退路를 확보하려는 의도도 있었을 것이다. 이어 新·唐軍이 17일 周留城을 포위하여 공격하였다.

白江口에 8월 17일 唐의 해군이 도착하여 陣을 치고 대기하였다. 8월 27일에 倭의 해군이 도착하였다. 양측 사이 교전의 序章은 강 기슭에서 百濟復興軍의 기병과 新羅 기병 사이에서 벌어졌다. 이윽고 이틀간에 걸쳐 唐과 倭의 해군 사이에 전투가 전개되었다. 전투는 倭軍의 패배로 끝났고, 扶餘豊은 高句麗로 달아났다.

白江口 戰鬪의 결과는 전함의 성능과 전술 등에서 보인 양측 간의 군사역량의 차이인[28] 동시에, 양측 집권체제의 성숙도 차이가 반영되었다는 해석이 일반적이다.[29] 단, 당시 倭軍 병사의 출신지역이 廣範圍하여 장수와 병사의 출신지가 일치하지 않은 사실이라든가,[30] 倭軍의 '前·中·後軍'체제가 보편적인 군대편제 양식이라는 점과 '大將軍'의 존재를 전하는 기록 등을 중시하여야 한다는 지적이 있다. 즉 倭軍의 성

27) 《日本書紀》 天智 2年 8월 甲午

28) 卞麟錫, 1994 《白江口戰爭과 百濟·倭 關係》 (한울) 170~185

29) 八木充, 1970 <百濟の役と民衆> 《國史論集》 (小葉田淳教授退官紀念會出版) ; 鬼頭淸明, 1976 <白村江の戰いと律令制の成立> 《古代日本國家の形成と東アジア》 (校倉書房), 158~171 ; 森公章, 1998 《「白村江」以後》 (講談社) 149~152

30) 森公章, 1992 <朝鮮半島をめぐる唐と倭 - 白村江 會戰前夜> 《古代を考える 唐と日本》 (吉川弘文館)

격이 지방 유력자의 휘하 군사력을 규합해 임시적으로 편성한 군대로
서 상하 지휘체계가 확립되어있지 않았다는 해석은 결과론적인 것에
불과하다는 비판이다. 이런 점은 앞으로 더 검토의 여지가 있기는 하
지만, 당시 왜국이 아직 律令에 입각한 국가체제가 성립되기 전이었다
는 점은 유념하여야 할 것이다.

 아울러 白江口 전투에 대해 한번쯤 고려하여야 할 점은 이 전투가
지닌 비중과 그 의의에 대한 이해이다. 백강구 전투의 의의를 당시 東
아시아 국제정세를 판가름하는 결정적인 會戰이었다고 이해하려는 시
각은 지나친 과장이라는 사실이다. 이 전투의 주력이 唐軍과 倭軍이었
다는 점을 강하게 의식하여, 마치 뒷날 壬辰倭亂이나 淸日戰爭과 대비
하여 고대 중국세력과 일본세력이 韓半島에서 자웅을 決한 전투인 것
처럼 인식하려는 것은 실상과 부합하지 않는다. 물론 이 전투가 百濟
復興戰爭에 결정적인 영향을 미쳤다. 그리고 이를 고비로 倭의 세력이
한반도에서 완전히 물러나게 되니, 이는 고대 한일관계사에서 큰 의미
를 지닌다. 또 이 전투에서의 패배 이후 日本은 중앙집권적 국가체제
인 '律令體制'를 형성하였던 만큼, 이 전투가 일본사의 전개에 한 단락
을 짓는 계기가 되었던 것이 사실이다. 그런 면에서 백강구 전투가 지
니는 역사적 의미는 중시되어야 한다. 그러나 이 전투는 당의 입장에선
별로 큰 비중을 차지하는 전투는 아니었으며,[31] 新羅에게도 주된 전투는
아니었다. 전투 규모도 양측 모두 실제 동원한 병력이 각각 萬 數千名 선
에서 벗어나지 않는 정도였다. 무엇보다 이 해에 벌어진 百濟復興戰爭의
主 전장이 周留城攻略戰이었다는 사실과 新羅軍의 존재를 忽視하게 되고,
나아가 新羅는 피동적인 존재로 파악하는 역사 이해를 초래할 우려가 있
다. 이는 그 뒤의 역사 전개를 이해하는데 도움이 되지 않을 수 있다.

---

31) 韋蘭春, 2000 <'白村江の戰'と戰後の唐・日關係> ≪國學院大學日本文化研究
   所紀要≫ 85

한편 포위된 周留城은 백강구 전투의 결과가 알려진 후, 9월 7일 항복하였다. 아직 任存城이 저항을 계속하였지만, 이로써 백제부흥전쟁은 사실상 종결되었다.

3) 百濟復興戰爭 以後 各國의 動向

唐의 동방정책의 최우선 과제는 高句麗攻略이었다. 唐은 이를 위해 百濟 지역에 대한 안정적인 지배권 확립에 주력하였다. 熊津都督府는 안으로는 전후 복구책을 통해 百濟遺民들을 회유하여 안정시키려 노력하였으며, 밖으로는 新羅 세력의 침투를 저지하기 위해 新羅王과 熊津都督 扶餘隆의 會盟을 강요하여 실행하였다. 그리고 倭國과 몇 차례 교섭을 시도하였는데, 이는 倭國을 唐의 세력 하로 끌어들이려는 목적과 함께 新羅에 대한 견제책이기도 하였다.

이런 가운데서 新羅와 唐 간에는 전후 百濟 지역의 지배권을 둘러싸고 갈등이 內燃하였다. 신라는 唐과 倭의 교통에도 의혹의 눈길을 보냈으나, 이 모든 것을 對高句麗戰 이후로 미루지 않을 수 없었다.

한편 倭國에선 新羅軍과 唐軍의 日本列島 침공 가능성에 대한 우려가 고조되어, 그 대비책에 부심하였다. 百濟 유민들의 助力을 받아 이른바 朝鮮式山城을 서부 日本 각지에 축성하였던 것도 그 일환이었다. 唐의 교섭 시도에 대해서 왜국은 이에 소극적으로 대응하되, 唐을 자극하려 하지 않으면서 정세의 추이를 주시하는 신중한 자세를 견지하였다.

高句麗는 백제의 멸망으로 그 戰略的 위치가 크게 약화되었다. 이런 상황에 처해, 淵蓋蘇文은 후계 구도를 구체화하는 작업을 서둘렀다. 그는 일찍부터 아들들에게 兄系 官等를 수여하였는데, 당시 地方長官이나 軍의 각급 부대장은 兄系 관등을 지닌 이들이 취임하였다. 즉 아들들에게 일찍부터 單位 기관이나 부대의 지휘관직을 역임케 하였던 것

이다.[32] 그의 장자인 男生은 15세에 中裏小兄, 18세에 中裏大兄, 23세
에 中裏位頭大兄, 그 이듬해에 將軍職을 받았으며, 28세에(661년) 莫離
支 三軍大將軍, 32세(665년, 寶藏王 24년)에 太莫離支가 되어 軍國의
機務를 總括하였다.[33] 그가 莫離支 三軍大將軍이 된 해가 백제 멸망 이
듬해인 661년이었다. 이 해에 연개소문은 男生에게 사실상 군사권을
대폭 이양하였던 것이다. 男生은 실제 이 해에 있었던 唐軍의 침공에
맞서 鴨綠江 방어전을 주도하였다. 그런데 男生의 동생인 男産도 15세
에 小兄을 제수받았으며, 18세에 大兄을, 21세에 中裏大活, 23세에 位
頭大兄을 받은 뒤 陞差하여 中軍主活을 역임하였고, 30세에 太大莫離
支가 되었다.[34] 그가 역임한 中裏大活과 中軍主活은 구체적인 성격을
알 수 없으나, 관등이 아니라 관직으로 여겨진다. 그 역시 군권을 分占
하였던 것이다. 墓誌銘이 전해지지 않는 男建의 경우도 비슷한 과정을
거쳤던 것으로 여겨진다. 이렇듯 연개소문은 아들들에게 軍權을 나누
어 주어 자신의 死後 안정적인 권력승계가 이루어지도록 기도하였다.
하지만 오히려 이것이 내분을 촉발하는 요소가 되었다.

3. 高句麗 滅亡

666년 형제 간의 권력투쟁에서 밀려난 男生이 國內城을 근거로 하
여 唐에 투항하였다. 절호의 기회를 포착한 唐은 대병을 동원하여 高
句麗를 침공하였다. 오랜 전란으로 피폐해진 상태에서 最高指揮部에서
일어난 내분과 투항은 高句麗의 저항력을 크게 약화시키었다. 절망적
인 상황에서 高句麗는 倭國에 사신을 보내[35] 아마도 청병을 하였던 듯

---

32) 盧泰敦, 1999 ≪앞 책≫ 476~478
33) 朴漢濟, 1992 <泉男生墓誌銘> ≪譯註 韓國古代金石文Ⅰ≫ 493~494
34) 朴漢濟, 1992 <泉男産墓誌銘> ≪위 책≫ 529

하나, 倭國은 이에 응하지 않았다. 唐軍에 군수품을 공급하며 助戰하던
신라는 668년 최종적인 平壤城 공략전에 文武王이 직접 대군을 끌고
참전하였다. 이 때 金庾信은 수도에 머물며 후방의 업무를 총괄하였다.
마침내 668년 9월 초 平壤城이 함락되었다.

4. 新羅·唐 戰爭과 新羅·倭(日本) 關係

1) 新羅·倭 國交 再開와 新羅·唐 開戰

668년 9월 12일 新羅使 金東嚴이 倭國에 도착하였다. 이 해는 657년
兩國 간의 國交가 斷切된지 11년 만이며, 平壤城이 함락되기 직전이었
다.[36]

新羅 朝廷이 金東嚴을 倭國에 파견한 것은 눈앞에 다가온 고구려 멸
망 이후 필연적으로 치루어야 할 唐과의 전쟁에 대비키 위해, 배후의
안전을 도모하려는 사전 조처였다.[37] 新羅 조정은 倭國과의 화해와 국
교 재개를 희망하였던 것 같고, 고구려 멸망 후 예상할 수 있는 新·唐
軍의 침공을 우려하던 倭의 조정은 이 제의에 우호적인 반응을 보였
다. 新羅使를 환대한 것이나, 倭王 天智와 重臣 中臣鎌足이 文武王과
金庾信에게 각각 배 1隻을 선물하는 등의 반응은 그러한 면을 말해준

---

35) ≪日本書紀≫ 27, 天智 5년 정월, 7년 7월
36) 9월 12일은 ≪三國史記≫에 따르면 평양성이 함락되기 9일 전이며, ≪資治通鑑≫
   에 의하면 陷落 當日이다.
37) 松田好弘, 1980 <天智朝の外交について> ≪立命館文學≫ 415·416·417 ; 直木
   孝次郎, 1985 <近江朝末年における日唐關係の一考察－唐使郭務悰の渡來を中心
   に－> ≪末永先生米壽紀念獻呈論文集≫ ; 鄭孝雲, 1993 <天智朝 對外關係에
   대한 一考察－백강구전후의 대외관계를 중심으로－> ≪韓國上古史學報≫ 14 ;
   金恩淑, 1996 <百濟復興運動 以後 天智朝의 國際關係> ≪日本學≫ 15 ; 盧
   泰敦, 1997 <對唐戰爭期(669~676) 新羅의 對外關係와 軍事活動> ≪軍事≫ 34

다. 이 이후 양국 관계는 급속히 호전되었다.

이러한 조처가 있은 뒤 신라 조정은 669년 5월 이전에 唐과 개전하였다. 670년 3월 新羅軍과 高句麗遺民軍의 연합군이 鴨綠江 넘어 遼東地域에 공동작전을 벌였으며, 唐軍이 遼東方面에서의 戰鬪에 주력하는 동안 文武王이 직접 이끈 新羅軍의 주력은 옛 百濟 지역의 唐軍에 대한 전면적인 공격을 감행하여 이를 제압하고, 672년 泗沘城에 所夫里州를 설치하였다. 이에 앞서 670년 寶藏王의 사위이고 淵淨土의 아들인 安勝이 이끈 高句麗遺民集團을 金馬渚에 안치시키고, 安勝을 高句麗王으로 封하였다. 일단 開戰한 뒤, 新羅는 정치·군사적인 면에서 성공적으로 緖戰을 장식하였다. 그렇게 전쟁이 진행된 데에는 唐이 吐蕃과의 전쟁에 주력하여야 하는 주변 상황이 일정하게 작용하였다.[38]

이 무렵 倭國은 669년 末 唐에, 그리고 670년 9월에는 新羅에 各各 사신을 파견하여, 高句麗 멸망 이후 唐의 대외정책과 新·唐 전쟁의 상황 등 새로운 정세의 파악에 주력하였다. 한편 孤立無援에 빠진 熊津都督府는 활로를 찾기 위해 日本[39]과의 교섭에 힘을 기울여 그 軍援을

---

38) 陳寅恪, 1944 <外族盛衰之連環性及外患與內政之關係> ≪唐代政治史述論考≫ (1982, 上海古籍出版社) ; 黃約瑟, 1997 <武則天與朝鮮半島政局> ≪黃約瑟隋唐史論集≫ ; 徐榮敎, 2002 <羅唐戰爭과 吐蕃> ≪東洋史學硏究≫ 79

39) 왜가 국호를 일본으로 정한 정확한 시점에 대해선 그간 논의가 분분하였다. ≪三國史記≫ 新羅本紀 문무왕 10년 12월조에서, "이 때 처음으로 倭에서 日本으로 국호가 변경하였다. 해가 솟아오르는 곳에 근접해 있어 그렇게 이름 지었다(自言近日所出 以爲名)" 하였다. 만약 이를 사실로 받아들인다면, 아마도 이 해 9월에 신라에 파견된 일본 사신 阿曇連頰垂를 통해 국호 변경이 신라에 알려졌던 것 같다. 그런데 이 부분의 기사가 ≪新唐書≫ 日本傳의 기사와 일치하여, 그것을 전재한 것이라는 주장도 제기된 바 있다(秦政明, 2000 <『三國史記』倭國更號日本의 史料批判> ≪日本書紀硏究≫ 23). 사실 위의 ≪三國史記≫ 기사는 ≪新唐書≫ 일본전의 기사를 전재한 듯하다. 그런데 왜 ≪三國史記≫ 찬자가 이 기사를 하필이면 문무왕 10년 12월조에 轉載하였을까. 표현 字句는 ≪新唐書≫의 그것을 전재하였지만, 이 기사를 문무왕 10년 12월조에 기술한 것은 신라 자체의 전승에 그 해에 무엇인가 이와 연관

얻으려 노력하였다. 671년에는 唐人 관리를 파견하였을 뿐 아니라, 휘하의 百濟 유민집단으로 하여금 日本에 使臣을 보내도록 하였다. 그러나 이미 新·唐 전쟁의 진행 상황을 알고 있던 일본으로서는 唐에 협력하여 新羅와의 전쟁에 개입할 의사는 없었다. 그렇다고 唐에 적대적인 태도를 굳이 나타내려고 하지도 않았다. 그런 상태에서, 671년 11월 唐人 郭務悰이 이끈 600여명과 百濟人 沙宅孫登 외 1400명 등 2000여명을 태운 대규모 船團이 日本에 왔다. 이들 중 沙宅孫等 외 1400여명은 白江口 전투 때 포로가 된 日本人과 百濟人으로 여겨지며,[40] 이들을 송환하는 대신 군사원조를 획득하려는 기도였던 것 같다. 이 때 마침 天智王이 죽고 繼承紛爭(壬申의 亂)을 거쳐 天武가 즉위하는 왕위교체기여서, 해결에 시간을 끌다가 이듬해 일본 조정은 兵力이 아닌 군수물자를 지급하는 선에서 마무리하였다. 그러면서 이 해 일본을 방문한 新羅使에게 배 1隻을 주어, 신라에 대한 일본의 우호적 입장을 표시하였다. 郭務悰 일행이 돌아간 이후, 702년 재차 遣唐使를 파견할 때까지 日本과 唐 간의 교섭은 두절되었다.

한편 671년에 高句麗使가 日本을 방문하였다. 이 高句麗使는 金馬渚에 있는 安勝의 高句麗였다. 新羅의 종용과 지원하에 이루어진 사신 派遣이었다. 이 이후에도 금마저의 고구려국에서 일본으로의 사신 파견은 680년대 초까지 행해졌다. 唐과 新羅는 日本의 향방에 신경을 곤두세우고, 각각 百濟遺民과 高句麗遺民을 동원하여 日本을 자기편에 유

되는 언급이 있었는데, 이를 압축해서 기술하는데 ≪新唐書≫ 일본전의 기사를 援用한 것은 아닐까. 아무튼 이러한 추정도 여전히 논란의 여지를 안고 있는 만큼, 670년에 국호개정이 있었다고 단정키는 어렵다. 다만 이 글에선 잠정적으로 ≪三國史記≫의 기록에 따라 670년 12월 이전의 경우는 倭로, 이 이후는 일본으로 표기하겠다. 그리고 천황 칭호의 경우도 그 사용 시점에 대해 논란이 분분한데, 일단 天武 이후부터는 천황 칭호로 표기하고 그 이전은 왕이라 기술한다.

40) 松田好弘, <앞 논문> ; 直木孝次郎, <앞 논문>

리한 쪽으로 이끌려고 노력하였던 것이다.

그런데 新·唐 간의 개전으로, 白江口 戰鬪 이후 계속되던 安保 위기에서 벗어난 日本 조정으로선 어느 편에 가담하여 전쟁에 개입하려고 하지 않고 정세를 관망하는 자세를 견지하였다. 나아가 새로운 정세를 적극 활용하여 대내적으로 중앙집권의 강화와 체제 정비에 박차를 가하였다.

2) 新羅·唐 戰爭의 推移와 新羅·日本關係

唐과의 戰爭이 가열될수록, 日本의 동향이 新羅의 안위에 중대한 要素가 되었다. 新羅는 많은 物品을 日本에 보내었다. 그에 비해 日本은 新·唐戰爭 초기에는 신라에 물자를 제공하였으나, 그 뒤 이런 면을 보이지 않았다. 使臣 파견도 新羅가 더 빈번히 하였다(<표 1>·<표 2>). 이는 보다 다급한 쪽이 新羅였다는 객관적 상황에 따른 결과이며, 그에 비해 新·唐戰爭이 되돌릴 수 없게 진전됨에 따라 보다 느긋해진 일본 조정의 반응이라 하겠다.

특히 唐軍의 공세에 밀려 新羅가 위기에 처했을 때는 더욱 그러하였다. 예컨대 674년 唐이 文武王의 册封을 취소하고 왕의 동생인 金仁問을 新羅王으로 封한 뒤, 대규모 군사적 공세를 취하자, 新羅는 675년 2월 日本에 파격적으로 王子 忠元과 級飡 金比蘇 등 大監 2명과 大奈麻 朴務摩 등 弟監 2명 등을 사신으로 파견하였다. 그전까지 日本에 보낸 使臣의 관등은 주로 級飡이었다. 그런데 이번에는 왕자를 보내고 武官인 大監과 弟監을 각각 2명씩 보낸 것은 新羅 조정이 느끼고 있는 위기감을 반영한 것이다. 곧 唐의 정치·군사적 공세에 대응하여 일본의 동정을 살피고 변함없는 新羅 지지를 설득하려는 것이었다. 그리고 혹 군사적 조력을 요청하였을 가능성도 있다. 이어 이 해 4월에 新羅가

다시 급찬 朴勤修와 대나마 金美賀를 고구려의 大兄 多武 등과 함께
일본에 파견하였다. 급박한 상황전개를 느끼게 한다. 이는 675년 2월
劉仁軌의 唐軍이 七重城 지역에서 新羅軍을 격파하는 등 공세를 강화
하는 상황과 有關한 것이다.

이 때 新羅 使臣을 맞이한 뒤 日本 조정은 특별한 반응을 나타내지
는 않았던 것 같다. 관망 자세를 계속 유지하였다. 그러면서 7월 新羅
에 사신을 파견하여 정세 탐색을 하였다. 결국 사태를 판가름하는 것
은 한반도에서의 新羅軍과 唐軍 간의 전황이다. 궁극적으로 그것에 의
거하여 日本의 향배를 결정하는 정책이 이루어질 것이기 때문이다.

그런데 新羅는 전쟁 중에도, 唐과 朝貢冊封關係를 유지하였다. 이를
활용해 당에 대한 강온 양면의 대응을 하였다. 四天王寺와 望德寺 설화
는 당시 신라가 처한 어려움과 唐에 대한 양면 대응의 단면을 전해준
다.[41] 또한 唐과의 외교관계를 유지한 데에는 日本에 대한 고려도 작
용하였던 듯하다. 즉 언제든 다시 唐과 재결속을 할 수 있다는 여지를
남겨두어, 日本의 정책 변경 가능성을 견제하려는 의도가 그것이다. 唐
도 吐蕃의 공세에 직면하고 있었던 관계로, 군사적 여력이 별로 없었
으므로, 사태가 급박해지면 新羅와 朝貢冊封關係를 통한 절충을 하는
등 군사면에서의 완급을 조절하였다. 對唐 전쟁기간중에도 新羅가 唐
의 연호를 계속 사용하였음은 경주에서 발굴되는 銘文瓦片이나 塼片과
石刻 등을 통해 확인된다.[42]

현실적으로 唐과 대결하는 상황에서 신라로선 日本과의 외교에서 어
려움을 감내하지 않을 수 없었으니, 671년 6월 이후 '別獻物'이라 하여
大臣과 君卿에게 따로 물품을 보내는[43] 등 대일 외교에 진력하게 되었

---

41) 《三國遺事》 2, 文虎王法敏
42) 안압지에서 출토된 '調露二年銘 塼', 蘿井 유적지와 望星里 瓦窯址에서 각각
　　출토된 '儀鳳四年皆土銘 瓦', 川前里 書石의 '上元二年銘'과 '上元四年銘' 등
　　이 그 구체적인 예이다.

다. 그에 반해 전쟁이 장기화하여 안보 위기에서 벗어난 日本은 新羅
에 대해 점차 고자세가 되어갔다.

Ⅲ. 7世紀 終盤~8世紀代의 新羅와 日本의 關係

1. 676年 이후 新羅와 日本의 關係

1) 新羅와 唐의 關係

676년 唐軍이 한반도에서 철수한 뒤, 新羅와 唐 간의 표면적인 전쟁
상태는 종결되었다. 그러나 양국 간에는 이면적 대립이 지속되었다. 唐
은 기회가 오면 재차 한반도로 침공하려는 자세를 견지하였다. 실제
678년에는 대규모 新羅 원정계획을 추진하였다. 이 계획은 마침 吐蕃
이 唐에 대해 공격을 감행함에 따라, 양면 전쟁에 부담을 느낀 唐의 조
정이 실행에 옮기지는 못하였다.[44] 그러나 이후에도 唐은 高句麗와 百
濟의 王孫을 각각 '高麗朝鮮郡王'과 '百濟帶方郡王'으로 封하여 唐의
首都에 머물게 하고,[45] 新羅의 한반도 領有를 인정하지 않았으며, 新羅
에 대한 압박을 계속하였다. 그에 따라 양국 간에는 이면적 대립이 지
속되었다. 그리고 680년 신문왕 즉위 초 唐이 太宗武烈王의 諡號가 唐
太宗의 廟號와 같다는 점을 들어 개정을 요구하자 신라 조정이 이를
거부하는 외교적 분란이 야기되기도 하였다.[46]

---

43) ≪日本書紀≫ 27, 天智 10년 6월
44) ≪舊唐書≫ 85, 張文瓘傳
45) ≪舊唐書≫ 高麗傳, 百濟傳. 이들 양 郡王은 725년 泰山의 封禪 때도 內蕃의
    왕으로서 참여하였음을 볼 때, 8세기 전반까지도 존속하였음을 알 수 있다
    (≪舊唐書≫ 23, 禮儀3 開元 13년 11월 壬辰條).

이러한 唐의 정책에 대응해 新羅는 對唐 방어책에 주력하지 않을 수
없었다. 왕권과 중앙집권력의 강화, 군비 확충을 도모하였다. 王 직속
의 中央軍團인 9誓幢 중 5개가 676년 이후 편성되고, 9州 5小京 체제
가 확립되며, 일부 귀족에 대한 숙청이 행해졌던 것은 그런 면을 말해
준다. 대외적 긴장과 위기의식은 이러한 정책을 추진하는 주요 동력으
로 작용하였다.[47]

2) 新羅와 日本의 相互認識 : '隣國'과 '蕃國'의 同床異夢

7세기 후반 日本은 新羅가 당의 東進勢를 막아주고 있는 동안, 율령
체제의 확립에 주력하였다. 唐의 율령체제를 移植한 日本은 皇帝國으로
서 의식과 儀禮를 갖추려 하였다. 대내적으로는 일본에 이주해온 高句
麗와 百濟 유민에게 '百濟王'이나 '高麗王'이란 성을 사여하여, 조정에
仕宦케 함으로써, 天皇의 위상을 높이는 요소로 활용하였다.[48] 대외적
으로는 帝國으로서의 위상을 구현하기 위해 蕃國의 존재가 필수적이므
로, 新羅를 蕃國으로 자리매김하고 그에 상응한 의례를 新羅에 강요하
였다. "大唐은 隣國이고, 蕃國은 新羅이다"라는 식의 의식이 그런 면을
단적으로 나타낸 것이다.[49] 이러한 이 시기의 시대 상황과 당시 日本
지배층의 삼국에 대한 인식이 ≪日本書紀≫의 역사관에 반영되었다.

한편 唐과 대립을 지속하고 있었던 新羅는 자국을 朝貢國으로 간주
하려는 日本의 주장에 피동적으로나마 응하지 않을 수 없었고, 막대한
물자를 일본에 보내었다. 唐과의 개전 이후 新羅에서 보낸 물품은 주

46) 權悳永, 1997 ≪古代韓中外交史 - 遣唐使研究 - ≫ (一潮閣) 45 참조.
47) 盧泰敦, 2009 ≪앞 책≫ 276~278
48) 筧敏生, 1989 <百濟王姓の成立と日本古代帝國> ≪日本史研究≫ 317, 189
49) ≪令集解≫ 31, 公式令詔書式條

로 고급 비단과 金屬器 및 屛風·깃발(幡) 등의 사치품과 불교 관련 물
품 및 금·은 등이 주류를 이루었다. 그 중에는 孔雀·鸚鵡·香藥 등 동
남아시아산과 駱駝와 같은 북아시아산 동물이 포함되어 있는데, 이들
물품은 당과의 교역을 통해 구입한 것이었다. 이는 一面에선 고급 문
물을 제공함으로써, 이런 물자를 통해 신라국의 문명과 국제적 교역 범
위를 과시하려는 의미가 담겨 있었다.[50] 근래까지 奈良 등 近畿 지역
의 궁터나 절터 고분 등에서 이 시기의 신라 녹유토기가 출토되고 있
다. 신라에서도 중앙에서 특별 관리하는 고급 품목인 녹유토기의 일본
유입은 양측 간의 국가적 교섭을 통해서일 것이다.[51] 이 시기 唐의 침
공 가능성에 대비한 군비확충과 함께 日本에 대한 물자 供輿는 新羅에
막대한 재정 부담이었다.

　新·唐 간의 전쟁과 대립에 따른 최대 수혜국이면서도, 곤경에 처한
新羅를 압박하는 日本에 대해 신라 조정은 적어도 표면적으로 불만이
나 적대감을 나타내지 않았다. 그렇다고 明示的으로 日本의 新羅蕃國
觀을 받아들인 것 같지도 않다. 이 시기 일본 조정의 요구에도 불구하
고 新羅使는 '表文'을 휴대치 않았으며,[52] 신라 자체에선 계속 唐의 연

---

50) 新川登龜男, 1988 <日羅間の調(物産)の意味> ≪日本歷史≫ 481 ; 1999 <日
羅間の調> ≪日本古代の對外交涉と佛敎－アジアの中の政治文化≫ (吉川弘文
館) ; 金昌錫, 2004 <8세기 신라 일본 간 외교관계의 추이－752년 교역의 성
격 검토를 중심으로－> ≪歷史學報≫ 184
51) 洪普植, 2004 <日本出土 新羅土器와 羅日交涉> ≪韓國上古史學報≫ 46
52) 일본에 파견된 신라사가 表文을 휴대하였음을 나타내는 例로 거론되는 유일
한 것이 703년의 "新羅國使薩飡金福護表云 寡君不幸 自去秋疾 以今春薨 永
辭聖朝 朕思 其蕃君雖居異域 至於覆育 允同愛子 雖壽命有終 云云 "한 기록
이다. 그런데 이는 신라왕의 국서가 아니다. '寡君'으로 시작되는 표문은 그
문투로 보아 신라의 공적 기관에서 작성한 것이라기보다 신라사신의 口奏를
일본인이 중국 고전을 인용한 이른바 율령적 필법으로 작성한 것이거나, 신라
사신의 그것을 개작한 것일 가능성이 크다. 延敏洙, 2003 ≪古代韓日交流史≫
(혜안) 244~245

호를 사용하였다. 이런 사실은 곧 新羅人의 대외의식과 정책의 단면을
나타낸 것이다. 표면적인 긴밀한 교류에도 불구하고, 이면적으로는 日
本에 대한 경계와 대립의식을 견지하였던 것이다. 文武王의 海中陵 설
화와 感恩寺(鎭國寺) 창건 緣起說話는 이 시기 新羅人의 대일의식의 내
면을 말해주는 바이다.[53]

상대에 대한 서로 다른 인식이 잠복된 채로 표면상의 긴밀한 교류를
지속하였는데, 이는 대외적 여건의 변동에 따라, 즉 新羅와 唐의 관계
가 변화할 때 조만간 파탄할 수밖에 없는 성격을 지닌 것이었다.

2. 8世紀 新羅와 日本의 關係

1) 渤海의 發興에 따른 國際情勢의 變動

8세기에 들어 日本은 大寶令을 撰修한 직후인 702년 遣唐使를 보내
唐과의 국교를 재개하였다. 이어 703년 신라에 204명의 대규모 사절단
을 파견하였다. 율령체제의 기본 틀을 수립한 뒤 이에 대한 자신감을
나타내며, 이를 당과 신라에 알려 일본의 국제적 위상을 높이려는 의
도로 여겨진다.[54] 아울러 대보령의 내용을 적용, 점검하고 그에 대한
반응을 탐색하려는 면도 있었던 것 같다. 新羅 또한 703년 唐에 사신
을 보냈고, 이후 거의 매년 사신를 파견하였다. 이에 동북아시아의 국
제관계가 7세기 후반과는 판이한 양상을 나타내게 되었다.

8세기 이후 국제정세에 새로운 변수로 떠오른 것이 발해의 발흥이
었다. 698년 건국한 직후 渤海는 突厥과[55] 新羅[56]에 사신을 보내 건국

---

53) ≪三國遺事≫ 2, 萬波息笛
54) 石母田正, 1989 <天皇と諸蕃> ≪石母田正著作集 4≫
55) ≪舊唐書≫ 渤海靺鞨傳

을 통보하였고, 급속한 세력 확대를 해나갔다. 발해의 세력이 남으로 세를 확장하자, 신라는 718년 漢山州 管內에 여러 성들을 축조하였고, 721년에는 阿瑟羅道의 壯丁 2천을 징발하여 북쪽 경계에 장성을 축조하였다.[57] 북방의 새로운 정세에 대응한 조처였다. 발해의 발흥은 신라 조정에 안보상의 문제에 새롭게 주의를 기울이게 하였다. 북으로부터의 위협은 남으로부터의 위협 가능성에 다시 留意하게 하였다. 양 방면의 상황은 신라의 국가 안위에 직결되며 상호 連動될 수도 있기 때문이다. 722년 聖德王은 수도의 남쪽 出口인 울산항과 통하는 길목인 毛伐郡에 關門城을 축조하여 일본에 대비하는 조처를 취하였다.[58] 이와 함께 대외적으로는 당과의 관계를 강화하는 방향으로 정책을 전개하였다.[59] 당도 발해를 견제할 필요성에서 신라에 대한 기존의 적대적 정책을 바꾸게 되니,[60] 신라와 唐은 급속히 관계 개선을 하게 되었다. 이에 日本에 대한 新羅의 전략적 위치는 크게 개선되었다.

일본은 720년 渡嶋津輕津司의 諸君鞍男 등 6명을 '말갈국'에 파견하여 그 나라의 상황에 대한 탐색을 하게 하였다.[61] 이 '말갈국'이 구체적으로 어떤 나라를 뜻하는지는 분명치 않으나, 이를 발해로 보는 견해도 있다.[62] 아무튼 이는 발해국의 勃興에 따라 일어난 현상의 하나라 볼 수 있겠다. 이어 727년 발해가 일본에 사신을 보내어 양국이 통교하게 되었다. 흑수말갈을 둘러싸고 당과 대립하고 있으며, 또 당과

---

56) 崔致遠, <謝不許北國居上表> ≪崔文昌侯全集≫
57) ≪三國史記≫ 성덕왕 17년, 20년조
58) ≪三國史記≫ 성덕왕 21년조
59) 聖德王 3년(703)에서 성덕왕 36년(737) 사이에 신라는 당에 46차례 사신을 파견하였다.
60) 714년 唐 玄宗이 內殿에서 신라사신에 대한 饗宴을 베풀고 宰臣과 4품 이상 淸官들을 연회에 참석하게 한 것은 이 무렵 당의 대 신라정책을 상징적으로 나타낸 것이다(≪三國史記≫ 聖德王 13년 10월).
61) ≪續日本紀≫ 8, 元正天皇 養老 4년 정월 丙子
62) 鳥山喜一, 1968 ≪渤海史上の諸問題≫ (風間書房) 232~5

신라가 긴밀한 관계를 맺고 있는 상황에서, 발해는 이에 대한 대응책으로서 일본과의 연결을 도모하였던 것이다.

733년의 渤海에 대한 新·唐軍의 협공이 실패로 끝난 뒤인 734년, 唐은 大同江 以南을 新羅가 統合한 것을 정식으로 승인하고, 渤海와 新羅 간의 대립과 세력균형을 통한 동북아 정세의 현상유지를 지향하는 쪽으로 정책 전환을 하였다. 신라 또한 발해에 대해 더 이상 공세를 취하지 않았다. 당과 발해 간의 관계도 곧 정상화되었다. 그에 따라 新羅·唐·渤海의 관계가 구조적으로 안정화되어 갔다.

한편 渤海는 734년 이후에도 日本과의 우호 관계를 유지하였다. 이에 日本은 新羅와 渤海의 대립상을 활용할 수 있는 위치에 서게 되었다. 그런데 新羅와 渤海 관계는 더 이상 악화되지 않고, 현상 유지를 나타내었다.

이런 상황 변동은 기존 新羅의 대일본 정책에 근본적인 전환을 가능하게 하였다. 그것은 외교 의례상의 마찰로 표면화되었다.

2) 新羅·日本間의 外交 紛爭

735년에 일본에 온 新羅使 金相貞이 자국을 王城國이라 칭한 것을 문제로 삼아 日本 조정이 접견를 거부하고 귀국시켰다.[63] 이어 신라에 사신으로 파견되었다가 737년 2월 귀국한 일본사신이 復命하기를 "新羅失常禮 不受使旨"라 하였다. 그 구체적인 事端의 내용은 전하지 않으나, 이 일에 대한 대응책 마련을 위해 上·下位 官人 45인의 의견 개진을 듣는 일이 이어졌고, 이어 諸司에서 抗議使를 파견하자거나 軍을 派兵하자는 등의 대책이 제기되기도 하였다. 4월에는 伊勢神宮 등 5곳

---

63) ≪續日本記≫ 12, 天平7년 2월 癸丑

의 神社에 이 사건을 告하는 의식이 베풀어졌다. 그러나 그 이상의 어떤 구체적이고 실질적인 움직임은 없었다.[64] 이어 일본은 738년 6월 來日한 신라사의 入京을 거부하였으며, 742년 2월에도 신라사의 入京을 거부하고 귀국케 하였다.[65]

742년(景德王 원년) 10월 신라는 日本使臣의 접견을 거부하고 되돌려 보냈다.[66] 이 역시 구체적인 이유는 전해지지 않는데, 아마도 외교의례를 둘러싼 마찰에서 起因한 것 같다. 이어 743년 新羅使가 日本에가져간 물자를 新羅使가 口頭로 '土毛'라 한 것을, 일본 측이 복속을나타내는 의미를 담은 '調'라 하지 않았다고 시비하여 되돌려 보냈다.[67] 前年에 있었던 新羅 조정의 조처에 대한 보복적인 성격을 지닌것으로 여겨진다. 그리고 '土毛'라는 말의 의미를 살린다면, 그간 신라가 일본에 보내는 물품 중 토산품은 계속 보내고, 그 외의 것으로서 新羅가 대외 교역을 통해 확보한 唐 및 東南아시아産 물품은 이제 교역품으로 전환하려는 시도를 나타낸 것이 아닐까라는 추론을[68] 생각해볼 수도 있겠다.

아무튼 이런 양국 간에 벌어진 상대국 使臣의 접수를 거부한 사건은변화된 국제 정세 하에서 양국관계를 새롭게 설정해보려는 新羅의 기도에 따른 것이라 하겠다. 743년 이후 751년까지 양국 간의 교섭은 없었다. 그 뒤 752년 新羅 使節 700여명이 日本을 방문하였다. 그 중 370명이 日本 수도에 갔다. 양국 간의 관계개선을 모색하고, 교역하려는목적이었다. 현재 正倉院 등에 소장되어 전해지는 '買新羅物解'는 이

---

64) 《續日本記》 12, 天平 9년 2월 己未, 3월 壬寅, 4월 乙巳
65) 《續日本記》 13, 天平 10년 6월 辛酉 ; 《같은 책》 권14 天平 14년 2월 庚申
66) 《三國史記》 경덕왕 원년 10월
67) 《續日本紀》 15, 天平 15년 4월 甲午 무
68) 金昌錫, <앞 논문>

때 新羅使가 교역을 목적으로 가져온 물품 중에서 일본 貴族家에서 구매하려 하는 물품의 종류와 가격을 기록하여 內藏寮에 보고한 문서로 여겨진다.[69] 즉 外國使臣이 가져온 물품은 관청에서 먼저 구매한다는 '官司先買'의 원칙이 있었기 때문에, 이렇게 물품 구매 희망서를 官에 제출한 뒤 기다렸던 것이다. 이 때 수도에 가지 않은 신라 사절 3백 수십 명은 아마도 大宰府 등지에 머물며 교역하였을 것이다. 이는 곧 이 신라사절단의 주요 목적이 외교에 못지않게 교역에 있었음을 말해준다. 이들이 가져온 물품에는 귀족들의 工房에서 만든 것이 다량 포함되어 있었을 것이다. 正倉院 所藏 新羅氈의 貼布記 분석을 통해 그 점이 구체적으로 논해졌는데,[70] 正倉院 소장의 '新羅楊家上墨'·'新羅武家上墨' 역시 그러한 제품으로, 신라에서 대외교역용으로 만들어진 것으로 여겨진다.[71] 이 752년의 신라사절을 통해 볼 때 양국 간의 교섭에서 교역이 차지하는 비중이 커진 듯하나, 정치적인 상호 인식의 차는 여전하였다. 그 면은 뒤이어 事端을 야기하였다.

753년 8월 景德王은 新羅에 온 日本使臣을 傲慢無禮하다고 접견을 거부하고 되돌려 보냈다.[72] 한편 唐에 간 新羅使와 日本使가 753년 正月 唐 조정의 신년 의례에 참석하였는데, 日本使臣은 吐蕃 사신 아래의 西畔 제2위로, 신라는 아랍국 위의 東畔 제1위에 위치케 하였다. 이에 日本使가 항의하여 서열 조정을 요구하는 이른바 爭長事件이 발생하였고, 이 사건은 이듬해인 754년 정월 일본사신이 귀국한 뒤 일본 조정에 보고되었다.[73]

---

69) 東野治之, 1977 <鳥毛立女屏風下貼文書の研究> ≪正倉院文書と木簡の研究≫ (塙書房)
70) 李成市, 1998 <正倉院所藏新羅氈貼布記の研究－新羅·日本間交易の性格をめぐって－> ≪古代東アジアの民族と國家≫ (岩波書店)
71) 東野治之, 1977 <正倉院氈の墨書と新羅の對外交易> ≪앞 책≫
72) ≪三國史記≫ 景德王 11년 12년 8월
73) ≪續日本紀≫ 19, 孝謙天皇 天平勝寶 6년 정월 丙寅

이런 일련의 사건이 있은 뒤, 758년 9월 渤海에 파견된 일본 사신 小野田守가 귀국하였는데, 그는 발해를 통해 들은 安祿山의 亂에 관한 소식을 전하였다.74) 이 정보에 접한 일본조정은 唐이 내란으로 신라에 대한 지원이 불가능하다고 판단하게 되었던 것 같고,75) 759년 여름 藤原仲麻呂 등이 중심이 되어 渤海와 연결하여 신라를 침공할 계획을 추진하여 군비 강화에 나섰다.76) 일본은 761년 다수의 新羅語 通譯을 양성하는77) 등 新羅 침공 계획을 계속 추진하였으나, 무위로 그쳤다. 한편 신라는 760년 級湌 金貞卷을,78) 763년에는 級湌 金體信 등 211인의 사절단을 일본에 파견하여,79) 정세 탐색을 하고, 관계 개선을 모색하였으나, 徒勞에 그쳤다. 764년에는 渡唐留學僧 戒融의 귀국 여부를 묻는 것을 목적으로 내세워 金才伯 등 91인을 일본에 파견하였고,80) 769년에는 在唐 일본사신과 유학생의 서장을 전송하는 것을 주목적으로 金初正 등 189명과 送使 39인을 일본에 파견하였다.81) 774년에 金三玄 등 235명이 大宰府에 도착하여 '舊好'를 이어갈 것을 모색하였으나,82) 여전히 신라를 蕃國視하는 일본의 완강한 거부로 양국 간의 관계개선은 별다른 진전을 보이지 않았다. 惠恭王 15년(779) 10월 귀국 중 조난을 당해 耽羅에 漂着한 日本 遣唐使의 일부 인사를 본국으로 귀환시키고자 파견된 新羅使 金蘭蓀을 끝으로 양국 간의 공식적 교섭은 사실상 두절되었다. 물론 이 이후에도 일본의 견당사 파견에 따른 협조 요청

---

74) ≪續日本記≫ 21, 淳仁天皇 天平寶字 2년 12월 戊申
75) 和田軍一, 1924 <淳仁朝に於ける新羅征討計劃について> ≪史學雜誌≫ 35-10·11
76) ≪續日本紀≫ 22, 淳仁天皇 天平寶字 3년 6월 壬子, 8월 己亥, 9월 壬午
77) ≪續日本記≫ 23, 淳仁天皇 天平寶字 5년 정월 乙未
78) ≪續日本記≫ 23, 天平寶字 4년 9월 癸卯
79) ≪續日本記≫ 23, 天平寶字 7년 2월 癸未
80) ≪續日本記≫ 23, 天平寶字 8년 7월 甲寅
81) ≪續日本記≫ 30, 神護景雲 3年 11월 丙子
82) ≪續日本記≫ 33, 寶龜 5년 3월 癸卯

이나 표착민의 송환 등을 둘러싼 양국 관련 기관 간의 산발적인 교섭은 있었으나, 양국 조정 간의 사신 파견을 동반한 공식적 접촉은 확인되지 않는다. 그런 상태에서 양국 지배층의 상대에 대한 인식인 '隣國과 蕃國'의 동상이몽은 계속 이어졌다. 이 시기 新羅의 대외정책인 사대교린은 그 뒤 高麗·朝鮮時代을 이어 대외정책의 기본축이 되었다.

한편 공식적인 교섭은 8세기 후반 이후 마찰이 심해져 마침내 두절되었지만, 양국 간의 민간 교역은 지속되었다. 외교의례를 둘러싼 갈등이 심하던 시기인 768년 10월 일본 조정은 좌우 대신과 大納言 등의 고위 관인과 귀족들에게 총액 8만 5천 屯의 大宰府綿을 '新羅 交關物을 購入하게 하기 위해' 사여하였다.[83] 이 大宰府綿은 大宰府에 지급되어 비축된 것으로, 이곳에서 신라인과 교역한다는 것을 전제로 지급하였다. 즉 신라와 외교의례를 둘러싼 갈등으로 공식적인 접촉을 거부하는 조처를 취하기도 하면서, 다른 일면에서는 新羅와의 교역을 실제상 허용하였던 것이다. 아울러 綿은 장기간 저장하면 腐蝕 훼손되므로, 위의 조처는 언제 올지 불확실한 新羅使節團과의 교역뿐 아니라 사무역 즉 新羅 私商과의 교역도 사실상 고려하여 취한 것이라는 해석도 가능하겠다. 아무튼 760년 金貞卷의 파견 이후 매번 日本에 파견한 사절이 외교적 문제로 분란을 야기하였지만, 신라는 763, 764, 769, 774년 등 연속하여 비교적 큰 규모의 사절단을 보냈고, 또 외교 분쟁의 와중에서도 위 768년의 예에서 보듯 양국 간의 교역이 행해졌다. 이런 면은 곧 新羅産 물품이나 新羅商人을 통한 외국산 물품에 대한 日本 지배층의 수요가 있었음을 말한다. 나아가 양국 모두에게 매번 분규를 야기하는 공적 교류를 통하지 않고 사무역을 통한 교역을 추구하게 하였을 것이다. 실제 9세기 이후 양국 간의 교역은 그런 방향으로 전개되었다. 단 이러한 이해가 이 시기 국제 교역이 순전히 시장 논리에 의해 전개

---

83) ≪續日本記≫ 30, 神護景雲 2年 10월 甲子, 庚午

되었다는 것을 주장하는 것은 아니다. 이 시기 양국 간의 교역이 사무역에 의존하였다는 것 자체가 이 시기 양국 간의 정치적 관계에 따른 양상이요 그 산물이었던 것이다.

〈표 1〉 668년~700년 사이 신라와 일본 간의 사신 왕래

	신라에서 일본으로	일본에서 신라로	소고구려에서 일본으로	일본에서 소고구려로
668	o			
669	o			
670		△		
671	o o		☆	
672			☆	
673	o		☆	
674				
675	o o	△	☆	
676	o	△	☆	
677				
678	o(海難)			
679	o	△	☆	□
680	o		☆	
681	o	△		□
682			☆	
683	o			
684		△		□
685	o			
687	o	△		
689	o			
692	o			
693	o	△		
695	o	△		
697	o			
700	o	△		

---

84) 이 해 10월에 있었던 法興寺 奉進物을 통한 新川登龜男의 추정에 의하였다.

〈표 2〉 新羅·日本 間의 贈與 物品

新羅紀年/西曆 /日本紀年.月	신라→일본	일본→신라	典據
眞平王 20/598 /推古 6. 8	孔雀		≪日本書紀≫
眞平王 38/616 /推古 24. 7	佛像		≪日本書紀≫
眞平王 45/623 /推古 31. 7	佛像, 金塔, 舍利, 大觀頂 幡, 小幡		≪日本書紀≫
眞德女王 元年/647 /大化 3	孔雀, 鸚鵡		≪日本書紀≫
文武王 8/668 /天智 7. 9		-絹, 綿, 韋을 신라왕에게 -신라왕과 김유신에게 각 船 1척	≪日本書紀≫
文武王 11/671 /天智 10. 6	別獻物 : 水牛, 山鷄		≪日本書紀≫
文武王 11/671 /天智 10.11	*427) 袈裟, 金鉢, 象牙, 沈水香, 栴檀香, 諸珍財(추정)84)	絹, 絁, 棉, 韋을 신라왕 에게 보냄	≪日本書紀≫
文武王 12/672 천무 1. 12		신라 사신 金押實에게 배 1척	≪日本書紀≫
文武王 19/679 /天武 8. 10	- 金, 銀, 鐵, 鼎, 錦, 絹, 布, 皮, 馬, 狗, 騾, 駱駝 - 別獻物 : 金, 銀, 刀, 旗		≪日本書紀≫
神文王 元年/681 /天武 10. 10	- 金, 銀, 銅, 鐵, 錦, 絹, 鹿皮, 細布 - 別獻物 : 金, 銀, 霞錦, 幡, 皮		≪日本書紀≫
神文王 5/685 /天武 14. 5	馬, 犬, 鸚鵡, 鵲, 種種物		≪日本書紀≫
神文王 6/686 /朱鳥 1. 11	- 細馬, 騾, 犬, 鏤, 金器, 金, 銀, 霞錦, 綾羅, 虎 豹皮, 藥物 - 別獻物 : 金, 銀, 霞錦, 綾羅, 金器, 屛風, 鞍, 皮, 絹, 布, 藥物		≪日本書紀≫

神文王 7/687 /持統 1.	金, 銀, 佛像, 珍寶		《扶桑略記》
神文王 8/688 /持統 2. 2	- 金, 銀, 絹, 布, 皮, 銅, 鐵 - 別獻物 : 佛像, 種種彩絹, 鳥, 馬 - 金霜林 所獻 : 金, 銀, 彩色, 種種珍異之物 80여종		《日本書紀》
神文王 9/689 /持統 3. 4	金銅阿彌陀像, 金銅觀世音菩薩像, 大勢至菩薩像, 彩帛, 錦, 綾		《日本書紀》
孝昭王 7/698 /文武 2. 1	貢物		《續日本紀》
孝昭王 9/700 /文武 4. 10	孔雀, 珍物		《續日本紀》
孝昭王 10/701 /大寶 1. 1		- 신라 사신 金所毛의 죽음에 絁, 綿, 布를 내림 - 水手 이상에게 祿을 사여	《續日本紀》
聖德王 2/703 /大寶 3. 10		錦, 絁 (使臣에게는 衾, 衣 사여)	《續日本紀》
聖德王 5/706 /慶雲 3. 1	貢物	使臣에게 祿 사여	《續日本紀》
聖德王 8/709 /和銅 2. 3	貢物	絹, 美濃絁, 糸, 綿 (使臣에게는 祿을 내림)	《續日本紀》
聖德王 14/715 /靈龜 1. 3		綿, 船 (使臣에게는 祿, 綿을 내림)	《續日本紀》
聖德王 18/719 /養老 3. 7	貢物, 騾馬	祿	《續日本紀》
聖德王 25/726 /神龜 3. 6·7	貢物	- 使臣에게 祿 사여 - 金順貞의 贈物로 黃絁, 綿 증여	《續日本紀》
聖德王 31/732 /天平 4. 5	種種財物, 鸚鵡, 鴝鵒, 蜀狗, 獵狗, 驢, 騾	신라의 왕과 使臣에게 祿을 줌.	《續日本紀》

景德王 11/752 /天平勝寶 4. 7	- 貢物 - 金泰廉의 私獻物 : 土産物	使臣에게 絁, 布, 酒肴를 내림	≪續日本紀≫
惠恭王 6/770 /寶龜 1. 3	貢物	신라의 왕과 使臣에게 祿으로 絁, 糸, 綿을 줌	≪續日本紀≫
惠恭王 16/780 /寶龜 11. 1	貢物	- 신라 국왕 : 答信物 - 使臣 : 祿, 當色, 履	≪續日本紀≫
哀莊 5./804 /桓武 23.		黃金	≪三國史記≫ 新羅本紀
憲康 8/882 /元慶 6.		黃金, 明珠	≪三國史記≫ 新羅本紀

VI. 7~9世紀 韓日 間의 文化 交流

1. 律令文化의 交流

1) 三國의 律令

(1) 그 간의 研究

7세기에 들어 한반도와 일본열도의 국가들은 정치적·군사적으로 긴밀한 관계를 가졌다. 그와 함께 문화적인 면에서도 상호교류가 깊이 진전되었다. 7세기 후반 百濟復興戰爭으로 白江口 전투에서 新羅軍과 倭軍이 직접 무력 대결을 벌이는 사태를 겪기도 하였으나, 곧이어 668년 9월 신라와 왜국이 국교를 재개하였다. 이후 양국은 오랜 기간 밀접한 정치적 관계를 맺었고 그와 함께 양국간에 빈번한 교류가 이어졌다. 신라는 당과의 대결과 뒤 이은 불편한 긴장상황이 지속되는 가운

新川登龜男, 1999 <앞 논문> 11

데서 중앙집권적인 국가체제를 확충해 나갔고, 日本은 '律令體制'를 구
축하는데 진력하였다. 이렇듯 새롭게 정치체제를 정비하는 과정에서
빠뜨릴 수 없는 것이 새로운 국가체제의 구축과 운영에 규범이 되는
법령의 제정이었다. 日本에서는 701년 大寶令이 반포되었다.

율령은 전근대 시기 중국의 법률체계이며, 大寶令은 唐 율령을 典範
으로 삼아 편찬된 것이다. 그런데 한 나라의 법률체계는 서로 다른 역
사적 배경과 문화를 지닌 타국의 것을 쉽게 이식하여 형성할 수 있는
것이 아니다. 상당 기간 율령문화에 대한 경험과 검토를 거친 뒤, 공식
적으로 수용되어 법령 편찬이 이루어지는 것이 일반적인 양상이다. 日
本의 경우, 670년대 초 이후 701년까지 唐과의 공식적인 교류가 단절
된 상황에서 大寶令이 완성되었다. 이런 점을 고려하여, 日本의 율령편
찬에 韓國 고대국가들과의 교류가 상당한 영향을 주었을 가능성이 일
찍부터 주목되어 왔다. 물론 이는 7세기 이전 시기에 한국의 고대국가
들에서 율령이 편찬되어 시행되었다는 것을 전제로 한다. 만약 한국
고대국가들의 율령 조항이 남아 전한다면 그것과 日本의 율령을 대비
하면 바로 그 가부를 點檢할 수 있을 것이다. 그러나 한국 고대국가들
의 그것이 구체적으로 남아 전하지 않는다. 그래서 그간 고대 한일간
의 율령문화 교류에 대한 관심은 한국 고대국가들에서 과연 율령이 편
찬된 사실이 있느냐의 여부를 검토하는데 초점을 두고 논의되었다.

《三國史記》에 의하면 高句麗는 小獸林王 3년(373)에 '처음으로 律
令을 頒布'하였다 한다. 이 때의 율령을 泰始律令을 母法으로 한 것으
로 추정하는 설이 제기되었는가[85] 하면, 이 기사의 사실성을 부정하는
견해도 발표되었다.[86] 이런 高句麗 율령 반포 여부를 둘러싼 논난은 이

85) 田鳳德, 1956 <新羅律令攷> 《서울大論文集》 4 ; 盧重國, 1979 <高句麗
律令에 관한 一試論> 《東方學志》 21
86) 林紀昭, 1994 <高句麗の律令> 《古代 東亞細亞의 再發見》 (湖巖美術館)

어 新羅의 그것에 대한 논의로 이어졌다. ≪三國史記≫에 따르면 法興
王 7년(520) 정월에 "律令을 반포하고, 百官의 공복과 그 복색에 따른
서열을 제정하였다(頒示律令 始制百官公服 朱紫之秩)" 한다. 그리고 武
烈王 원년의 "理方府令 良首 등에게 명하여 율령을 자세히 검토해 理
方府格 60餘條를 수정하였다(命理方府令良首等 詳酌律令 修定里方府格
六十餘條)"는 기사와 文武王 21년 遺詔에서 "律令格式에 불편한 것이
있으면 곧 다시 고칠 것이며(律令格式有不便者 卽便改張)"라 한 기사가
있다. 이들 기사에 대해서도 그 사실성에 대한 긍·부정론이 이어졌다.
이 기사를 그대로 인정하면서 新羅 율령은 高句麗 율령의 영향을 받아
반포되었다고 보는 긍정론이[87] 있었는가 하면, 당시 新羅의 사회 성숙
과 국가 발달 정도로 볼 때 중국적인 특색을 살린 율령의 시행은 불가
능하며,[88] 太宗 武烈王代 이후 통일기인 중대에 들어서야 비로서 율령
이 편찬되었고,[89] 그것도 唐의 율령을 그대로 사용하면서 시행세칙인
격식만을 편찬하였다는 설이 있었다.[90] 한편 新羅에서 律令制가 시행
되지 않았다는 견해도 발표되었다. 즉 新羅와 高麗에서는 국가체제의
기초가 되는 체계적인 법전으로 율령이 편찬되지 않았고, 중대 이후에
도 新羅의 지배체제나 국제관계로 보아 중국적인 율령이 시행되기 어
려웠다는 시각이 그것이다.[91] 또한 蔚珍 鳳坪碑에 '杖100', '杖60'과 같
은 中國 율령의 흔적이 보이지만 新羅는 물론 高麗에서도 '受入法=律

---

87) 田鳳德, <앞 논문> ; 李基東, 1978 <新羅 官等制度의 成立年代 問題와 赤城
　　碑의 發見> ≪歷史學報≫ 78 ; 金龍善, 1982 <新羅 法興王代의 律令頒布를
　　둘러싼 몇 가지 問題> ≪加羅文化≫ 1
88) 林紀昭, 1967 <新羅律令に關する二·三の問題> ≪法制史研究≫ 17 ; 武田幸
　　男, 1974 <新羅法興王代の律令と衣冠制> ≪古代朝鮮と日本≫ (龍溪書舍)
89) 武田幸男, 1978 <朝鮮の律令制> ≪岩波講座 世界歷史 6≫ (岩波書店)
90) 石上英一, 1979 <律令法國家(1)> ≪歷史研究≫ 222·223
91) 北村秀人, 1982 <朝鮮における律令制の變質> ≪東アジア世界における 日本古代
　　史講座 7≫ (學生社)

令法'이 지배적인 형태가 되지 못하였고, 新羅의 법제에는 新羅 사회의 독특한 개성을 반영한 고유법이 강하게 작용하고 있었기 때문에 新羅를 율령제 국가로 볼 수 없다는 견해가 발표되었다.[92]

이러한 그간의 논의를 一瞥할 때, 우선 눈에 띄는 것이 율령의 존재에 대한 이해에서 서로 다른 개념을 상정하고 있다는 점이다. 즉 法興王代의 律令 반포를 긍정하는 논자들은 율령을 중국 법제로 보고, 율령 자체가 존재하였는지의 여부에 초점을 두었다. 반면에 '律令不在說'이나 '中代 成立說'을 주창하는 이들의 경우에는 율령을 율령제 또는 율령체제와 같은 의미로 설정하였다. 후자는 율령의 완성이라고 할 수 있는 隋·唐代의 율령과 율령제를 그 準據의 기준으로 삼았으며, 다분히 고대 일본의 경우와 같이 율령을 전면적으로 도입한 경우만을 율령 수용이라 이해한 시각을 견지하였다. 아울러 新羅 율령의 존부에 대한 논의에서 간과할 수 없는 것은 각국의 율령 반포 시기와 율령제의 시행 여부를 통해 그 사회의 발전 정도와 우열을 가름하려는 듯한 인식이 그 이면에 깔려있음도 부인키 어렵다는 점이다.[93]

中國 법제로서 율령 자체는 隋唐代 이전에도 타국에 영향을 주었다. 中國 이외 지역에서 고대국가가 성장함에 따라, 그 국가체제의 구축과 운영을 위해 나름의 법제가 만들어졌다. 그 과정에서 이러 저러한 국제적 계기를 통해 전해진 율령이 많든 적든 간에 수용되었다. 구체적으로 각국의 법제에서 고유법적인 요소와 율령법적인 요소가 각각 차지하는 정도는 율령 수용국의 역사적 조건에 따라 그 양상을 달리하였

---

92) 이우성, 1989 <고려토지·과역관계 '판·제'에 끼친 당령의 영향 - 신라 율령국가설의 검토를 겸하여- > ≪대동문화연구≫ 23
93) 이우성은 위의 논문에서 신라의 법제가 고유법적인 요소가 강하였으므로 율령제국가로 볼 수 없다고 하면서, 이는 신라의 후진성을 의미하는 것이 아니라 신라사회의 독특한 독자성에 의한 것이라고 강조하였다. 이는 그간의 연구에서 보였던 그러한 경향을 의식함에 따른 피력이라 하겠다.

다. 그것이 律令法의 전파와 수용을 통해 이루어진 동아시아 각국 문화의 공통성과 차이성의 구체적인 모습이기도 할 것이다. 율령을 통해 그러한 면을 파악하고 각 시기에 이룩된 동아시아 각국사의 공통성과 차이성을 동태적으로 이해하는 데에는, 율령을 부분적으로 수용하거나 변용시킨 경우라도 그것을 율령법의 범주에 넣고, 그 구체적인 성격에 대한 검토가 필요한 바이다. 율령제 내지 율령체제라는 개념 대신에 율령형 국가라는 개념이 제시된 것도 이런 시각에서이다.[94] 이러한 시각에서의 일차적인 과제는 율령이 언제부터 한국 고대국가에서 반포·시행되었는가하는 사실 확인이다.

(2) 新羅의 律令

한국의 고대국가들에서 율령의 존재와 그 성격에 대한 논의는 1978년 丹陽 赤城碑, 1988년 蔚珍 鳳坪碑 등의 금석문이 발견되고 최근에 다양한 木簡이 발굴됨에 따라 새로운 단계로 접어들었다. 524년 당시 新羅의 北邊인 蔚珍 지역에 세워진 鳳坪碑에는 분란을 일으킨 이들에게 '杖 100', '杖 60' 등의 처벌 措處를 행하였음을 기술하였다. 그리고 '種種奴人法'이란 言及이 보인다.[95] 아울러 이 碑에 등장하는 관인들의 관등을 통해, 이 때에는 新羅의 17등 京位의 官等制가 확립되었음을 확인할 수 있다.[96] 碑가 세워진 524년은 ≪三國史記≫에서 율령을 반포하였다고 전하는 法興王 7년(520)에서 4년 뒤이다. 이런 점은 당시 新羅에 율령이 존재하였음을 의미한다. 구체적으로 鳳坪碑를 통해, 형벌을 규정한 刑律과 官等制에 관계된 官位令, 그리고 아마도 새로이 복속시킨 변경지역 주민들의 처지를 규정한 여러 종류의 奴人法[97] 등의

---

94) 山本孝文, 2006 ≪三國時代 律令의 考古學的 研究≫ (서경) 54~58

95) 李明植, 1992 <蔚珍 鳳坪碑> ≪譯註 韓國古代金石文Ⅱ≫ 14~24 참조.

96) 盧泰敦, 1989 <蔚珍 鳳坪碑와 新羅의 官等制> ≪韓國古代史研究≫ 2

97) 奴人法의 性格을 '令'이라고 본 見解와[朱甫暾, 1998 <鳳坪碑 段階의 外位制

존재가 확인된다. 아울러 ≪三國史記≫에 전하듯이 520年에 官人의 공
복과 관등에 따른 朱紫靑黃의 복색을 정하였다는 官服令이 존재하였을
것이다. 이어 550년 무렵으로 추정되는 丹陽赤城碑에는 缺落된 부분이
있어 정확한 의미는 파악되지 않지만, '國法'·'赤城佃舍法'·'小子'·'小
女子' 등의 표현이 등장한다.98) 佃舍法의 구체적인 내용은 정확히 알
수 없으나, 국법으로 표현된 율령의 한 篇目으로 변경지역의 토지 운
용에 관한 어떤 법이었을 것이다. '小子'·'小女子' 등은 民을 연령에 따
라 구분한 제도와 연관된 것으로 여겨진다. 이는 곧 6세기 중반 이후에
는 이들 사항과 연관된 田令이나 戶令과 같은 令이 제정되어 행해졌음
을 뜻한다. 아울러 金石文의 인물에 대한 표기에서 '官職名－部名－人
名－官等'의 순으로 기술하는 방식이 6세기 중엽에 확정됨에서 보듯 사
항을 기록하거나, 행정 관서 간에 문서를 수발하는 데 필요한 일정한
서식을 규정한 공식령과 같은 것이 있었을 것이다(後述). 鳳坪碑의 발견
이후 新羅 律令의 존재를 인정하는 것이 한국학계의 통설이 되었다.

　이어 新羅 율령의 계통과 그 성격에 대한 논의가 진행되고 있다. 新
羅는 377년 高句麗를 통해 前秦에 사신을 파견한 바 있으나 이어지지
않고, 521년 南朝의 梁에 사신을 파견하였는데 이 때도 百濟 사신과
동행하였다. 그러니 520년 반포된 新羅 율령은 중국왕조로부터 직접
수용한 것이라 할 수 없겠고, 일단 高句麗 율령에 영향을 받았다는 상
정이 가능하겠다. 구체적으로 鳳坪碑에 보이는 杖刑의 구성으로 볼 때
新羅律은 北魏律이나 梁律을 母法으로 한 것일 가능성이 있다는 견해
가 발표된 바 있고,99) 아울러 新羅의 연좌죄가 唐律과 차이가 있다는

整備> ≪新羅 地方統治體制의 整備過程과 村落≫ (신서원)], 律로 보는 설이
　(洪承佑, 2004 <新羅律의 基本性格－刑罰體系를 中心으로－> ≪韓國史論≫
　50) 있다.
98) 朱甫暾, 1992 <丹陽 赤城碑> ≪譯註 韓國古代金石文Ⅱ≫ 33~40 참조.
99) 朱甫暾, 1989 <蔚珍 鳳坪新羅碑와 法興王代의 律令> ≪韓國古代史研究≫ 2

사실이 지적되었다.[100] 그리고 ≪三國史記≫ 文武王 9년조에서 전하는
'赦免下敎'를 中心으로 新羅本紀에 전하는 사례를 검토하여, 官人에 대
한 刑律과 도적과 負債에 관한 형율 등에서 新羅律이 唐律과 차이가
나는 점을 지적하면서 新羅律의 연원이 南北朝時代의 그것으로 소급됨
을 논한 연구[101]가 나왔고, 村落文書에 보이는 戶口 파악방식이 南北
朝時代의 것과 통한다는 주장이 제기되었다.[102] 또한 新羅 형벌에서
杖刑의 내용과 사형의 등급(棄市, 斬首) 등이 唐律과 다르며 또 杖刑과
流配刑이 並科된 것이 隋律 및 그것의 연원인 北朝律과 통함을 거론하
면서, 新羅律의 母法이 梁이나 北魏의 律이거나 高句麗律이었을 가능
성을 제기하였다. 아울러 '奴人法'과 '佃舍法'의 예처럼 이를 律이나 令
이라 하지 않고 '法'이라 하였음을 보아 이들 法은 律令이 아니라 固有
法이었을 가능성이 있다는 주장도 제기되었다.[103] 또한 高麗律은 唐律
과 다르고 新羅律을, 멀리는 新羅律의 淵源이 된 高句麗律을 繼承한 面
이 있음을 지적하면서, 高麗律은 新羅律, 唐律, 宋刑統 등을 능동적으
로 수용하여 변형시킨 것이라는 설이[104] 제기되기도 하였다. 이런 주
장들은 좀더 구체적인 검토를 기다리지만, 일단 新羅 律令이 唐 律令에
만 의거하였던 것은 아니며, 시간적으로는 南北朝時代의 율령과 연결
될 수 있음을 말해준다.

　이렇게 볼 때, 앞에서 제시한 武烈王 元年 理方府格 60여조의 수정
조처와 文武王 遺詔에서 불편한 律令格式을 更張할 것을 언급한 것은

---

100) 朱甫暾, 1984 <新羅時代의 連坐罪> ≪大邱史學≫ 25

101) 尹善泰, 2003 <新羅 中代의 刑律 - 中國律令 受容의 新羅的 特質과 關聯하
　　 여> ≪講座 韓國古代史3≫

102) 尹善泰, 2000 ≪新羅 統一期 王室의 村落支配 - 新羅 古文書와 木簡 分析을
　　 中心으로 - ≫ (서울대학교 박사학위논문) 166~169

103) 洪承佑, 2004 <新羅律의 基本性格 - 刑罰體系를 中心으로 - > ≪韓國史論≫
　　 50

104) 韓容根, 1999 ≪高麗律≫ (서경문화사)

新羅 중대 초인 7세기 후반에는 中國 律令의 수용과 모방 단계를 넘어
이의 일부를 新羅化하는 면을 나타내는 것이라고 이해하는 것도 가능
하다.[105]

하지만 律令과 格式을 제정하였다는 것이 곧 新羅 사회가 전면적
으로 율령체제로 전환되었다는 것을 반드시 의미하지 않는다. 여전히
律令法的인 요소와 전통법적인 요소가 함께 존재하고 있었던 같다.
그런 면을 중시하여, 삼국의 법제에는 율령법적 요소 못지않게 고유
법적인 요소가 있음을 강조하고, 전통법 체계를 율령적 형식에 맞추
어 정비한 것이 新羅律의 성격이라고 보기도 하였다.[106] 新羅 중대
인 7세기 후반 이후에는 율령격식이 시행되었고, 그에 의거하였을 村
落文書와 같은 計帳이 작성되는 등, 中國 율령이 추구하는 바를[107]
신라가 지향하였던 것이 사실이다. 그러면서도 당시 신라사회를 규제
하는 전통적인 질서인 骨品制가 관료제 운영과[108] 일상생활에서 여전
히 강하게 작용하였다. 이런 상황에서, 律令의 구성과 운영에 中國의
그것과는 다른 신라적 특성이 나타날 수밖에 없었다. '族降'과 같은
身分刑이 존재하였고 신분에 따른 衣冠制가 실시되는 등 신라적 특성
을 나타내는 고유법이 율령과 함께 존재하였음은 그런 면을 나타내준
다고 하겠다.

(3) 百濟의 律令

百濟의 경우, ≪三國史記≫에는 율령 반포나 그와 연관된 어떤 구체

---

105) 註 101)과 同
106) 註 103)과 同
107) 族制的이고 分權的인 상태를 止揚하고, 國土와 人民에 대한 齊一的 支配를
    追求하여, 中央集權的인 郡縣制와 官僚制, 徵兵制, 良賤制, 國家의 人民과
    土地에 대한 稅金賦課와 이를 통한 國家財政의 運營 등을 指向하였다고 여
    겨진다.
108) 李基東, 1980 <新羅 中代의 官僚制와 骨品制> ≪震檀學報≫ 50

적인 언급은 보이지 않는다. 그런데 근래 발견된 百濟 木簡은 보다 구
체적으로 百濟 율령의 한 면을 전해준다. 2008년 4월 扶餘의 雙北里에
서 백제시기 건물지를 발굴하던 중 그 주변에서 발견된 '佐官貸食記'
木簡이 그 한 예이다. 이 목간은 길쭉한 板型의 木片의 양면에 글을 쓴
것으로 상단 중앙부에 구멍이 있어 이곳에 실을 꿰어 문서로 만든 듯
한 編綴木簡이다. 문서의 첫 부분에는 618년으로 추정되는 '戊寅年 6
월에 작성된 佐官貸食記'라는 제목을 기술하였다. 이 문서에는 10명에
게 貸付해준 穀食의 量과, 利息을 포함한 償還(上), 未償還(未)의 穀量이
記述되어 있고, 마지막 부분에선 貸付한 糧穀 總量(幷)과 償還한 糧穀
總量(得)이 표기되어 있다. 度量衡 單位로 '石'과 '斗' 외에도 '半'과
'甲'이 사용되었다. '半'은 5升을, '甲'은 2.5升을 나타낸 것이다. 利息
率 50%의 高利貸였다.

'佐官貸食記'는 佐官을 관직명으로 볼 경우 '佐官'이 주관하는 '貸食
事業의 記錄'이란 뜻이 되며, 또는 '佐'를 동사로 볼 경우 '穀食 貸與를
통해 官의 재정운영을 보좌하는 사업의 기록'이 될 수도 있다.[109] 이
木簡 문서에 '邑佐'가 나오고 또 羅州 伏岩里 목간에도 '郡佐'로 여겨
지는 글자가 보이므로(後述),[110] 佐官은 관직명일 가능성이 크다. 한편
'佐官貸食記' 木簡이 출토된 유적에서, '外椋部鐵 代綿十兩'이라 적힌
木簡이 함께 발굴되었다. 이 木簡은 外椋部가 철의 대가로 받은 綿 10
량을 담은 자루에 붙여둔 荷札木簡으로 여겨진다. 그에 따라 혹 목간
이 발굴된 지점이 百濟 22部 官司 중 內官의 하나인 外椋部가 있었던
곳이고, '佐官貸食記'의 佐官이 外椋部의 佐官일 가능성이 제기된다.

---

109) 李鎔賢, 2008 <佐官貸食記와 百濟의 貸食制> ≪百濟木簡≫ (國立扶餘博物
　　館) 61~63
110) 國立羅州文化財研究所, 2009 ≪羅州 伏岩里 遺蹟 出土 木簡≫. 4號 木簡 前
　　面에 쓰여진 글자를 "郡仿△△文"으로 판독하였는데, '仿'이 아니고 '佐'로
　　여겨진다.

그런데 '外椋部' 木簡은 '佐官貸食記' 木簡과 함께 黃褐色 모래층에서 출토되었는데, 이 層은 外部에서 流水의 유입에 의해 형성된 것으로 파악된다. 자연 이들 木簡은 건물지 자체와는 관련성이 없다.[111] 문제의 木簡들은 이 유적보다 높은 지점에 있던 관아에서부터 흘러 들어왔다고 보인다. 그렇지만 유입된 것이라고 하더라도 같은 지점에서 발굴된 만큼, 두 목간은 상호 연관성이 있을 것이다. 그런 면에서 '佐官'을 外椋部의 屬司인 관청으로 보는 견해가 제기되었다.[112] 아무튼 '佐官'은 '外椋部 소속의 관직'일 가능성이 크다.

穀食을 받은 10명 중 9명에게는 이를 貸付하였는데, 다른 1명인 '刀己邑佐'에 대해선 그가 받은 곡식 3石을 '与'라 표기하였다. 즉 貸付한게 아니라 그냥 주었다고 표기하였다. 그는 邑佐라는 관직을 지닌 관리로 여겨진다. 한편 貸付한 9명 중 3명의 이름이 '佃目之', '佃麻那', '佃首行'인데, 이 '佃'이 國家 土地를 耕作하는 佃戶를 나타내는 表示가 아닐까 하는 추론이 제기되어[113] 留意된다. 丹陽 新羅 赤城碑의 佃舍法의 '佃'과도 연관하여 검토해 볼 점이 되겠다.

이 '佐官貸食記'는 播種期나 端境期에 民에게 糧穀을 貸與하는 제도가 백제에서 행하여졌음을 전해준다. 高句麗에서도 3월에서 7월 사이에 백성들에게 가구의 다소에 따라 차등있게 곡식을 빌려주고 10월에 돌려받는 제도로 賑貸法이 시행되었음을 《三國史記》에서 확인할 수 있다.[114] 百濟의 貸食制가 高句麗의 영향을 받아 성립하였거나 촌락공동체의 전통적인 재분배 기능에 연원을 둔 百濟 고유의 것이었을 가능

---

111) 朴泰祐·鄭海濬·尹智熙, 2008 <扶餘 雙北里 280-5番地 出土 木簡 報告> 《木簡과 文字》 2호 ; 朴泰祐, 2009 <木簡資料를 통해 본 泗沘時代의 空間構造－ '外椋部' 銘 木簡을 中心으로－> 《百濟學報 創刊號》
112) 盧重國, 2009 <百濟의 救恤·賑貸 정책과 '佐官貸食記' 木簡> 《白山學報》 83
113) 李鎔賢, <앞 글>
114) 《三國史記》 高句麗本紀 故國川王 16년조

성이 있는 것이다. 만약 이 두 가능성 중 어느 것이라면 百濟 貸食法은 전통적 성격을 강하게 지닌 고유법으로 律令法이 아닌 게 된다. 하지만 百濟의 貸食制와 유사한 일본 出擧制의 법적 근거가 되는 條文이 養老雜令 20조에 있다.[115] 비록 이 조문이 唐雜令과 정확히 일치하지는 않지만, 중국에서 일반적으로 행해진 곡식대부와 유사하다.[116] 그렇다면 唐 이전 시기의 律令에 貸食制와 통하는 令이 있었는지 더 검토하여야 할 것이나, 百濟 貸食制가 中國 율령에 그 연원을 두었을 가능성이 크다. 구체적으로 '貸食'이라는 용어가 後漢代에 사용된 바 있다.[117] '佐官貸食記'가 百濟의 官制와 文書行政 등 중앙집권적 고대국가의 체제정비와 밀접히 연관된 것으로 여겨지며, 貸食制는 貸食의 利率을 50%로 규정함을 보아 中國 법제의 영향을 받은 율령에 의해 그 운영이 규정되었을 것으로 여겨진다. 앞으로 구체적인 百濟 貸食法의 연원에 대한 검토가 필요한 바이다.

또 하나 주목되는 木簡이 扶餘 陵山里 寺址 中門址 남쪽에서 발견되었다. 그 기록 내용은 다음과 같다.

1. 支藥兒食米記 初日食四斗 二日食米四斗小升一 三日食米四　　　×
2. 五日食米三斗大升一 六日食三斗大二 七日食三斗大升二 八日食米四斗　×
3. 食道使△△次如逢使 猪耳其身者如黑也 道使△△彌耶方车氏车殺 殺耶　×
4. ×　又十二石又十二石又十二石又十二石又十二石又十二石又十二石

（×는 파손）

---

115) 井上光貞 等校注, 1976 《律令》 (岩波書店) 479~480
116) 三上喜孝, 2009 <古代東アジア出擧制度試論> 《東アジア古代出土文字資料の研究》 (雄山閣)
117) 後漢代人 鄭玄은 《周禮》에 대한 注에서 이를 언급하고 있다. 즉 《周禮》 권10에서 地官 大司徒의 職掌을 언급하면서, 그 하나로 凶年이 들었을 때 해야 할 일(荒政)인 '散利'를 들었다. 이를 鄭玄은 '貸種食也'라 하여, 貧窮民에게 種子와 食糧을 貸與해 주는 것이라고 注하였다. (《十三經注疏》 3 《周禮》 권10 地官 大司徒)

이 木簡을 羅城 대문의 禁衛와 관련된 것으로 보고, 羅城 대문을 통제한 관인들이 약재를 운반해온 '支藥兒'들에게 食米를 지급하고 그 출납 사실을 정리한 것이라고 본 견해가 발표되었다.[118] 이어 이를 비판하면서, 이 木簡은 '支藥兒'라는 어떤 건물이나 시설에서 지방관인 道使들에 의해 陵山里 寺址의 건립에 동원되어 力役을 수행한 지방민들에게 米를 지급한 것을 적은 중간 메모와 같은 帳簿라고 보는 설이 제기되었다.[119] 후자에 따르면, 당시 지방민에 대한 행정제도와 지방관을 통한 역역동원이 체계적으로 행해졌음을 말해준다. 이는 율령적 질서의 수립과 유관한 것이다.

百濟 율령과 연관된 다른 주요 자료가 羅州 伏岩里 출토 목간들이다. 製鐵遺址를 포함한 伏岩里 古墳群 周邊遺跡에서 木簡 31점이 출토되었다. 그 부근에서 '豆肹舍'銘土器가 출토되어, 이 지역이 《삼국사기》 지리지에서 전하는 百濟 豆肹縣이 있었던 곳으로 여겨진다.[120] 한편 여기에서 나온 11호 木簡에 '△午四月'이라 기술되어있는데, '△'를 庚으로 본다면, 庚午年은 일단 百濟 武王 11년(610), 또는 新羅 文武王 10년(670)으로 볼 수 있어, 출토 木簡들의 연대를 짐작할 수 있다.[121]

이들 목간들 중 2호 木簡은 墨痕이 약하여 판독이 여의치 않은 자가 많으나, 판독되는 자로는 "中口四 △二", "文丁" 등이 있다. 이중 前者

---

118) 尹善泰, 2006 <百濟 泗沘都城과 嵎夷−木簡으로 본 泗沘都城의 안과 밖−> 《東亞考古學論叢》 2 (忠淸文化財硏究院)

119) 李炳鎬, 2008 <扶餘 陵山里 出土 木簡의 性格> 《木簡과 文字》 創刊號

120) 《三國史記》 地理志3, "錦山郡 本百濟發羅郡 景德王改名 今羅州牧 領縣三 會津縣 本百濟豆肹縣 景德王改名 今因之 鐵冶縣 本百濟實於山縣 景德王改名 今因之 餘艎縣 本百濟永川縣 景德王改名 今因之". 이 곳의 考古學的 環境과 發掘 槪要 및 主要 出土 遺物은 金聖範, 2009 <羅州 伏岩里 遺蹟 出土 百濟木簡과 其他 文字 關聯遺物> 《百濟學報》 創刊號에 紹介되어 있다.

121) 金聖範, <羅州 伏岩里 遺跡 出土 百濟 木簡> 《古代의 木簡, 그리고 山城》 (國立文化財硏究所 40年, 韓國博物館開館100周年 紀念 學術심포지움 發表文)

는 扶餘의 宮南池에서 출토된 "西ß後巷"銘 木簡의 表記方式과[122] 같다. 이는 연령에 따라 인구를 구분한 것이다. 그 구분의 기준에 대해선 ≪三國史記≫의 기사에 따라 15세를 기준으로 보는 견해가 있고,[123] 그와는 달리 中國 율령의 연령등급제에서 西魏·隋·唐代에 '丁中制'가 서서히 확립되었는데, 그것이 百濟 율령에 그대로 적용되었다고 보는 설도 있다.[124] 아무튼 이에 대해선 앞으로 새로운 木簡 자료의 발굴을 기다려야겠다. 그 다음 '文丁'은 扶餘 雙北里 현내들 유적에서 나온 85-8호 木簡의 "△率牟氏丁一 ×/ △◎隆△丁一× / △酒丁一 / × △" [前面, ◎는 구멍, ×는 破損]와[125] 그리고 扶餘 陵山里寺址 出土 木簡의 '資丁'과 比較가 된다. '文丁'을 文翰을 담당하는 직역으로 보는 설이 제기되었는데,[126] 이 역시 앞으로 좀더 구체적인 검토를 요한다.

4호 木簡은 지방 관아에서 米를 거두어들여("受米") 바치는("貢") 일과 관련된 사실을 기록한 행정문서로 여겨진다.

5호 木簡은 다음과 같이 기록되어 있다.

```
                  △丁一              中口
前面: 大祀◎村△弥首山△△            牛一
                  △丁 一
```

```
        淫 水田二形 得七十二石 △△在月三十日△△
後面: ◎白田一形 得六十二石
     △耕麥田一形△
```

---

122) 국립부여문화재연구소, 1999 ≪궁남지≫ 78~84. "西ß後巷已達已斯丁依舌 △丁" "歸人中口四 小口二. 邁蘿城法利源 水田五形"
123) 李鎔賢, 1999 <扶餘 宮南池 出土 木簡의 年代와 性格> ≪宮南池≫
124) 尹善泰, 2007 ≪木簡이 들려주는 百濟 이야기≫ 172~180
125) 李昄燮·尹善泰, 2008 <扶餘 雙北里 현대들·北浦 遺跡 調査成果> ≪木簡과 文字≫ 創刊號
126) 金聖範, <앞 논문>

이 木簡은 大祀村 내의 토지와 수확량 및 인력과 畜力에 관한 사항을 기술한 일종의 村落文書이다. '中口', '丁' 등 연령구분에 따른 인구편제, '水田'·'白田'·'麥田' 등 경작지의 구분, 宮南池 목간에서도 보였던 '形'이라는 토지 단위, '石'으로 표시된 수확량 등은 당시 촌락과 농민생활 및 이들에 대한 국가의 통치 양태를 이해하는 데 주요한 면을 전해준다.

6호 목간은 封緘(封檢)木簡으로 표면에 '上' 이면에 '第十一草'라 표기되어 있다. 伏岩里 지역에 있던 지방관아에서 중앙의 상급 관청에 올리는 기밀문서를 담는 목간으로 여겨진다. 9호 목간에선 전면에 "麻中練六四斤"이란 글자가 확인된다. 수취관계 문서의 일부로 여겨진다.

12호 木簡은 전면에 "軍那德乎至安(軍那의 德乎가 안전하게 이르렀다)"라 적혀있다. 軍那는 삼국사기 지리지에 따르면 熊津都督府 하에 설치된 6주 중의 하나인 帶方州 하의 縣이다.[127] 신라 武州 咸豊縣이 백제의 屈乃縣이라 하였으므로, 같은 지역이다. 이에 대해, '屈奈'라는 지명을 百濟 때 이미 보다 세련된 형태인 '軍那'로 사용하였고, 이것을 熊津都督府에서 襲用하려고 한 계획안을 ≪三國史記≫ 地理志 말미에 전재한 것으로 보아야 한다고 주장하기도 한다.[128] 이를 경작지 획득 관련 사실을 기록한 것인 듯한 10호 목간에서 "△△州久三十田得"이라고 한 것과 연결해 보면, 伏岩里 목간의 연대에 주요한 논거가 될 수 있을 것이다.

이상의 백제 지역 출토 목간은 百濟 율령에 관한 몇 가지 점을 말해준다. 百濟에서 늦어도 7세기 이후에 민을 나이에 따라 편제하는 戶令, 토지의 단위에 따른 구분과 課稅 등을 규정한 田令, 貸食制에 관한 令, 문서행정과 관련한 서식을 정한 公式令, 度量衡에 관한 令 등이 存在

---

127) ≪三國史記≫ 47, 地理志4 帶方州條
128) 金聖範, 2009 <앞 논문>

했음을 짐작할 수 있다. 이외에도 史書에서 전하는 바에 의할 때, 官位令과 중앙과 지방 관서의 직원 수와 그 관등을 규정한 職員令 등이 존재하였음을 추정할 수 있다.

이상에서 살펴보았듯이 金石文과 木簡을 통해 新羅와 百濟에서 율령의 존재를 확인할 수 있었다. 율령의 수용은 중앙집권적인 국가의 성립과 밀접히 연관된 것이다. 즉 律令은 '大王國土'[129]에 있는 인민과 지역을 일원화된 방식으로 지배하려는 지향성을 담은 법률체계였다. 자연 그 안에는 田地區劃, 編戶, 力役動員, 租稅收取, 관직의 수와 그 관등 등에 관한 규정이 포함되기 마련이다. 이런 면을 중시하여, 비록 구체적인 율령 조항이 확인되지 않지만 高句麗에서 중앙집권적 영역국가의 성장 추이와 연관시켜 관련 문헌 사료를 통해 율령의 존재를 상정하고 그것의 재구성를 시도한[130] 연구와, 新羅史의 발전에서 율령이 지닌 의미를 해석해 보려 한 시도,[131] 그리고 百濟 율령의 반포시기를 그 지방제도의 정비과정과 연결하여 고찰해보려는 논고[132] 등은 그 나름의 의미를 지닌 시도라고 할 것이다. 아울러 고고학적 유적·유물에 대한 분석을 통해, 삼국시대 율령의 수용과 시행을 밝혀보려 한 연구도 그러한 시각에서 추구된 논고이다. 즉 유적에서 출토된 유물로 볼 때 어느 시기부터 威信財인 금속제 장신구나 무기 등을 통해 권력을 과시하는 효과가 사라지고, 동일한 모양의 복식을 착용하면서 색깔이나 재질 차이만으로 정치적 위계의 차이(官位)를 나타내는 방식으로 바뀌었음에 주목하고, 그리고 문서행정 시스템의 발달을 상기시키는 목간 외에 벼루와 문방구류의 보급을 나타내는 유물 및 도시유적 등에 유의하여, 이런 변화를 율령(制)의 수용과 시행에 따른 양상으로 해석

---

129) 徐永大, 1992 <中原高句麗碑> ≪譯註 韓國古代金石文Ⅰ≫ 36~53
130) 盧重國, 1979 <앞 논문>
131) 姜鳳龍, 1992 <三國時期의 律令과 民의 存在樣態> ≪韓國史研究≫ 78
132) 洪承佑, 2009 <百濟 律令 반포 시기와 지방지배> ≪韓國古代史研究≫ 54

하였다.[133] 그리고 6세기 중반 이후 정형화된 帶金具가 각지의 고분에
까지 확산됨을 중시하여, 일정한 양식의 帶金具나 冠帽·衣服을 착용한
무덤의 被葬者들은 관인으로 볼 수 있고, 이를 통해 일정한 衣服令이
나 喪葬令의 존재를 상정할 수 있다는 주장이 제기되기도 하였다.[134]
이런 연구들은 중앙집권적 영역국가 체제와 율령제 연구에 고고학적
유물 유적을 적극 활용한 것으로, 그 주장의 구체적인 면에서의 타당
성 여부를 떠나 논의의 폭을 넓힌 새로운 시도라 할 수 있다.

이어 현재까지의 자료를 통해 한일 고대국가들 간의 율령문화 교류
의 일면을 살펴보자.

2) 古代 韓日 間의 律令文化의 交流 事例

(1) 百濟의 貸食制와 日本의 出擧制

百濟 '佐官貸食記' 木簡에서 기술된 利率이 50%인데, 이는 日本 養
老雜令에 규정한 公出擧의 利率과 동일하다. 따라서 養老雜令이 唐雜
令을 직접 수용한 것인지 百濟의 그것을 受容한 것인지가 일단 문제가
될 수 있겠다. 그런데 日本의 이른 시기 出擧木簡, 가령 7세기 후반의
福岡縣 大宰府跡 출토 목간에서 "八月△日記 貸稻數 …"식으로 기술되
어 百濟 貸食記 목간의 기재양식과 상통한다. 다른 出擧木簡에서도 '貸
稻'라는 용어가 쓰이는 등 百濟의 그것과 통하는 것이 적지 않다. 아울
러 '未'·'上'으로 償還與否를, '石'과 '斗' 외에 '半'과 '甲'으로 穀量을
표기한 예도 보인다.[135] 이런 점에서 日本의 出擧制 운영을 규정한 養

---

133) 山本孝文, 2006 ≪앞 책≫
134) 李漢祥, 1997 <5~7世紀 百濟의 帶金具> ≪古代硏究≫ 5 ; 山本孝文,
    2009 <考古學으로 본 三國時代의 官人> ≪韓國古代史硏究≫ 54
135) 三上喜孝, 2009 <앞 논문>

老雜令의 연원을 일차적으로는 百濟 율령문화에서 찾아야 할 것이 아닌가 한다.

한편 日本에서 出擧는 春·夏, 즉 파종기인 3월과 端境期인 5월에 행해졌다. 그런데 貸食記 목간에서는 6월에 행하였다고 전한다. 이런 兩者 간의 차이에 대해선, 中國의 예를 들어 糧穀 대여가 지역 사정에 따라 차이가 있었음을 지적한 견해가 유의된다.[136] 나아가 오히려 日本의 예로 보아 百濟에서도 2차례 행해졌을 가능성을 배제할 수 없겠다. 현재 알려진 百濟의 貸食文書는 하나뿐이고, '貸食'이란 표현이 6월 端境期에 食糧을 공급한다는 뜻을 담은 것이라는 점을 감안하면 파종기에 種子穀을 貸與하였을 가능성을 상정할 수도 있겠다. 이와 관련하여 高句麗에서 3월과 7월 사이에 양곡을 賑貸하였다는 기록도 참고가 된다.

(2) 日本의 束把制와 新羅의 結負法

다음으로 日本의 出擧木簡에선 糧穀의 量 단위로 '石'과 '斗' 외에도 '束'과 '把'를 사용하였다. 日本의 束把制는 稻를 '束(たば)ねる' 한 것에서 유래하였다고 하는데,[137] 束은 한국어에선 稻 등의 곡식이나 花 등을 묶은 '다발'이며, 'たば'도 '다발'과 같은 어원으로 여겨진다. 新羅의 토지 면적 단위는 結·負·束·把이었다. 면적단위로서 結負制는 新羅에서 늦어도 7세기 중반에는 성립되었다.[138] 把는 한 움큼(손으로 잡아 쥘 수 있는 量)의, 束은 한 묶음의, 負는 한 등짐의 稻 줄기를 말한다. 1結은 100負, 1負는 10束, 1束은 10把가 된다. 즉 이런 量이 수확되는 어떤 표준 전토의 면직에 의기해 각 단위의 절대 면적을 산출한 후, 그

---

136) <위 논문>
137) 井上光貞 等校注, ≪律令≫ 570
138) 663년 11월 百濟復興運動軍을 鎭壓한 뒤 文武王이 金庾信에게 田 500결을 賜與하였다(≪三國史記≫ 金庾信傳 中).

것을 전국에 적용하여 토지 면적 단위로 시행하였던 것이다. 일단 정해진 후, 이 단위들은 농지뿐 아니라, 垈地·山林·鹽田 居住地域 등의 절대 면적을 산출하는 단위로도 사용되었다.[139] 자연히 이런 結負法은 율령에 의거해 규정되었을 것이다. 結·負·束·把는 이후 일관된 絶對 면적 단위로 高麗時代까지 사용되었다. 이어 朝鮮時代에는 농지의 肥瘠에 따른 所出의 차이를 반영하여, 300斗의 소출을 내는 면적을 1結로 하는 수확량 기준의 토지 면적 단위가 되었다. 아무튼 거슬러 올라가면 '負' '束' '把'의 어원이 나타내는 바에 따라 이것이 절대면적 단위를 나타내는 제도로 정립되기 이전, 즉 양곡의 소출량 단위로 사용된 것은 늦어도 7세기 중반보다 이른 시기부터였을 것이다. 그 시기에 '束'·'把'가 전국에 걸친 조세 수취에서 일정한 곡식의 量을 나타내는 단위로 통용되었다면, 負·束·把로 표현되는 양곡의 절대량에 대한 규정이 슈으로 정해졌을 것이다. 이것을 늦어도 7세기 중엽에는, 앞서 말했듯이 절대 면적단위로 다시 설정하였던 것이다. 6세기 후반의 城山山城 出土 목간에서는 糧穀의 량 단위로 石을 사용하고 있음을 보건대, 이 무렵에는 石斗制가 糧穀의 양단위로 공식적으로 사용되었음을 알 수 있다. 糧穀의 量 단위로서 石斗制와 '把·束制'가 병행하여 사용되었던 듯한데, 아마도 把束制가 먼저 행해지다가 어느 시기부터 石斗制와 병행하여 사용되고, 늦어도 7세기 중엽 이후에는 量制로 石斗制만 행해지고, 束把制는 토지면적 단위로만 사용하게 되었다. 日本에서 束把制가 기록상에 등장한 것은 大化改新詔에서 였다.[140] 大化改新詔에 담

---

139) 李宇泰, 1989 <新羅時代의 結負法> ≪泰東古典研究≫ 5 ; 2002 <古代度量衡制의 發達> ≪講座 韓國古代史≫ 6

140) 日本의 束把制에 대한 言及은 ≪日本書紀≫ 25, 大化2년 正月條에 실린 大化改新詔에서 보인다. 즉 "長 30步 廣12步를 1段으로 하고, 10段을 1町으로 하며, 1段마다에 租로 稻2束2把를 1町마다에 稻 22束을 부과한다"고 하였다. 이에 의할 때 束把는 量單位가 된다.

긴 내용이 그 당시의 것인지에 대해선 오랜 논난이 있어 왔는데, 아무튼 일본에서 束把制는 8세기대에도 양곡의 量制로 사용되었다. 일단 그 명칭으로 볼 때, 新羅와 日本의 束把制는 그 연원에서 상호 밀접한 연관성이 있다. 앞으로 양국의 束把制의 기원과 그 시행 양상에 대한 보다 구체적 검토와 논의가 요망되는 바이다. 이는 양국의 율령문화 교류에 대한 한 사례가 될 수 있을 것이다.

(3) 月城 垓子 2號 木簡과 養老書式令

月城 垓子에서 출토된 2호 목간의 내용은 다음과 같다.

> 大烏之郎足下万拜白之
> 經中入用思買白不雖紙一二斤
> 牒垂賜敎在之後事者命盡
> 使內
> (* 判讀者에 따라 몇 字 差異가 있고, 각 行의 順序 配列에서도 差異가 있음)

이 木簡의 작성년대에 대해선 6세기 후반으로 보는 견해가 유력하다. 즉 大烏之郎의 大烏之를 新羅 관등 중 제15위의 大烏로 보고, 金石文上에서 이 관등에 대한 표기를 '大烏'라 한 것은 南山新城碑 第3碑(591) 이후부터이고, 그 이전인 永川 菁堤碑 丙辰銘(536)에선 大烏第, 丹陽赤城碑(550)에선 大烏之라 하였으므로, 월성 해자 2호 목간은 536년에서 591년 사이인 550년 무렵에 쓰여진 것으로 보아야 한다는 주장이다.

한편 위 판독문의 第3行을 第1面으로 보아, 문서를 해석한 설이 제기된 바 있다. 이 설은 大烏之郎이 문서의 受信者이고, 萬引을 그 발신자로 보았다. 그래서 이 문서를 寫經에 필요한 종이 구입을 청구하기 위한 牒式文書로 보았다. 나아가 이런 문서 양식이 大烏郎과 萬引이라는 개인과 개인 간의 上申文書로 사용되었다는 점을 주목하여, 이 문서 양식이 7세기 후반 日本의 牒式木簡과 8세기 養老公式令의 牒式 규정에 영향을 주었을 것이라고 이해하였다.[141] 이는 日本 養老公式令의 牒式 규정이 唐 公式令과는 달리 官司의 下達文書가 아니라 관인 개인의 上申文書로 규정되었던 점과 유사함에 着目한 견해이다.

이에 대해, 이 목간의 '牒'은 札로서 簡牘을 뜻하며, "牒垂賜教在之後事者命盡"을 "牒함. 내리신 敎가 있었습니다. 後事는 命한대로 다하도록"이라 하지 않고, "牒(木簡)을 내리신 命令(敎)이 있었습니다. 뒤의 일(後事)은 命한대로 다 하였습니다"로 해석하여, 이 木簡文書는 牒式文書가 아니라고 주장하는 설이 제기되었다.[142] 아울러 이 목간의 "某足下白之"는 日本 고대의 '某前申(白)' 形式의 文書木簡에서 보이는 '白之'와 비슷하며, 그것의 연원일 가능성이 높다고 지적하였다. 이 때 '之'는 文章終結詞로서의 '之'인데,[143] 이 같은 '之'의 용법은 고대 한국에서 먼저 사용되었고 이후 日本에 영향을 주었을 것이란 지적이 앞서 있었다.[144]

---

141) 위에서 提示한 文書에서 第1行의 '萬拜'를 '萬引'으로 읽고 이를 人名으로 본 견해이다.
   李成市, 2005 <朝鮮の文書行政> ≪文字と古代日本 2≫ 吉川弘文館 ; 三上喜孝, 2006 <文書樣式 '牒'の受容をめぐる一考察> ≪山形大學 歷史·地理·人類學論集≫ 7
142) 李京燮, 2009 <新羅 月城 垓子에서 出土한 '2號 木簡'에 대하여> ≪韓國古代史 研究의 現段階 - 石門 李基東教授 停年 紀念 論叢 - ≫
143) 南豊鉉, 2005 <韓國古代吏讀文의 文末語助辭 '之'에 대하여> ≪口訣研究≫ 15 ; 李宇泰, 2005 <金石文을 通하여 본 漢字의 導入과 使用> ≪韓國古代史研究≫ 38
144) 藤本幸夫, 1996 <古代朝鮮の言語と文字文化> ≪日本の古代 14≫ (中央公論社) ; 犬飼隆, 2006 <日本語を文字で書く> ≪列島の古代史 6 - 言語と文字 - ≫ 6 (岩波書店)
   한편 終結詞 '之'가 古代 韓國에서 비롯한 것(吏讀)이 아니라, '之'의 그런 用例는 秦·漢의 簡牘에서도 確認됨을 밝힌 연구가 발표되었다.[金秉駿, 2009 <樂浪의 文字 生活> ≪古代 文字資料로 본 東亞細亞의 文化交流와

月城 垓子 2호 木簡文書가 新羅에서 令으로 규정한 문서양식인지, 또 이것이 養老公式令과 직접 연관되는지 여부는 앞으로 좀더 구체적 사례 검토와 논의가 필요한 문제이다. 그러나 일단 新羅 또는 百濟의 서식과 日本의 그것 간에는 연관이 있을 개연성은 충분히 있는 만큼, 이 또한 양측 간의 律令文化 교류의 한 예로 고려 대상이 될 수 있을 것으로 여겨진다. 무엇보다 日本의 지방 각지에서 출토되는 出擧木簡과 각종 文書木簡이 말해주는 文書行政의 보급과 文字生活의 성숙이 律令制 시행의 토대가 되었다는 사실이 유의된다. 이런 문자생활의 활성화에는 百濟나 新羅의 목간사용을 포함한 문자생활문화의 영향이 적지 않았을 것으로 보아도[145] 좋지 않을까 한다. 그것은 국가간 교류의 산물인 동시에 이주를 포함한 양측 주민간 교류의 결과라고 여겨진다. 앞으로 이런 면에 좀더 유의할 필요성이 제기되는 바이다.

2. 佛敎文化의 교류

1) 僧侶와 制度의 交流

6세기 중엽 백제에서 倭國으로 불교가 전해진 이후, 양국간에는 긴밀한 불교문화의 교류가 있었다. 552년 12월 釋迦佛金銅像과 幡蓋 및 약간의 經論이 百濟에서 倭國으로 보내졌으며, 이어 554년에는 백제가 曇慧 등 9인의 승려를 왜에 파견하여 이미 가있던 승려 道深 등 7人과 교대케 하였다. 이 시기 百濟와 倭國 간 불교문화의 교류는 군사적・정

疏通≫ (동북아역사재단)] 그런데 古代 中國 내에서 행해진 '之'의 다양한 用例 중 그런 것이 있음은 同意하지만, 終結詞로서 '之'가 많이 사용된 것은 역시 古代 韓國의 漢文 敍事에서의 特性이라고 하지 않을 수 없다.

145) 三上喜孝, 2008 <日本 古代의 木簡의 系譜> ≪木簡과 文字≫ 創刊號

치적 상황에서 기인한 바가 컸다. 즉 百濟가 倭國의 군사원조를 획득하기 위해 5經博士와 여러 분야의 전문가인 師와 工 등을 보내었고 불교의 전파도 그 일환으로 추진되었다. 이는 당시 百濟와 倭國 간 문화교류 양상의 일면을 보여준다. 아무튼 이후 百濟와 倭國 간에 불교문화의 교류가 진전되었으며, 양국 불교계 간의 인적 교류도 증대되었다. 577년에는 百濟에 사행하였던 大別王이 귀국할 때, 백제가 經論 약간 卷과 아울러 律師·禪師·比丘尼·呪禁師·造佛工·造寺工 등을 함께 파견하였고, 倭國은 이들을 難波의 大別王寺에 안치하였다.[146] 587년에는 百濟가 惠總 등의 승려들과 佛舍利를, 그리고 수명의 승려 律師와 寺工·鑪盤博士·瓦博士·畵工 등 기술자들을 倭國에 보냈다. 이 해에 시작한 法興寺의 창건은 이들 百濟 승려와 기술자들에 의해 주도되었을 것이다. 또 이 해에 왜국은 司馬達等의 딸인 善信尼 등 3명의 比丘尼가 귀국하는 百濟國使를 따라 百濟로 가 수학케 하였다.

　高句麗는 570년에 倭에 사신을 파견하여 양국간에 국교가 열렸다. 아마도 한반도 중부 지역을 차지하며 강성해진 新羅가 中國의 南朝와만 교류하던 데서 벗어나 高句麗의 배후에 있던 北齊와 교류하는 움직임을 보이자, 이에 대한 대응으로 高句麗도 新羅의 배후에 있는 倭國과 통교하는데 열의를 보이게 되었던 것으로 여겨지며,[147] 高句麗에서 倭國으로 불교문화의 전래도 그런 가운데서 이루어졌다. 570년 이후 양국 간의 불교문화와 승려의 교류도 이어졌다. 倭國 僧侶 鞍作得志, 道登, 行善 등이 高句麗에 유학하였다.[148] 新羅도 579년 倭國에 불상을 보냈다.[149] 이런 주변 상황의 진전은 百濟가 倭國과의 불교문화 교류

146) ≪日本書紀≫ 敏達紀 6년 11월조
147) 李成市, 1990 <高句麗と日隋外交> ≪思想≫ 795 ; 1998 ≪古代東アジアの民族と國家≫ (岩波書店) 재수록
148) 中井眞孝, 1994 <高句麗佛敎と日本の古代> ≪朝鮮と日本の古代佛敎≫ (東方出版) 45~49

에 더 적극적으로 나서게 하였던 한 요인이 되었던 것 같다.

한편 倭國에서는 587년 蘇我馬子가 불교 수용에 반대하던 物部守屋을 제거한 뒤, 불교가 본격적으로 수용되었다. 593년 法興寺塔의 刹柱를 세울 때, 蘇我大臣 등 100여인이 함께 百濟服을 입고 佛舍利 奉安式에 참석하였다. 596년 11월 法興寺가 완공되자, 百濟인 慧聰, 고구려인 慧慈를 이곳에 駐錫케 하였다.150) 이 두 승려는 당시 국정을 주도하던 聖德太子의 스승이 되었으며, "佛敎를 弘演하여 三寶의 棟樑이 되었다"고 한다.151)

百濟에서 608년 曆法과 천문에 관한 서적과 함께 觀勒이 보내졌고, 고구려 승려 僧隆과 雲聰이 倭國에 갔다. 觀勒은 624년 倭國 최초의 僧正이 되었다.152) 625년 高句麗가 僧侶 慧灌을 파견하니 倭國 조정이 그를 僧正으로 삼았다.153) 그는 隋로 건너가 吉藏에게 三論學의 宗旨를 배웠으며, 倭國에서 三論學을 弘布해 日本三論宗의 시조가 되었다. 이 시기 倭國에서 활약한 高句麗人 慧慈와 慧灌, 百濟人 慧聰과 觀勒은 모두 三論學에 깊은 조예가 있었으며 成實論에도 통달한 승려로서 聖德太子와 깊은 관계를 가졌다.154) 이러한 倭國과 百濟 및 高句麗 간의 불교문화와 僧侶의 교류는 이 시기 이들 국가들 간의 밀접한 정치적 우호관계에 긍정적으로 작용하였을 것이다.

한편 607년(推古 15년) 倭國은 隋와 통교하였으며, 608년에는 遣隋使와 함께 高向玄理 등 4명의 유학생과 旻 등 4명의 學問僧이 파견되었다. 623년 신라는 왜국에 불상과 金塔·舍利 등을 보내면서 왜의 渡

---

149) ≪日本書紀≫ 20, 敏達紀 8년 10월
150) ≪日本書紀≫ 22, 推古 4년 11월
151) ≪日本書紀≫ 22, 推古 3년 5월 丁卯
152) ≪日本書紀≫ 22, 推古 32년 4월 壬戌
153) ≪日本書紀≫ 22, 推古 33년 정월 戊寅
154) ≪三國佛法傳統緣起≫ 卷中, 成實

唐留學僧인 惠光, 惠齋과 醫師 惠日, 福因 등을 新羅使와 함께 귀국하게 하였다.[155] 이들의 귀국 루트는 종전의 百濟路를 택하였던 것과는 다른 것이었다. 이후 632년과 639년, 640년 唐에 갔던 新羅使가 歸國할 때 倭國의 入唐 유학승과 학생들이 함께 돌아왔고, 이들은 신라에서 외국으로 돌아가는 루트를 취하였다(<표 3>참조). 그리고 654년에 智宗, 658년에 智通 등이 入唐할 때 新羅를 통해 갔다. 이런 일들이 당시 양국의 관계 진전에 어떠한 영향을 주었는지에 대해서는 적지 않은 논의가 있었다. 690년에도 渡唐留學僧인 智宗 등이 신라를 거쳐 귀국하였다.[156] 아무튼 이는 新羅와 倭國 간 불교문화 교류에 긍정적인 영향을 주었을 것이라고 추측할 수 있겠다.

〈표 3〉 日本의 新羅留學僧과 唐留學僧 (歸國年 基準)[157]

	新羅 留學僧	唐 留學僧
文武王 以前 (~660)		福仁(623), 惠齋(623), 惠光(623), 僧旻(632), 靈雲(632), 惠隱(639), 慧雲(639), 請安(640), 道昭(651)
文武王代 (661~680)	道行(668)	定惠(665), 妙位(668), 法勝(668),
神文王代 (681~691)	觀常(685), 雲觀(685), 行心(686), 智隆(687), 明聰(689), 觀智(689)	
孝昭王代 (692~701)	辨通(696), 神叡(693 ?)	智宗(690), 義德(690), 淨願(690)
聖德王代 (702~736)	義法(707), 義基(707), 惣集(707), 慈定(707), 淨達(707), 行善(718)	道慈(718), 智鸞(703?), 智雄(703?)

155) ≪日本書紀≫ 22, 推古 31년 7월
156) ≪日本書紀≫ 30, 持統 4년 9월 丁酉
157) 이 표는 鄭炳三, 2002 <古代 韓國과 日本의 佛敎 交流> ≪韓國古代史硏究≫ 27에서 인용.

8세기 중반 화엄 전적을 일본에 가져온 審祥의 경우, 그가 유학한 나라가 唐이라는 설과 新羅라는 설이 있는데, 그가 新羅에 다녀간 것은 확실하다.

690년 新羅 僧侶 詮吉과 級湌 北助知 등 50여 인이 日本에 귀화하였다.[158] 758년에도 新羅 승려 32인과 比丘尼 2명 및 남녀 40명이 武藏野에 정착하는[159] 등 민간 차원의 교류가 계속 행해졌다.

삼국과 日本의 불교문화 교류의 자취는 寺刹의 伽藍 배치 구도를 통해서도 확인된다. 飛鳥時代 寺院인 四天王寺의 경우, 中門-塔-金堂-講堂을 南北 一直線上에 배치하고 中門에서 강당에 이르는 左右 回廊을 설치한 구도였다. 이는 扶餘의 軍守里 廢寺址와 定林寺 등에서 보이는 전형적인 百濟의 1塔 1金堂式 伽藍 배치와 직결되는 면을 보인다. 607년에 완성된 것으로 추정되는 法隆寺 창건 伽藍은 현 法隆寺의 동남방에 자리한 若草 伽藍址에 있었다. 塔과 金堂의 규모가 현재의 것과 거의 비슷한 이 寺址는 1塔式 가람 배치 구도를 보여준다.[160] 또한 日本 최초로 건립된 法興寺(飛鳥寺)의 경우, 1塔 3金堂式인데 이는 平壤의 淸岩洞 廢寺址와 定陵寺址의 그것과 직결되는 가람 배치 양식을 보여준다. 그리고 奈良에 있는 川原寺의 가람이 飛鳥寺의 가람 배치를 변형한, 즉 東金堂을 제거한 양식임이 밝혀져 日本 고대의 寺院 건축에 미친 高句麗의 영향을 말해준다. 단 高句麗의 塔은 8角塔인데 비해 百濟의 塔은 4角塔이고, 飛鳥寺의 그것은 4角塔이다. 飛鳥寺의 경우는 高句麗의 가람 배치 구조에다 百濟 양식의 塔이 세워진 형태라고 할 수 있겠다. 한편 新羅 寺院의 가람 배치와 유사한 예는, 7세기 말 8세기 대에 등장하였다. 698년 奈良에 처음 건립되었다가 718년 平城京으로 移

158) ≪日本書紀≫ 30, 持統 2월 戊午
159) ≪續日本紀≫ 21, 淳仁天皇 天平寶字 2년 8월 癸亥
160) 張慶浩, 1994 <百濟와 日本의 古代 寺刹建築> ≪百濟史의 比較研究≫ (忠南大學校 百濟研究所)

建된 藥師寺에서 확인된다. 藥師寺式 가람 배치는 慶州의 佛國寺 등에
서 보이는 雙塔式 가람 구도와 직결된다. 이런 雙塔式 가람 배치를 지
닌 가장 이른 시기 新羅의 절이 679년에 세워진 四天王寺인데, 최근 그
遺址가 발굴되었다. 단 新羅의 그것은 金堂 좌우에서 동서 回廊에 이르
는 翼廊이 있으나, 藥師寺에는 그것이 없고 처음부터 北回廊이 있어 差
異를 보인다. 新羅의 雙塔式 가람 배치를 취하면서도 변형된 면을 나
타내었다.161) 무엇보다 塔의 재질에서 삼국이나 일본 모두 처음에는
목탑을 세웠다. 그러나 7세기에 들어서 삼국에선 석탑을 세우게 되었
고, 일본에선 계속 목탑을 조영하였다. 양측에서 각각 양질의 石과 木
이 산출되는 지역적 특성에 따른 문화 양상의 차이라 하겠다.

국가의 불교 사원 운영에 있어서도 新羅와 日本은 비슷한 면을 나타
내었다. 新羅는 神文王 4년(684)에 四天王寺, 奉聖寺, 感恩寺, 靈廟寺,
永興寺에 成典을 설치하여 사원의 유지와 경영을 맡도록 하였다. 日本
에서는 680년 國大寺 제도를 시행하여 造寺司를 설치하고 寺院 운영을
담당하도록 하였다. 寺成典과 造寺司는 그 성격상 유사한 일면을 보여
준다.162) 이 시기 新羅와 日本의 불교는 호국불교적 성격을 강하게 지
녔는데, 日本의 경우 8세기 중엽 護國經의 공덕으로 정치와 사회의 안
정을 바라는 國分寺 제도의 운영을 시작하였다. 즉 諸國에 國分寺를 설
치해 7층탑을 1개 만들고, 金光明經最勝經과 法華經을 10部씩 書寫하
고, 寺名은 僧寺는 金光明四天王護國寺라 하며 尼寺는 法華滅罪寺라
하였다. 每月 金光明經을 읽고 半月說戒하며 6齋日에 살생을 금하도록
하였다. 경전을 독송함으로써 재앙을 물리치고 국가의 평안을 기원하
며 鎭護國家를 지향하는 이 國分寺는 唐 則天武后가 시행했던 大雲經

---

161) 金正基, 1982 <新羅伽藍配置와 日本에의 影響> ≪新羅文化祭學術發表會
論文集≫ 3, 203~207
162) 鄭炳三, <앞 논문>

寺 제도를 본 딴 것이라 한다.163) 이런 官寺佛敎 제도가 이 시기 新羅에서도 행해졌는지가 관심의 대상이 된다. 神文王 4년의 成典寺院이 이러한 官寺佛敎라고 보는 설이164) 있는가 하면, 이들 成典寺院은 어디까지나 王室 寺院이므로 이를 官寺佛敎라 볼 수 없다는 反論이165) 있는 등 논란이 분분하다.166) 일단 日本의 國分寺가 지방 각지에 설치되었던 데에 비해 新羅의 成典寺院은 수도에만 세워져서 차이를 보인다. 아무튼 앞으로 이러한 고대 일본의 國分寺 제도와 新羅의 成典寺院 및 隋·唐의 大雲寺(開元寺) 제도 등을 비교하는 검토가 요망된다.

한편 삼국과 倭國에서 불교에 대한 이해가 깊어짐에 따라, 僧侶 교류와 함께 불교 관련 전적도 교류되었다.

2) 佛敎 典籍의 交流

百濟에서 倭國으로 불교가 전래된 초기부터 약간의 경론이 전해졌다. 하지만 이들 전적의 성격을 알 수 없다. 아울러 7세기를 전후한 시기 삼국인의 저술로서 倭國으로 전해진 불교 관련 서적도 그간 구체적으로 파악되지 않아 왔다. 그런 면에서 ≪大乘四論玄義記≫의 저자를 둘러싼 최근의 논의가 유의되는 바이다. 이 책은 12권 23편으로 이루어졌다. 확인되는 23편 중 현재 전해지는 것은 續藏經에 수록된 二諦

---

163) 石田瑞麿, 1983 ≪日本佛敎史≫ (岩波書店) ; 李永子 譯, 1988 ≪일본불교사≫ (民族社) 60~64
164) 李泳鎬, 1983 <新羅 中代 王室寺院의 官寺的 機能> ≪韓國史硏究≫ 43
165) 尹善泰, 2000 <新羅의 寺院成典과 衿荷臣> ≪韓國史硏究≫ 108
166) 新羅 成典寺院에 관한 論議는 다음 論文 參照. 蔡尙植, 1984 <新羅統一期의 成典寺院의 機能과 構造> ≪釜山史學≫ 8 ; 朴南守, 1996 <統一新羅 寺院成典과 佛寺의 造營體系> ≪東國史學≫ 28 ; 1996 ≪新羅手工業史≫ (신서원) 재수록

義, 佛性義, 斷伏義, 金剛心義, 二智義, 感應義, 三乘義, 莊嚴義, 三位義
등 9편과 새로 발견된 筆寫本에 수록되어 있는 것으로 알려진 初章中
假義, 八不義 등 총 11篇이며, 이 중 二諦義, 佛性義의 일부 내용은 결
락되어 있다. 나머지 12편 중 涅槃義, 法身義, 淨土義, 般若義 등 4편은
원래 몇 卷에 수록되어 있었는지는 알 수 없다. 그리고 권8, 11 등은
逸失되었다. 이 책의 저자에 대해 여러 文獻에서 '僧正 慧均'에 의해
편찬된 것으로 전해지고 있다. 그는 6세기 후반 中國의 강남 지방에서
활동한 法朗(507~581)을 자신의 스승으로 중시하는 내용을 이 책에 담
고 있어, 法朗 문하에서 수학하여 吉藏(549~623)보다 약간 이른 시기
에 활동하였을 것으로 파악되고 있다.167) 저자인 慧均을 종래 中國人
으로 여겨져 왔는데, 그를 百濟人으로 보아야 한다는 주장이 근래 提起
되었다.168) 만약 이 설이 타당성을 지닌다면 초기 일본불교의 가장 주
요한 流派인 三論宗의 형성에 高句麗 뿐 아니라 百濟의 三論學이 지대
한 영향을 주었음을 재확인할 수 있으며, 6세기에서 7세기 전반에 걸
쳐 三論學을 매개로 中國의 南北朝와 隋·唐, 韓國의 삼국, 倭國으로 연
결되는 동아시아 불교문화 교류의 주요한 흐름을 이해할 수 있는 구체
적인 자료가 될 것이다. 아울러 이 책은 현전하는 韓國의 가장 오래된
불교 관련 저술이 되는 셈이다.

　慧均을 百濟人으로 보고 ≪大乘四論玄義記≫가 百濟에서 저술된 것

---

167) 이상의 大乘四論玄義에 대한 논의는 아래 글에 의거하였다. 伊藤隆壽, 1969
　　<慧均 '大乘四論玄義'について> ≪印度學佛教學研究≫ 36 ; 1971 <'大乘
　　四論玄義'の構成と基本的 立場> ≪駒澤佛教學部論集≫ 2 ; 1974 <慧均'大
　　乘四論玄義'について(二)> ≪印度學佛教學研究≫ 40 ; 1974 <'大乘四論玄
　　義' 逸文の整理> ≪駒澤佛教學部論集≫ 5
168) 崔鈆植, 2007 <百濟 撰述 文獻으로서의 '大乘四論玄義記'> ≪韓國史研究≫
　　136 ; Jorg Plassen, 2007 "On the significance of the Daeseung saron hyeunui
　　gi大乘四論玄義記 for research on early Korean Buddhist thought -Some initial
　　observations focusing on hwajaeng" ≪韓國史研究≫ 136

으로 보는 주된 논거는, 이 책에 기술된 내용 중 慧均의 강론에 대한 質疑 應答을 담은 다음과 같은 부분에 대한 검토를 통해서 이다.

> 問: (前略) 앞의 10명의 學者들의 見解가 모두 잘못을 擁護하는 것이어서 論破되었다고 한다면, 此間(이곳)의 寶憙淵師와 祇洹雲公이 眞如를 (佛性의) 正因性(본질)이라고 主張하는 것에 대해서는 또한 어떻게 論해야 하는가?
> 答: 일단 그들의 主張을 살펴보면 (중략) 論破할 對象에도 미치지 못한다. 마치 耽羅·刀牛(??)利 등의 사람이 禮樂의 教化를 입지 못한 것과 같다.

즉 여기에서 慧均이 논박한 寶憙淵師와 祇洹雲公은 寶憙寺의 淵師와 祇洹寺의 雲公으로서, 이들은 불교에 관한 중국 문헌에서 확인되지 않는 인물이고, 寶憙寺도 그러하다. 그런데 최근 扶餘의 陵山里 절터에서 발견된 20餘種의 木簡 중에서 '寶憙寺' 라는 기록이 보여, 寶憙寺가 百濟의 사찰이라는 점이 확인되었다. 그리고 野蠻人의 예로써 당시 중국인에게 잘 알려지지 않았던 耽羅人을 든 것은 이 책이 중국인의 저술로 보기 어려운 점이니, 이에서 말하는 '此間(이곳)'은 百濟를 뜻한다고 주장하였다.

한편 이런 주장에 대한 반론이 곧 제기되었다.[169] 즉 위 문답에서 말하는 寶憙淵師와 祇洹雲公은 南中國의 金陵 지역을 중심으로 活躍하였던 寶亮法師(442~507)와 光宅 法雲을 말하며, ≪大乘四論玄義記≫를 百濟에서 傳寫할 때 寶亮을 寶憙로 誤寫하였을 가능성이 있고, 책내용의 전개상으로도 그렇게 볼 경우 무리없이 論旨가 전개된다고 주장하였다. 이어 그런 비판에 대해 '亮'을 보다 劃이 많은 '憙'로 傳寫하였을 가능성은 없으며, 또 陵山里 寺址에서 출토된 木簡에선 '憙' 字가 분명한 만큼 '寶憙'를 '寶亮'의 誤寫로 보기 어렵다고 한 반비판이 나

---

169) 金成哲, 2007 <'大乘四論玄義記'는 백제에서 찬술되었나?-崔鈆植 教授의 百濟 撰述說에 대한 反論-> ≪韓國史研究≫ 137

왔다.[170] 현재로서는 慧均 - 百濟人說이 百濟 木簡의 '寶憙寺'와 耽羅에 대한 언급 등 보다 구체적인 면을 지니지만, 그것으로는 '誤寫'의 가능성을 완전 拂拭하기에는 부족한 면도 있다. 앞으로 이 책의 일부분으로 그 존재가 알려진 ≪大乘四論玄義記≫ 제1권 <初章中假義>와 같은[171] 자료의 전모가 공개되고, 이를 활용한 논의의 진전이 있기를 기대한다.[172]

한국불교사와 고대 한일 불교문화 교류사를 이해하는 데에 ≪大乘四論玄義記≫가 지닌 의의가 매우 큰 만큼, 이에 대한 양국 學人의 앞으로의 연구가 기대되는 바이다.

양국 주민 간의 불교 전적의 교류는 7세기 종반 이후에도 지속되었다. 일본에 전래된 신라인의 불교 관계 저술과 보급은 8세기대 일본에서 행해진 寫經 사업을 통해 그 정도를 짐작해볼 수 있다. 寫經된 經典 註釋書의 著述家는 중국인이 84명이고 신라인이 15명이었는데, 그들 중 元曉의 저술이 가장 많아 다양한 經論에 걸쳐 60여종 83회의 寫經 횟수를 헤아린다.[173]

華嚴 전적의 본격적인 전래는 新羅에서 화엄을 익히고, 740년에서 3년간 華嚴經을 東大寺에서 강의한 審祥에 의해 이루어졌다. 그는 宗派를 망라한 70부 645권의 經論을 가져왔다. 그 중 新羅 승려의 것이 50부 132권이었다. 이를 통해 당시 新羅에 많은 唐의 經籍이 유통되었음을 알 수 있다. 754년 唐의 승려 鑑眞이 日本에 올 때 가져온 전적이

---

170) 崔鈆植, 2007 <'大乘四論玄義記' 百濟 撰述 再論 - 金成哲 敎授의 反論에 대한 批判 - > ≪韓國史研究≫ 138

171) 橫超慧日, 1958 <新出資料 四論玄義의 初章中假義> ≪印度學佛敎學研究≫ 13

172) 이 論考가 作成된 後에 "四論玄義의 初章中假義"를 포함한 大乘四論玄義記가 崔鈆植 敎授에 의해 校勘 출판되었다. 崔鈆植, 2009 ≪校勘 大乘四論玄義記≫ (佛光出版社)

173) 石田茂作, 1930 ≪寫經より見たる奈良朝佛敎の研究≫ (東洋文庫) 5~8

35부 330권이었음을 볼 때 審祥이 가져온 전적이 일본 불교에 끼친 영
향을 알 수 있다. 이후 東大寺가 華嚴의 근본 道場이 되었다. 日本 華嚴
宗은 法藏을 중심으로 전개되었지만, 元曉의 敎學도 크게 영향을 주었
다. 현재 일본의 訓讀点의 일종인 '오토코' 点의 원류로 여겨지는 신라
의 角筆이 확인되는 判比量論(大谷大學圖書館 所藏)도 8세기 전반 新羅
에서 전해진 것으로 여겨진다.[174]

그런데 8세기대 日本에 전래된 전적 중에는 전통적으로 알려진 것과
는 다르게 그 성격을 파악한 견해가 제기되고 있는 책들이 있어, 이 시
기 新羅와 日本 간의 불교 전적 교류의 이해를 위해 유의되는 바이다.
《華嚴經問答》이나 《遊心安樂道》 등이 그러한 예이다. 각각 唐人
法藏과 新羅人 元曉의 저술로 오랜 기간 알려져 왔다. 그런데 전자는
法藏의 다른 저술과는 이질적인 내용을 포함하고 있고, 후자에는 元曉
사후에 번역된 경전이 인용되어 있는 점 등이 지적되어, 전자는 新羅
義湘의 제자들이 스승의 강의를 정리한 책이고,[175] 후자는 奈良時代에
東大寺 개창을 주도하였던 僧正 良辨의 제자인 智憬이 元曉의 저술을
母胎로 하여 增廣한 것이라는[176] 설이 제기되었다.

반면 그간 新羅에서 저술된 것으로 알려진 책이 실은 日本에서 저술
된 것으로 주장되는 전적도 있다. 즉 《大乘起信論同異略集》은 奈良
時期 東大寺 僧侶 智憬이 저술한 것이고,[177] 《華嚴一乘成佛妙義》는
新羅 승려 見登이 日本에 건너가 저술한 것이라는 설이[178] 그것이다.

---

174) 小林芳規, 2002 <韓國における角筆文獻の發見とその意義> 《朝鮮學報》 182 ;
　　小林芳規, 2002 <韓國의 角筆點과 日本의 古訓點의 關係> 《口訣研究》 8
175) 石田公成, 1985 <'華嚴經問答'의 著者> 《印度學佛敎學研究》 66 ; 金相鉉,
　　1996 <『錐洞記』와 그 異本『華嚴經問答』> 《韓國學報》 84
176) 愛宕邦康, 1944 <'遊心安樂道'의 撰述者에 關하는一考察 – 東大寺華嚴僧智憬과
　　그 思想的關聯에 着目하여 – > 《南都佛敎》 70
177) 崔鈆植, 2001 <'大乘起信論同異略集'의 著者에 대하여> 《駒澤短期大學佛敎
　　論集》 7

≪起信論一心二門大意≫도 저자가 잘못 알려진 예이다. 이 책은 전통적으로 '揚州 智愷' 즉 ≪大乘起信論≫의 번역자로 알려진 眞諦 三藏의 제자인 智愷의 저술로 알려져 왔다. 그런데 이 책의 내용과 문체로 보아 6세기 말 7세기 초에 활동한 智愷의 저술로 보기 어려운 점이 있고, 日本 불교 문헌에 보이는 문자를 옮겨 쓴 흔적이 있다. 그래서 근대 이후 일본학계에선 이를 11세기 이후 일본 승려의 저술일 가능성이 높다고 지적되어 왔다. ≪起信論一心二門大意≫은 大乘起信論의 사상을 부연한 내용을 담고 있으며, 元曉의 大乘起信論에 대한 이해를 반영하고 있다. 이 책에는 ≪流轉本際經≫이 인용되어 있는데, ≪流轉本際經≫은 中國과 日本에선 그 존재가 알려지지 않은 저술인데, 高麗와 朝鮮의 문헌에만 나타나고 있다. 이런 면에서 ≪起信論一心二門大意≫가 元曉의 大乘起信論에 대한 註釋書들이 유통된 이후 新羅에서 저술되었을 개연성이 높다는 주장이 나오고 있다.[179] 이 역시 앞으로의 연구가 기대된다.

日本에는 中國과 한국에는 전해지지 않는 불교 관련 문헌들이 적지 않게 전해지고 있다. 이런 문헌들의 성격에 대한 보다 精緻한 분석은 앞으로 고대 동아시아 불교사상의 면모를 이해하고, 고대 한국과 일본 불교계의 사상적 동향을 이해하는 데 큰 도움을 줄 수 있을 것으로 기대되는 바이다.

한편 727년 국교가 열린 이후 渤海에서 日本으로 34회, 日本에서 渤海로 13회의 사신 파견이 있었다. 그런 가운데서 양국 간에 불교문화의 교류도 행해졌다. 渤海人 仁貞(?~815)과 貞素(774~828)가 日本과의 교류에 일정한 역할을 하였고, 814년 日本에 간 王孝廉이 日本人 승려

---

178) 崔鈆植, 2002 <新羅 見登의 著述과 思想傾向> ≪韓國史研究≫ 115

179) 崔鈆植, 2006 <新羅佛敎 文獻으로서의 "起信論一心二門大意"> ≪佛敎學研究≫ 13

空海와 시문을 교환하였으며, 861년 渤海使 李居正이 전해준 ≪佛頂尊
勝陀羅尼經≫이 지금까지 전해지고 있다.[180]

3) 8世紀 終盤 以後의 樣相

新羅와 日本 간의 빈번한 불교문화 교류는 8세기 중반 이후 양국 간
의 외교적 마찰과 뒤 이은 국교 두절에 따라 함께 쇠퇴하였다. 이는 양
국 간 정치적 상황의 진전에 따른 양상일 뿐 아니라, 동아시아 불교계
의 변화, 그리고 양국 불교 자체의 성격 변화와도 유관한 면을 지닌 것
이었다.

8세기 후반 이후 唐에서는 그간 法相宗과 華嚴宗을 중심으로 활발하
게 전개되던 교학불교가 安史의 亂을 고비로 쇠퇴하는 양상을 나타내
게 되었다. 이런 唐 불교계의 상황은 당시 동아시아 불교계의 흐름 전
체에 큰 영향을 주었다. 唐에서 새로운 불교 이론과 문헌이 만들어지
지 않게 되면서 동아시아 불교계의 상호 교류는 크게 줄어들었고, 新
羅와 日本에서 敎學佛敎의 위상도 점차 낮아지게 되었다. 반면 교학불
교가 위축되면서 동아시아 지역에서는 實踐佛敎가 대두하였다.

唐에선 8세기 중엽 이후 그간 도시를 중심으로 흥성하였던 교학불
교와 달리 농촌에 근거를 둔 禪宗이 흥성하였다. 新羅에서도 8세기 중
반 이후 華嚴宗의 義湘系 佛敎와 眞表系의 彌勒信仰이 興隆하였다. 전
자는 華嚴經만을 중시하는 경향을 띠었으며, 교학불교이지만 저술이나
이론의 체계화에 큰 관심을 보이지 않았고 체험을 통한 깨달음을 중시
하였으며, 지방에서 하층민을 포괄한 수행공동체를 지향하였다. 후자
는 彌勒에 대한 歸依와 함께 占察經을 근본으로 한 占察信仰을 유일한

修行法으로 중시하였고, 하층 일반민을 포교의 대상으로 하여 세를 넓혀나갔다. 新羅 하대 불교의 주류를 형성한 이 두 敎團은 모두 종합적이지 않고 하나의 사상에만 치중하는 종파성이 강하였고, 몸(身)을 사용하는 수행을 중시하였다. 곧 기존 新羅 중대의 이론적 불교와 달리 修行佛敎・信仰佛敎가 대두하였으며, 이런 경향은 840년 무렵 이후 禪宗의 대두로 이어졌다. 초기 禪宗 승려는 주로 義湘系와 眞表系 승려 출신이었다. 한편 日本에서도 9세기부터 의식을 강조하고 密敎的 성격이 강한 眞言宗과 天台宗이 새롭게 정립되어 불교계를 주도해 갔다.[181]

中國에서 성립된 敎學佛敎 사상들이 곧바로 한국과 일본 불교계에 수용되었던 것과 달리 實踐佛敎인 禪宗은 곧바로 수용되지 않았다. 선종은 新羅와 日本에 이미 8세기에 알려졌지만, 별로 주목을 받지 못하였다. 선종이 본격적으로 수용되어 興隆케 된 것은 新羅에선 9세기 중엽, 日本에서는 13세기에 들어서였다. 실천불교는 그 속성상 간접적인 傳言이나 문헌만으로 전해지기 힘들고 직접적인 경험과 다수의 사람들의 교류에 의해 전해질 수 있다. 新羅와 日本의 본격적인 禪宗 수용은, 9세기 중엽과 13세기에 각각 中國과의 민간교류가 활발하게 전개되었다는 사실과 유관한 면이 있을 것으로 여겨진다.[182]

아무튼 각국이 서로 다른 실천불교를 발전시키는 동안, 각국 불교는 점차 서로 이질적인 성격을 띠어가게 되었다. 그와 함께 불교 전적의 교류 또한 활발하지 않게 되었다. 韓・日 간의 승려와 불교 문헌 교류의 쇠퇴도 8세기 중반 이후 新羅와 日本 간의 정치적 냉각과 함께 이런 동아시아 불교계 전체의 변모와 연관된 현상이었다.

---

181) 鄭炳三, <앞 논문>
182) 崔鈆植, 2005 <8세기 新羅佛敎의 動向과 東아시아 佛敎界> ≪佛敎學硏究≫ 12

V. 8世紀 渤海와 日本 關係

1. 727年 渤海와 日本 간의 國交 樹立

698년 渤海의 건국과 뒤이은 급속한 성장은 기존의 동북아 국제질서를 뒤흔드는 중대한 변화였다. 동부 만주 지역은 676년 新羅와 唐간의 전쟁이 종식된 후 唐·新羅·突厥 등 어느 나라도 힘을 뻗치지 못한 일종의 국제적인 힘의 공백지대였고, 靺鞨의 여러 부족과 高句麗 유민들이 소규모 단위로 각지에 산재하여 자치를 영위하고 있었다. 이런 지역에 遼西의 營州로부터 탈주해온 大祚榮 집단이 등장하자, 이 새로운 힘의 구심점을 중심으로 급속한 세력 결집이 진행되었다.[183] 당시 唐은 天門嶺 戰鬪에서 大祚榮 집단에게 패배한 이후 더 이상의 적극적인 추격과 압박을 벌이지 못하였다. 이는 내부적으로 武則天의 집권에 따른 정치적 갈등과 외부적으로는 突厥 세력이 遼西를 압박하는 상황에 기인한 것이었다. 신라는 발해가 건국 직후 사신을 파견해오자 大祚榮에 大阿湌의 관등을 사여하여 眞骨로 대접하였으나,[184] 이는 발해에 대한 적극적인 대응으로 여겨지지 않는다. 한편 신라는 703년 唐과 교섭을 재개한 이후 매년 사신을 파견하여 그 간의 불편한 관계를 해소하는데 주력하였고, 이를 渤海에 대한 대응책으로 삼았던 것 같다. 唐 역시 渤海의 등장이란 새로운 변수에 대응하기 위해 新羅와의 관계 개선에 힘썼다. 이런 가운데서 渤海는 突厥과의 우호 관계를 유지하며, 세력 확대를 해 나갔다.

720년대에 들어 발해를 둘러싼 새로운 정세가 조성되어 갔다. 玄宗

---

183) 盧泰敦, 1981 <渤海 建國의 背景> ≪大丘史學≫ 19
184) 崔致遠, <謝不許北國居上表> ≪崔文昌侯全集≫

이 즉위한 뒤 정치적 안정을 되찾은 唐은 契丹의 李盡忠의 亂 때 幽州로 옮겼던 營州都督府를 717년 원 위치로 복구시키며[185] 다시 동북방으로 세력을 뻗쳤다. 이에는 716년 突厥의 默綴可汗이 對鐵勒戰에서 사망한 뒤 突厥이 일시 와해되어 그 세력이 위축된 상황도 작용하였던 것 같다. 이어 唐은 渤海의 배후에 위치한 黑水靺鞨이 722년 2차례, 724년 1차례, 725년 4차례, 726년 1차례 등 빈번히 朝貢해오자, 이를 계기로 726년 黑水靺鞨에 黑水府를 설치하고 그 수령을 도독으로 삼았으며, 따로 長史를 두어 그 부락들을 監領케 하였다. 이어 728년에는 黑水都督에게 '李氏' 姓과 '獻誠'이라는 이름을 주어 특별한 관심을 표하였다.[186] 이는 명백히 渤海에 대한 직접적인 위협이었다. 이에 크게 반발한 渤海 武王은 동생 大門藝의 반대를 물리치고 黑水靺鞨 정벌을 강행하였고, 大門藝는 唐으로 亡命하였다. 자연 渤海와 唐 간의 갈등은 고조되었다. 이 무렵 新羅가 매년, 때로는 1년에 3차례, 唐에 사신을 파견하는 등 唐과 밀착하려는 모습을 보였다. 이런 일련의 상황 진전으로 渤海朝廷은 唐이 동북방으로 재차 세력을 뻗쳐, 그것도 新羅와 聯合하여, 渤海를 공격할 가능성을 깊이 우려치 않을 수 없게 되었다.

渤海 조정은 이에 대응해 한편으로는 唐에 빈번히 사신을 파견하여 양국 관계의 개선을 도모하려 하였다. 발해의 對唐 사신 파견의 목적에는 현안인 大門藝와 黑水靺鞨 문제 등을 타결하려는 의도와 함께 新羅와 唐의 관계를 의식한 점도 있었을 것이다.[187] 그리고 다른 한편으로는 727년 일본에 사신을 파견하였다. 唐과의 무력 충돌이 일어날 경우, 당과 연결할 가능성이 예상되는 남녘에 있는 新羅의 동향을 견제하기 위한 것이었다.

---

185) ≪新唐書≫ 39, 地理志 營州 柳城郡 上都督府
186) ≪舊唐書≫ 199 下, 靺鞨傳, 渤海靺鞨傳
187) 韓圭哲, 1995 ≪渤海의 對外關係史≫ (신서원) 189~190

이어 728년 무렵 渤海 武王은 唐과 연결한 黑水靺鞨을 공격하였다.
나아가 唐이 大門藝를 洛陽에 계속 留居케 한 데에 대해, 다시 말해 大
門藝를 渤海 와해 공작에 활용하겠다는 唐의 정책에 대해 强硬 무력대
응을 하였다. 이 무렵 突厥이 再興하여 契丹 등을 제압하고 唐의 遼西
지역을 압박하였다. 이런 북아시아의 정세 진전과 照應하면서 武王은
732년 海軍을 동원하여 唐의 登州를 공격하고 육군을 遼西의 馬都山
方面으로 진격케 하는 등 무력 공세를 펼쳤다. 이에 唐軍과 新羅軍이
연합하여 733년 渤海를 협공하였다. 이 협공은 실패로 끝났다.

735년 唐은 新羅의 요구를 받아들여 "浿江(大同江)에 鎭戍하여 渤海
의 要衝에 대응하고, 또 (서쪽으로) 祿山과 서로 바라보며 遠圖를 꾀하
려 하니 좋은 계책(長策)이다. (中略) 侵寇를 警戒하고 邊境의 안정을 이
루려는 것인데 어찌 不可함이 있겠는가"[188]라 하였다. 즉 신라의 浿江
이남 병합을 승인하고, 발해와 대립을 조장하여 渤海의 팽창을 막겠다
는 의도를 나타내었다. 그리고 발해와의 관계도 737년 渤海의 朝貢과
唐軍 捕虜 送還이 이루어지고,[189] 이어 武王이 죽고 文王이 卽位하여
책봉을 받음에 따라, 이후 唐과 渤海는 안정된 관계를 유지하였다.

발해의 흥기에 따라 동요하던 동북아 지역의 국제정세는 新羅와 渤
海間의 세력균형과 唐의 현상유지책으로 다시 안정을 찾는 모습을 나
타내었다. 이와 함께 유의되는 점은 신라의 浿江 이남 지역 병합을 唐
이 공식적으로 인정한 사실이다. 그에 따라 新羅는 676년 唐과의 전쟁
이 표면적으로 종결된 이후에도 이면적으로 지속되어왔던 唐軍의 침공
가능성이라는 불안 요소를 해소할 수 있게 되었다. 이는 이후 新羅의
대일관계에서 주요한 요소로 작용하였고, 그것은 다시 일본과 발해 관

---

188) 張九齡, <勅新羅王金興光書> ≪全唐文≫ 285

189) 張九齡, <勅渤海王大武藝書> ≪全唐文≫ 285, "(渤海使)多蒙固所送水手及
　　承前沒落人等來 云云"

계에 영향을 주었다.

2. 8世紀 中葉 日本의 新羅 征伐計劃과 渤海의 對應

727년 국교 수립 후 발해와 일본 간에는 수차례 사신 왕래가 있었다. 그러던 중 8세기 중엽 일본에서 신라 정벌 계획이 구체적으로 추진됨에 따라 발해와 일본 간의 관계에 긴박감이 실리게 되었다. 즉 758년 9월 遣渤海使 小野田守가 귀국하였는데, 이 때 발해는 聖武天皇의 죽음에 대한 弔問使로 大使 輔國大將軍 兼 將軍 行木底州刺史 兵署小正 開國公 揚承慶과 副使 歸德將軍 楊泰師 등 23인을 함께 일본에 파견하였다. 귀국 후 小野田守는 복명하면서 발해를 통해 들은 唐에 관한 정보를 전하였다. 즉 唐에서 安祿山의 亂이 755년 터졌으며, 756년에 平盧留後使 徐歸道가 渤海에 精兵 4만을 청하였는데 발해가 움직이지 않았고, 758년에는 徐歸道를 죽인 安東都護 王玄志가 발해에 將軍을 보내어 소식을 전하였는데, 발해가 믿지 않고 자세한 정보를 수집 중이며, 唐皇帝가 칙서를 보내왔고 발해에서 狀을 올렸다는 내용을 告하였다.[190] 이런 정보를 접한 일본 조정은 758년 12월 大宰府에 勅을 내려 安祿山 亂의 餘波가 밀려올 것 같으니 대책을 세우라고 명하였다.[191] 이 때 일본에 온 渤海使 揚承慶은 발해의 서쪽 국경 지대로서 遼東 平野로 나가는 길목인 蘇子河 流域 木底州의 刺史였다. 대륙의 정세에 대해 궁금해 하는 일본의 요구에 부응하기 위해 渤海 조정은 唐에 대한 情報에 밝은 접경지역의 지방관을 사신으로 보냈던 것이다. 759년 10월 발해의 遣日本使 高南申이 輔國大將軍 玄菟州刺史였다는

---

190) ≪續日本紀≫ 21 天平寶字 2년 12월 戊申
191) 위와 同

사실도 같은 의미이다. 아무튼 759년 2월 揚承慶 등은 귀국하였다. 이어 3월에 大宰府에서 병란에 대비할 준비 부족에 대한 우려를 표명하였다. 그런데 6월에는 大宰府로 하여금 新羅를 치기 위해 行軍式을 만들게 하는 등 新羅 정벌계획에 착수하였다.

이렇듯 발해를 통해 安祿山의 亂에 관한 정보를 입수한 뒤, 日本 조정은 그 난의 여파가 海東으로 밀려들 것을 우려하였는데, 그에 관한 대응책이 新羅 정벌 계획으로 나타났다. 어떤 논리에서 양자가 연결되어 구체화되었을까. 이에 대해, 일본 조정이 安祿山의 亂으로 당이 신라를 지원할 수 없을 것이라고 판단하여, 이 틈을 타 신라를 공격하려 했다는 풀이가 제기된 바 있다.[192] 다른 하나로는 758년 12월 大宰府에 내린 勅에서 반란군이 "西進할 수 없어서 도리어 海東을 칠" 것이라고 한 언급에서 보듯, 신라가 동진해온 반란군의 공격으로 타격을 입을 것이므로 이 때를 이용하여 新羅를 공격하려 하였다고 이해할 수도 있겠다. 아무튼 어느 쪽이든 간에 日本 조정은 唐이 혼란에 빠진 상황을, 외교의례 등으로 그 간 갈등을 빚어오던 新羅와의 문제를 解決할 수 있는 호기로 파악하고, 신라 공격을 위한 전쟁 준비에 착수하였다.

759년 8월 大宰府 三品船親王을 (神功皇后를 祭祀하는) 香椎廟에 보내어 新羅를 정벌하려는 상황을 告하였고, 9월 兵船 500隻을 3년 이내에 건조할 것을 명하였으며, 761년 正月 美濃·武藏 두 지역에서 각각 20명의 소년을 뽑아 新羅語를 익히게 하였고, 11월에는 節度使體制를 宣布하였다. 또 762년 11월에 신라 정벌을 위한 훈련을 하는 군대를 위해 香椎廟에 封幣하였다.

한편 여기에서 유의되는 것은 遣渤海使 小野田守가 753년 新羅에 使行을 하였다가 接見을 거부당하고 되돌아왔던 經歷이 있는 者이고, 761년 10월의 遣高麗(渤海)使인 高麗朝臣大山은 753년 정월 唐 조정의

---

192) 和田軍一, 1924 <淳仁朝に於ける新羅征討計劃について> ≪史學雜誌≫ 35-10·11

元會에서 新羅使와 爭長事件을 벌였던 日本使節團의 일원이었다는 사실이다. 이 점을 중시하여, 小野田守를 758년 2월 발해로 파견할 때에 일본이 신라와의 국경 문제로 불안해하는 渤海와 連携하여 新羅를 공격하려는 의향을 가지고 있었고,[193] 나아가 일본과 발해가 신라를 남북에서 挾擊할 동맹을 小野田守가 체결하였으며, 그런 계획을 안 新羅가 762년 그 北邊에 築城을 하며 방어에 나섰다고 주장하기도 한다.[194] 이 무렵 758~763년 간에 일본과 발해 사이에는 사신이 꼬리를 물고 왕래하였다(<표 4> 참조).

<표 4> 758년~763년 사이 渤海와 日本 간의 使臣往來表

758. 2	日本, 小野田守 渤海에 派遣. 聖武天皇의 訃音 전함
758. 9	渤海, 小野田守 歸國 때, 揚承慶을 聖武天皇의 弔問使로 日本에 派遣
759. 2	日本, 高元度와 內藏全成을 揚承慶의 歸國 때 함께 渤海에 派遣, 唐에 가 있는 藤原河淸의 歸國 斡旋을 渤海에 要請
759. 12	渤海, 內藏全成의 歸國 때 高南申을 日本에 派遣
760. 2	日本, 高南申의 歸國 때 陽候史玲璆를 渤海에 派遣
760. 11	陽候史玲璆, 日本으로 歸國
761. 10	日本, 高麗朝臣大山을 渤海에 派遣
762. 10	渤海, 高麗朝臣大山의 歸國 때 王信福을 日本에 派遣
763. 2	日本, 王信福의 歸國 때 板振鎌束을 渤海에 派遣
763. 10	板振鎌束, 渤海로부터 日本으로 歸國

발해에서 일본으로 4차례, 일본에서 발해로 5차례의 사신 파견이 행해졌다. 759년 이후 신라정벌계획이 공식화하면서, 일본 遣渤海使의 주된 任務는 대륙 정세의 파악, 그리고 발해와 對新羅 挾擊을 협의하는

---

193) 酒寄雅志, 2001 <渤海國家の史的 展開と國際關係> ≪渤海と古代の日本≫ (校倉書房) 66~7
194) 酒寄雅志, 2001 <八世紀における日本の外交と東アジアの情勢> ≪위 책≫ 222~3

것이라고 볼 수 있다. 759년 2월 遣渤海使가 唐에 가 있는 日本人 藤原
河淸의 귀국에 관한 일에 渤海의 협조를 요청한 것도 唐의 정세를 파
악하기 위한 방책으로 여겨진다. 그러면 이런 일본의 對新羅 협공 요
청에 대해 渤海는 어떤 입장을 취하였을까? 이에 대해선 일본과 발해
가 적어도 처음에는 의견을 같이하였다는 설이 제기되었고,[195] 그와는
달리 발해가 일본의 제안에 대해 부정적이었다고 보는 견해도 발표되
었다.[196]

758년과 759년 일본에 보내진 渤海使가 각각 木底州刺史와 玄菟州
刺史로서 武官이었던 점이 발해가 이 사안에 적극적이었음을 나타낸다
고 상정해 볼 여지를 제기한다. 그런데 渤海는 天寶 末에 그 수도를 中
京 顯德府인 顯州에서 上京 龍泉府로 옮겼다.[197] 이 때의 遷都는 安祿
山 亂의 勃發 이후 安保上의 필요에 따라 행한 것이라는 說이[198] 있고,
이와는 달리 발해의 발전에 따른 필요성에 의거해 오랜 기간에 걸친
면밀한 준비를 거쳐 이루어진 것이라고 보아야 한다는 주장이[199] 제기
되었다. 上京은 거대한 계획도시였다. 그 면에서는 後者의 설이 의미를
가진다. 또한 安祿山 亂의 여파가 직접 밀려드는 상황에서, 中京보다
더 북쪽에 있는 上京이 防禦上 더 유리한 위치에 있는 것도 사실이다.
그런 만큼 두 설은 각각 그 나름의 의미를 지닌다. 여기에서 밀려드는
安祿山 亂의 여파에 대한 渤海의 대응책을 보면, 발해 조정은 그 어느
쪽에 加擔하여 亂에 직접 개입하려 하지 않았다. 이는 대외적 분쟁을

---

195) 石井正敏, 2001 <初期日本·渤海交涉における一問題> ≪日本渤海關係史の
     硏究≫ (吉川弘文館) ; 酒寄雅志, <위 논문>
196) 宋完範, 2006 <8세기 중엽 '新羅征討' 계획으로 본 古代 日本의 對外方針>
     ≪韓日關係史硏究≫ 25
197) ≪新唐書≫ 43下, 地理志33下 羈縻州 河北道, "顯州 天寶中王所都" ; ≪같
     은 책≫ 219, 渤海傳 "天寶末欽茂徙上京"
198) 宋基豪, 1995 ≪渤海政治史硏究≫ (一潮閣) 94~99
199) 金起燮·金鎭光, 2007 <渤海의 上京 建設과 遷都> ≪韓國古代史硏究≫ 45

피하고 遷都에 따른 문제에 대처하는데 주력하겠다는 발해 조정의 자세를 나타낸 것이라고 할 수 있다. 그런 면에서 볼 때, 渤海가 서쪽에서 安祿山 亂이 지속되고 있는 상황에서 日本과 연합해서 對新羅 挾擊에 가담하려 했다는 가정은 수긍키 어렵다. 만약 그렇게 할 경우, 밀려들 가능성이 있는 安祿山 亂의 여파에 대응하거나, 새롭게 遷都한 上京을 경영하는 데에 심각한 어려움을 초래할 수도 있기 때문이다. 더욱이 渤海가 이 무렵 新羅와 相爭 중이었던 것도 아니었다.[200]

新羅와 국경을 접한 渤海의 南境 일대에 黑水, 鐵利, 達姑 등의 부족들이 거주하고 있었다. 達姑는 그 原住地가 北流 松花江 하류 東便인 室韋族이었고,[201] 鐵利와 黑水의 원주지는 東流 松花江 中·下流 지역이었다. 발해가 이들 부족들을 정벌한 뒤 그 일부를 발해 南境인 咸興 平野 일대로 이주시켰다.[202] 이들의 이주 시기는 唐에 대한 鐵利靺鞨의 入貢이 杜絶된, 다시 말해 鐵利靺鞨에 대한 발해의 정벌이 이루어졌

---

200) 삼국사기에 따르면 신라는 景德王 7년(748) 大谷城 등 14개 군현을 설치하였고, 동왕 21년(762) 오곡성 등 6個 城을 築造하고 각 城에 太守를 두었다. 이는 735년 唐으로부터 浿江 以南 지역의 新羅 領有를 公認받은 뒤, 그간 당과의 완충지대로 남겨놓았던 禮成江 서편 지역에 대한 본격적인 經營을 하였음을 전한다. 그런데 748년과 762년의 축성과 군현 설치 등의 예성강 서쪽 지역 經營이 渤海의 侵攻에 對備한 것이었다거나, 渤海를 對象으로 한 北進策이라고 여겨지지 않는다. 733년 발해·신라 전쟁이 그러하였듯이, 兩國의 軍事的 對決에서 攻擊路는 東海岸 루트였다. 즉 이들 기사에서 전하는 신라의 郡縣 設置나 築城이 발해에 위협을 주었다거나, 750년대 말의 일본과 발해의 新羅 挾攻 計劃에 威脅을 느낀 신라의 對應이었다고 보는 것은 首肯키 어렵다(具蘭憙, 1999 <8세기 중엽 발해·신라·일본의 관계 - 일본의 신라침공계획을 중심으로 - > ≪韓日關係史硏究≫ 10 參照).
이 시기 발해는 신라 방면보다 요동 지역에 관심을 가지고 있었다고 보는 설도 있다(韓圭哲, ≪앞 책≫ 209).

201) ≪新唐書≫ 東夷傳, "又有達末婁 達姑二部 (中略) 達姑 室韋種也 在那河陰 涑末河之東 云云"

202) 小川裕人, 1937 <三十部女眞に就いて> ≪東洋學報≫ 24-4 ; 三上次男, 1941 <新羅東北境外における黑水鐵勒達姑の諸族に就いて> ≪史學雜誌≫ 52-11

던 740년대 말 무렵으로 여겨진다(<표 5>참조).

〈표 5〉鐵利·拂涅·越喜·黑水靺鞨 朝唐表

朝貢 年代	渤海 紀年	拂 涅	鐵 利	越 喜	黑 水
714	高王 17년	OO	O	O	
716		O			
717		O			
718		O	O		
719		OOO	O	O	
0721	武王 仁安 2년	O	O		
0722		O	OO	O	OO
0723		O	O	O	
0724		O	OO	OO	O
0725		O	O	O	OOOO
0726					O
0727			OO		
0730		O			OO
0735		O	O	O	
0736				O	
0737		O			
0739	文王 大興 2년	O			
0740			O	O	
0741		O		O	O
0747					O
0748					OO
0750					O
0752					O
0802	康王 正曆 8년			O	
0815	僖王 朱雀 2년				O
0841	彝震王 咸和11	O	O		
0912	末王 6년				O
0924					O
0925					O

* 本表는 ≪册府元龜≫ 外臣部 朝貢과 褒異의 기록에 의거하였음.
* O는 조공 회수를 나타냄

746년에는 渤海人과 鐵利人 천 백여 명이 일본에 건너온 일이 있었는데,[203] 이는 鐵利部族이 발해에 복속된 뒤의 일이라 보아야겠다. 黑水靺鞨은 720년대 말 발해의 공략을 받았다. 이 때 완전히 발해에 복속된 것은 아니었지만, 對唐 조공이 일시 중단되었음에서 보듯 큰 타격을 입었던 듯하다. 740년대 다시 對唐 조공이 행해지다가 752년 이후부터 오래동안 중단되었다. 이런 면을 볼 때, 740년대나 750년대 전반 발해가 정복한 鐵利靺鞨과 黑水靺鞨 및 達姑 부족의 일부를 신라와의 接境地帶에 강제 이주시켜 일종의 완충지대를 형성하였던 것으로 여겨진다.[204] 이는 곧 734년 新羅의 북진에 따른 한 차례의 전쟁을 겪은 뒤, 渤海가 그 남방으로 팽창을 시도하기보다는 현상유지를 하려 했음을 뜻한다.

渤海와 唐의 관계에선, 渤海가 반란군측에 가담치 않고 신중히 대응한 데에 대해 758년 唐 皇帝가 호의적인 뜻을 담은 勅書를 보내왔고, 발해도 狀을 보냈다.[205] 즉 발해와 당은 양국의 기존 관계에 변동을 야기하지 않으려는 우호적 입장을 취하였다. 그런 상황에서 발해가 唐과 우호적 관계에 있는 新羅를 공격하여 唐과의 분쟁으로 이어질 가능성이 있는 일을 감행하려 했을까? 그럴 개연성은 희박하다고 여겨진다.

이렇게 볼 때, 750년대 말 760년대 초 渤海는 日本의 對新羅 협공책에 참여하려 하지 않았던 것 같다. 일본이 安祿山의 亂 이후 전개된 대륙정세에 대한 정보를 얻으려 하는 데에는 협조하였으나, 그 이상 양국 간의 對新羅 군사동맹으로 나아가는 데는 동의하지 않았다고 여겨진다. 對新羅 협공책에 가담치 않겠다는 발해의 입장은 762년의 遣日本使 王信福을 통해 표명되었을 것으로 여겨지며, 이는 종전의 발해사

---

203) ≪續日本紀≫ 16, 天平 18년 是年條
204) 盧泰敦, 2003 <三國史記에 등장하는 靺鞨의 實體> ≪韓半島와 滿洲의 歷史 文化≫ (서울대학교출판부)
205) ≪續日本紀≫ 22, 天平寶字 2년 12월 戊申

와는 달리 王信福이 문관이었다는 사실을 통해 짐작해 볼 수 있다.[206]
아울러 入唐 일본인 승려 戒融의 귀국 여부 확인을 둘러싼 唐·渤海·新
羅·日本 간의 접촉 과정을 통해서도 이 점을 짐작해 볼 수 있다.

762년 唐은 文王 大欽茂를 '渤海郡王'에서 '渤海國王 檢校太尉'로 進
爵하여 책봉하였다. 이때 唐의 册封使 韓朝彩와 동행하여 渡唐日本留
學僧 戒融이 渤海로 갔다. 763년 2월 渤海使 王信福이 돌아갈 때 그 送
使로 발해로 갔던 板振鎌束이 이 해 10월에 日本으로 귀국하였는데,
그 때 戒融이 그 배를 타고 日本으로 돌아갔다. 그 뒤 韓朝彩는 渤海에
서 新羅로 가, 新羅 조정에 日本僧侶 戒融이 무사히 귀국했는지 여부를
알아보아 달라고 하였다. 이에 764년 7월 新羅 조정이 大奈麻 金才伯
등 91인의 사절단을 大宰府에 파견하여, 戒融 건을 문의하였다. 大宰府
에선 중앙의 乾政官에게 이 사항을 질의하여, 그가 무사히 귀국하였음
을 新羅 執事部에 알리는 牒文을 받아, 이를 新羅使節에 넘겨 주었다.
그리고 신라사절에게 "근래 너희 나라에서 投化해 온 백성들이 '본국
에서는 군대를 내어 警備를 하고 있는데, 日本에서 쳐들어올까 염려'
해서 라고 하는데 그 허실이 어떠한가"라고 질문하였고, 그에 대해 신
라사절은 唐이 亂離로 어지럽고 海賊이 猖獗하여 군대를 징발해 변방
을 지키고 있다고 하면서 신라가 防禦를 강화하고 있음을 시인하였
다.[207] 이 때 韓朝彩는 아마도 발해의 '新羅道'를 통해 신라 泉井郡의
炭項關門을[208] 거쳐 신라 수도로 갔던 것 같다.[209] 이를 발해가 용인하

---

206) 石井正敏, <初期日本·渤海交涉における一問題>
207) ≪續日本紀≫ 25, 天平寶字 8년 7월 甲寅
208) ≪三國史記≫ 35, 地理志2 朔州 泉井郡
209) ≪三國史記≫ 지리지에 인용된 賈耽의 ≪古今郡國志(古今郡縣道四夷述)≫
에 의하면 渤海의 東京 龍原府에서 新羅의 泉井郡까지 39개의 驛이 있다고
한다. 9세기 초에 편찬된 이 책의 기사는 763년 발해에서 신라로 갔던 韓朝
彩의 여행 報告文에 依據하였던 것 같다. ≪古今郡國志≫는 ≪三國史記≫
地理志 2 朔州條에도 引用되어 있다. 朔州는 위에서 말한 韓朝彩의 渤海 - 新

였다는 것은 곧 763년이란 시점에 발해가 신라에 대한 어떤 전쟁 의지
를 가지지 않았음을 말해준다. 그리고 발해에 갔던 唐의 冊封使 韓朝彩
의 귀국 경로와 文王을 신라왕과 대등한 '渤海國王 檢校太尉'로 책봉한
것을 통해볼 때, 唐도 발해와 신라의 균형 위에서 현상유지를 하려는
의지를 지녔던 것으로 여겨진다. 또한 그런 당의 의도를 발해가 수용
하였음을 짐작케 한다. 아울러 金才伯 등에 대한 大宰府의 심문을 통
해, 이 무렵 일본의 움직임을 주시하던 신라가 방어력을 강화하여 만
일의 사태에 대비하고 있었고,[210] 일본 또한 이런 신라의 대응을 파악
하고 있었음을 확인할 수 있다. 양측 간의 긴장을 완화하고 일본의 상
황을 파악키 위해 신라 조정은 戒融 건을 활용해 일본에 使節團을 파
견하였던 것으로 여겨지며, 아울러 사절단의 규모가 상당한 것을 감안
한다면 이 기회에 교역도 함께 하려 했던 것 같다.

日本의 新羅 征伐計劃은 764년 9월 惠美押勝(藤原仲麻呂)의 난을 고
비로 霧散되었다. 이 계획이 좌절한 이유에 대해선, ① 이 계획이 처음
부터 대내적 모순과 불만을 밖으로 배출하려는 정치적인 것에 불과하
였다는 설,[211] ② 藤原仲麻呂를 둘러싼 국내 정정이 급속히 변화하였다
는 점, ③ 일본 국내 정세보다 발해가 당과의 관계가 호전되자 방침을
바꾼 점이 가장 큰 요인이라는 설,[212] ④ 다년간의 재해와 원정 준비
등에 따른 민의 피폐화 때문이라는 설[213] 등이 거론되었다. 신라 정벌

羅 旅行路에 있는 地域이다.
210) 760년 9월 신라는 級湌 金貞卷을 일본에 파견하였다. 이는 일본의 신라공격
계획에 대한 정보를 입수하고 그에 대한 탐색이 목적이었던 것 같다. 763년 2
월에도 級湌 金體信 등 211명의 사절단을 파견하였는데, 政情의 探索과 함께
交易이 목적이었던 것 같다.(≪續日本紀≫ 23, 天平寶字 4년 9월 癸卯 ; ≪같
은 책≫ 24, 天平寶字7년 2월 癸未)
211) 岸俊男, 1969 ≪藤原仲麻呂≫ (吉川弘文館) 261~274
212) 石井正敏, 2001 <앞 논문>
213) 宋浣範, <앞 논문>

계획을 주도하였던 藤原仲麻呂는 淳仁天皇과 밀착되어 있었다. 그런데 762년 여름 이후 淳仁天皇과 孝謙太上天皇 간의 갈등이 커짐에 따라 藤原仲麻呂의 권력이 약화되었고, 이를 반전시키려는 시도가 764년 9월의 난이었는데 진압되었다. 이 해는 "是年 兵과 旱의 연속으로 米價가 한 石에 千錢이 되었다"라는 기사가 전하는 바처럼[214] 그간 재해와 전쟁 준비로 민생이 매우 힘든 상황이었다. 거기다 앞서 말한 바처럼 발해는 新羅 협공책을 받아들이지 않았다. 이런 대내외적 상황 전개에 따라 자연 신라 정벌계획도 소멸되었다.

3. 8世紀 末 渤海·日本 間의 外交儀禮를 둘러싼 葛藤

일본의 신라 정벌계획이 무산된 이후에도 발해와 일본 간에는 교류가 이어졌다. 단 이 교류는 그 전과는 달리 군사적 의미를 지니지 않은 것이었다. 먼 바다를 사이에 둔 양국이 특별한 군사적 연대를 모색할 상황이 일어나지 않았기 때문이다. 양국 간의 교류에서, 발해는 경제적 利益 추구가 주된 목적이 되어 갔다. 日本은 天皇의 정통성과 권위를 선양하는 데 반드시 필요한 요소인 '蕃國 渤海의 入朝'가 지니는 대내적인 정치적 의미를 중시하였다. 아울러 日本 조정은 新羅와의 외교가 두절된 상황에서 渤海가 지닌 日·唐間의 정보와 인적 교류의 중개자로서의 역할에도 상당한 의미 부여를 하였을 수 있다. 그래서 때로는 발해사 접대에 경비가 많이 드는 점을 들어 '商旅'인 발해사절단을 우대할 필요가 있는가 라는 비판이 제기되기도 하였지만,[215] 渤海와의 교류를 계속하였다. 그런 가운데서도 양국 간의 외교적 마찰이 일어나기

---

214) 《續日本紀》 25, 天平寶字 8년 是年條, "是年兵旱相仍米價石千錢"
215) 《日本逸史》 34, 天長 3년 3월 戊辰

도 하였다. 이는 양국 간의 교류 지속에 中核的인 사항이기도 한 '蕃
國'에 부응하는 외교의례를 渤海가 잘 받아들이지 않음에서 비롯되었
다. 國書의 형식과 내용 등이 그 주요한 분쟁 사항이다.

　763년 遣日本使 王信福이 귀국한 이후, 10년의 공백이 있은 뒤인
771년 발해사 壹萬福이 日本을 방문하였다. 그가 지니고 온 國書에 渤
海王이 天孫을 자처하는 등의 내용을 담고 있어, 일본 조정이 강하게
불만을 토로하고 그 정정을 요구하였다. 그러한 사항이 그 뒤 발해사
가 가져온 국서에서도 제대로 반영되지 않자, 796년 일본 조정은 "朝
聘하는 道理는 예의와 공경을 우선으로 삼으니, 이와 어긋난다면 어찌
서로 간에 왕래할 필요가 있겠는가" 라고 하면서 국교 단절을 암시하
는 강경한 입장을 천명하였다.[216) 이에 발해는 796년 10월 일본의 요
구를 반영한 국서를 보내었고 聘期도 日本에 맡긴다고 하였다. 이에
일본 조정 상하가 만족하였고, 신하들은 축하의 표문을 올리기도 하였
다.[217) 이후 798년 발해가 大昌泰를 파견하여 聘期 6년을 短縮하여 줄
것을 요구하자, 일본이 이를 받아들여 年限을 두지 않게 되었다.[218)

　이처럼 渤海는 日本이 요구하는 외교의례 형식을 수용하고, 日本은
발해의 朝聘 기한 단축 요구를 받아들임으로써 서로의 타협점을 찾았
다. 이런 타협의 바탕에는 8세기 중반 이후 대일외교의 목적을 무역
이익 추구에 두는 渤海의 정책 변화가 깔려 있었다.[219) 당시 발해는 대
내적으로는 皇帝國의 위상을 지향하였다. 貞孝公主 墓誌銘에서 그녀의
아버지인 文王을 '皇上'이라 표현하였고, 제도적으로도 '宣詔省'·'詔誥

---

216) ≪日本後紀≫ 4, 延曆 15년 5월 丁未
217) ≪日本後紀≫ 5, 延曆 15년 10월 己未, 壬申
218) ≪日本後紀≫ 7, 延曆 17년 12월 壬寅 ; ≪같은 책≫ 8, 延曆 18년 4월 乙丑
219) 石井正敏, 1995 <光仁·桓武朝の日本と渤海> ≪日本古代の傳承と東アジア≫
　　(吉川弘文館) 445 ; 金宗福, 2008 <8~9世紀 渤海와 日本의 外交的 葛藤과
　　解消> ≪韓國史學報≫ 33

舍人' 등의 존재는 그런 면을 말해주는 바이다. 근래 延邊 朝鮮族自治州 和龍縣 龍海區域 渤海墓群에서 두 개의 墓誌銘이 발굴되었는데, 아직 전문이 공개되지 않아 그 구체적인 내용은 알 수 없지만 각각 3대 文王의 妃인 '孝懿皇后'와 9대 簡王의 妃인 '順穆皇后'의 것이다.[220] 모두 '皇后'라고 기술되어 있어, 발해가 '外王內帝'를 지향하였음을[221] 재확인할 수 있다. 발해가 8세기 중반 이후 일본과의 교류에서도 기본적으로 이 입장을 견지하면서 자신들의 상업적 이익을 추구하였던 것이다.

Ⅵ. 맺음말

이상에서 5개 주제를 중심으로 7~9세기 한일관계사의 전개를 살펴보았다. 이를 요약하여 맺음말에 대신한다. 먼저 제Ⅱ장 삼국통일전쟁기 삼국과 왜(일본)와의 관계에선, 백(촌)강구 전투에 이르기까지의 과정과 백강구 전투 양상을 살폈다. 백강구 전투는 해전인데, 신·당 동맹군의 해군은 그 주력이 당군이었다. 그래서 그간 일본학계에선 이 전투를, 나아가 백제부흥전쟁을 기본적으로 당군과 왜군의 대결로 파악하였고, 신라군은 부수적인 존재로 간주하였다.

그러나 이는 백강구 전투에만 초점을 두어 기술한 ≪日本書紀≫의 기사에 일방적으로 의존한 데서 비롯한 편향적인 이해이다. 당시 전황을 보면 백강구 진두는 백제부흥군의 본기지인 주류성 공략전의 일환으로 벌어졌던 싸움이었다. 주된 戰場은 주류성이었으며, 신·당 동맹

220) 吉林省考古文物研究所·延邊朝鮮族自治州文物管理委員會辦公室, <吉林和龍市龍海渤海王室墓葬發掘簡報> ≪考古≫ 2009-6
221) 宋基豪, 1995 <渤海國의 位相> ≪앞 책≫ 178~199

군의 주력은 육군이었고 주류성 공략전에 투입되었다. 육군의 중심은 신라군이었다. '부수적이고 약한 신라군'이라는 인식은 그 뒤 시기의 신라와 일본 간의 관계에 대한 이해에 영향을 주었다.

한 차례 왜국과 전쟁을 벌였던 신라는 668년 고구려를 멸망시키기 직전 왜국에 사신을 보내어, 극적인 화해와 국교 재개를 하였다. 신라로선 唐과 전쟁을 벌이기 위해 배후의 적대 세력인 왜국과의 화해가 꼭 필요하였고, 왜국도 663년 백강구 전투 이후 신·당 동맹군의 일본 열도 침공 가능성에 전전긍긍하고 있었기 때문에 신라의 제의에 호응하였다. 669년 신·당전쟁이 개전된 이후, 신·일관계는 신·당전쟁의 추이와 밀접한 연관성을 지니고 전개되었다.

제Ⅲ장 7세기 종반~8세기대의 신·일관계에서는, 676년 신·당전쟁이 종결된 이후 8세기 후반 신라와 일본 간의 국교가 단절되기까지의 기간에 전개되었던 한·일관계를 살폈다. 676년 신·당전쟁이 종결된 이후 7세기 말까지 신라와 일본은 당과의 교섭이 사실상 두절된 채로 당과 불편한 관계를 지속하였다. 그런 만큼 신라와 일본은 상호 협조와 교류를 필요로 하였다. 특히 신라는 당과 직접 대결을 벌인 바 있고, 676년 이후에도 당이 신라 침공 의지를 견지하고 있었으므로, 군비 강화와 함께 일본과의 우호관계 유지에 주력하였다.

한편 이 기간 중 신라와 일본은 모두 중앙집권적인 국가체제의 구축에 진력하였다. 唐의 制度를 전면적으로 수용하여 이른바 율령체제를 구축한 일본은 신라를 蕃國으로 상정하고 그에 따른 儀禮와 의무를 신라에 강요하였다. 하지만 신라는 일본을 어디까지나 隣國으로 여겼다. 단 신라는 당시 당의 침공 가능성에 직면하고 있었던 만큼 이를 노골적으로 드러내놓고 거부할 수 없는 상황이었다. 이 시기 양국은 표면적으로는 빈번히 우호적인 교류를 하였지만, 그 裏面에서는 '隣國과 蕃國의 同床異夢'에 따른 갈등의 요소가 깔려 있었다.

698년 발해가 건국되고 급속히 성장해 나갔다. 아울러 702년과 703년에 일본과 신라가 각각 당과 국교를 재개하였고, 당과 신라 간에는 빈번한 교류가 있게 되었다. 이런 상황 진전에 따라 동아시아 국제관계의 지형이 크게 달라졌다. 신라와 당은 734년 발해를 상대로 한 공동 군사작전을 행하였고, 735년 당이 신라의 대동강 이남 지역 병합을 공식적으로 승인함에 따라, 양국 관계는 더욱 공고히 되었다. 이는 곧 오랫동안 신라를 압박해온, 당과 일본에 의한 협공 가능성이란 惡夢에서 벗어날 수 있게 되었음을 뜻한다. 자연 그에 따라 신라의 일본에 대한 전략적 위치는 크게 개선되었다. 이에 신라는 기존 양국 관계에 변화를 요구하였고, 그에 대해 일본이 반발하였다. 양국 간의 갈등은 몇 차례 외교적 분쟁을 거쳐 마침내 8세기 후반 단교로 이어지게 되었다.

제Ⅳ장 7~9세기 한일 간의 문화 교류에선, 율령과 불교문화를 소재로 한국의 고대국가들과 왜(일본) 간 교류의 면모를 살펴보았다.

먼저 삼국의 율령에 대해 살펴보면, 6세기 초반에 신라가 율령을 반포하였다는 삼국사기의 짧은 언급은 사실성을 지닌 것이며, 신라국가의 성장과 함께 율령이 보다 많이 갖추어져 갔음이 확인된다. 백제의 경우, 목간 자료를 통해 백제 율령의 구체적인 모습이 드러나고 있다. 또한 백제 율령이 일본 대보령의 일부 조항에 영향을 주었음을 확인할 수 있었다. 앞으로는 동아시아 역사권 내에서 중국-한국-일본으로 이어지는 율령문화의 확산과정과 각국의 율령문화의 동질성 및 차이성을 파악하는 노력이 필요하겠다. 보다 구체적으로는 삼국의 율령이 중국의 남북조 및 隋·唐의 율령과 각각 어떻게 연결되는지, 그리고 다시 일본의 율령이 이와 어떤 상호관계를 가지는지에 대한 고찰이 있어야 되겠다.

양측 간에 행하여진 불교문화의 교류에 대해서는, 6세기 이후 8세기 대에 걸쳐 양 지역 간에는 불교문화와 불교 승려의 상호 교류가 활발하게 진행되었고, 이를 통해 삼국과 통일기 신라의 불교문화가 고대 일본의 불교문화에 깊은 영향을 주었음을 확인할 수 있었다. 아울러 이 때 행해진 교류의 결과물이 일본에 적지 않게 남아 전하는데, 그것을 통해 역으로 삼국과 통일신라 불교문화의 일면을 더듬어 볼 수 있었다. 그 중 하나가 최근 저자가 백제인 慧均이란 사실이 밝혀져 한국 학계에서 크게 주목을 받은 "大乘四論玄義記"이다. 그 외에도 그간 중국인이나 일본인의 저술이라 알려져 왔던 몇몇 불교 서적이 실은 신라인의 저술임이 밝혀진 것들이 있다. 또한 이 시기 신라에서 일본으로 건너간 불교 서적(元曉의 저술인 判比量論)에 角筆이 확인되었는데, 이를 통해 현재 일본의 訓讀点의 일종인 '오토코' 点의 원류가 신라에 있음이 밝혀지기도 하였다.

제Ⅴ장 8세기 발해와 일본 관계에선, 8세기 중엽 일본 조정이 취한 신라 침공계획을 중심으로 양국 간의 교섭 관계를 살폈다. 727년에 시작된 발해와 일본 간의 교섭은 8세기 중엽 활기를 띄었다. 일본이 신라와의 갈등을 해결하는 방책으로 발해와 동맹을 맺어 남북에서 신라를 협공하려는 계획을 추구하였기 때문이다. 그러나 이 계획은 무산되었다. 그 이유가 무엇이며 발해가 이 계획에 대해 어떤 입장을 취하였던가 등을 살펴보았다. 발해는 처음부터 일본의 계획에 소극적이었다고 여겨진다.

그 이후에도 발해와 일본 간에는 교섭이 이어졌는데, 양측 간의 외교의례를 둘러싸고 분란이 이어졌다. 그러나 곧 渤海가 日本이 要求하는 外交儀禮 形式을 受容하고, 日本은 발해의 朝聘 期限의 短縮 要求를 받아들임으로써 서로 간의 安協點을 찾았다. 이런 타협의 배경에는 8세기 중반 이후 對日外交의 目的을 貿易 利益 追求에 두는 渤海의 政策 變化가 깔려 있었다. 당시 발해가 '外王內帝'를 지향하였는데, 8세기 중반 이후 일본과의 교류에서도 기본적으로 이 입장을 堅持하면서 자국의 상업적 利益을 追求하였던 것이다.

7~9세기는 和戰 양면에 걸쳐 한·일 양측의 고대국가들 간에 교섭이 활발하게 전개되어, 한·일관계사에서 독특한 일면을 나타내었던 시기였다. 이번 이 시기 한·일관계사에 대한 공동 연구가 기존 역사인식의 한계를 극복하고 미래 지향적인 새로운 역사인식을 양국인 사이에 함양하는데 조그마한 보탬이 될 수 있었으면 한다.

참고문헌

≪三國史記≫

≪三國遺事≫

≪崔文昌侯全集≫

≪隋書≫

≪舊唐書≫

≪新唐書≫

≪資治通鑑≫

≪唐大詔令集≫

≪文館詞林≫

≪全唐文≫

≪日本書紀≫

≪續日本紀≫

≪令集解≫

≪三國佛法傳統緣起≫

1992 ≪譯註 韓國古代金石文≫

國立羅州文化財研究所, 韓國古代社會研究所 編, 2009 ≪羅州 伏岩里 遺蹟 出土 木簡≫

국립부여문화재연구소, 1999 ≪궁남지≫

權悳永, 1997 ≪古代韓中外交史-遺唐使研究-≫ (一潮閣)

卞麟錫, 1994 ≪白江口戰爭과 百濟·倭 關係≫ (한울)

宋基豪, 1995 ≪渤海政治史研究≫ (一潮閣)

盧泰敦, 1999 ≪高句麗史研究≫ (사계절)

盧泰敦, 2009 ≪三國統一戰爭史≫ (서울대학교출판부)

延敏洙, 2003 ≪古代韓日交流史≫ (혜안)

崔鈆植, 2009 ≪校勘 大乘四論玄義記≫ (佛光出版社)

韓圭哲, ≪渤海의 對外關係史≫ (신서원)

韓容根, 1999 ≪高麗律≫ (서경문화사)

拜根興, 2003 ≪七世紀中葉唐與新羅關係研究≫ (中國社會科學出版社)

井上光貞 等校注, 1976 ≪律令≫ (岩波書店)

鳥山喜一, 1968 ≪渤海史上의 諸問題≫ (風間書房)

山本孝文, 2006 ≪三國時代 律令의 考古學的 研究≫ (서경)

森公章, 1998 ≪「白村江」 以後≫ (講談社)

石田瑞麿, 1983 ≪日本佛敎史≫ (岩波書店) 李永子 譯, 1988 (民族社)

岸俊男, 1969 ≪藤原仲麻呂≫ (吉川弘文館)

L. I. Alibaum, 1975 *Zivopisi Afraciaba*, Tashikent

姜鳳龍, 1992 <三國時期의 律令과 民의 存在形態> ≪韓國史研究≫ 78

具蘭憙, 1999 <8세기 중엽 발해·신라·일본의 관계－일본의 신라침공계획을 중심으로－> ≪韓日關係史研究≫ 10

金起燮·金鎭光, 2007 <渤海의 上京 建設과 遷都> ≪韓國古代史研究≫ 45

金秉駿, 2009 <樂浪의 文字 生活> ≪古代 文字資料로 본 東亞細亞의 文化交流와 疏通≫ (동북아역사재단)

金相鉉, 1996 <『錐洞記』와 그 異本『華嚴經問答』> ≪韓國學報≫ 84

金聖範, 2009 <羅州 伏岩里 遺蹟 出土 百濟木簡과 其他 文字 關聯遺物> ≪百濟學報≫ 創刊號

金聖範, 2009 <羅州 伏岩里 遺跡 出土 百濟 木簡> ≪古代의 木簡, 그리고 山城≫ (國立文化財研究所 40年, 韓國博物館開館100周年 紀念 學術심포지움 發表文)

金成哲, 2007 <'大乘四論玄義記'는 백제에서 찬술되었나?－崔鈆植 敎授의 百濟 撰述說에 대한 反論－> ≪韓國史研究≫ 137

金龍善, 1982 <新羅 法興王代의 律令頒布를 둘러싼 몇 가지 問題> ≪加羅文化≫ 1

金元龍, 1976 <사마르칸트 아프라시얍 宮殿壁畵의 使節圖> ≪考古美術≫ 129·130

金元龍, 1984 <古代韓國과 西域> ≪美術資料≫ 34

金恩淑, 1996 <百濟復興運動 以後 天智朝의 國際關係> ≪日本學≫ 15

金正基, 1982 <新羅伽藍配置와 日本에의 影響> ≪新羅文化祭學術發表會論文集≫ 3

金宗福, 2008 <8~9世紀 渤海와 日本의 外交의 葛藤과 解消> ≪韓國史學報≫ 33

金昌錫, 2004 <8세기 신라 일본 간 외교관계의 추이-752년 교역의 성격 검토를 중심으로－> ≪歷史學報≫ 184

金昌錫, 2007 <新羅 縣制의 成立과 機能> ≪韓國古代史研究≫ 48

南豊鉉, 2005 <韓國古代史讀文의 文末語助辭 '之'에 대하여> ≪口訣研究≫ 15

盧重國, 1979 <高句麗 律令에 關한 一試論> ≪東方學志≫ 21

盧重國, 2009 <百濟의 救恤·賑貸 정책과 '佐官貸食記' 木簡> ≪白山學報≫ 83

盧泰敦, 1981 <渤海 建國의 背景> ≪大丘史學≫ 19

盧泰敦, 1989 <高句驪·渤海人과 內陸아시아 住民과의 交涉에 관한 研究> ≪大東文化研究≫ 23

盧泰敦, 1989 <蔚珍 鳳坪碑와 新羅의 官等制> ≪韓國古代史研究≫ 2

盧泰敦, 1997 <對唐戰爭期(669~676) 新羅의 對外關係와 軍事活動> ≪軍事≫ 34

盧泰敦, 2003 <三國史記에 登場하는 靺鞨의 實體> ≪韓半島와 滿洲의 歷史 文化≫ (서울대학교출판부)

朴南守, 1996 <統一新羅 寺院成典과 佛寺의 造營體系> ≪東國史學≫ 28 ; 1996 ≪新

羅手工業史≫ (신서원) 재수록

박진욱, 1988 <쏘련 싸마르깐드 아흐라샤브 궁전지 벽화의 고구려 사절도에 대하여> ≪조선고고연구≫ 1988년 3기

朴泰祐·鄭海濬·尹智熙, 2008 <扶餘 雙北里 280-5番地 出土 木簡 報告> ≪木簡과 文字≫ 2

朴泰祐, 2009 <木簡資料를 통해 본 泗沘時代의 空間構造-'外椋部' 銘 木簡을 中心으로-> ≪百濟學報≫ 創刊號

宋基豪, 1996 <불교와 기타신앙> ≪한국사 10, (발해)≫ (국사편찬위원회)

宋完範, 2006 <8세기 중엽 '新羅征討' 계획으로 본 古代 日本의 對外方針> ≪韓日關係史研究≫ 25

徐榮敎, 2002 <羅唐戰爭과 吐蕃> ≪東洋史學研究≫ 79

尹善泰, 2000 ≪新羅 統一期 王室의 村落支配-新羅 古文書와 木簡 分析을 中心으로-≫ (서울대 국사학과 박사학위논문)

尹善泰, 2000 <新羅의 寺院成典과 衿荷臣> ≪韓國史研究≫ 108

尹善泰, 2003 <新羅 中代의 刑律- 中國律令 受容의 新羅的 特質과 關聯하여> ≪講座 韓國古代史 3≫

尹善泰, 2006 <百濟 泗沘都城과 嵎夷-木簡으로 본 泗沘都城의 안과 밖-> ≪東亞考古學論叢≫ 2 (忠淸文化財研究院)

尹善泰, 2007 ≪木簡이 들려주는 百濟 이야기≫ (주류성)

李昄燮·尹善泰, 2008 <扶餘 雙北里 현대들·北浦 遺跡 調査成果> ≪木簡과 文字≫ 創刊號

李京燮, 2009 <新羅 月城 垓子에서 出土한 '2號 木簡'에 대하여> ≪韓國古代史 研究의 現段階-石門 李基東敎授 停年 紀念 論叢-≫

李基東, 1978 <新羅 官等制度의 成立 年代 問題와 赤城碑의 發見> ≪歷史學報≫ 78

李基東, 1980 <新羅 中代의 官僚制와 骨品制> ≪震檀學報≫ 50

李炳鎬, 2008 <扶餘 陵山里 出土 木簡의 性格> ≪木簡과 文字≫ 創刊號

李鎔賢, 1999 <扶餘 宮南池 出土 木簡의 年代와 性格> ≪宮南池≫

李鎔賢, 2008 <佐官貸食記와 百濟의 貸食制> ≪百濟木簡≫ (國立扶餘博物館)

李佑成, 1989 <高麗土地·課役關係 '判·制'에 끼친 唐令의 影響-新羅 律令國家說의 檢討를 兼하여-> ≪大東文化研究≫ 23

李宇泰, 1989 <新羅時代의 結負法> ≪泰東古典研究≫ 5

李宇泰, 2002 <古代度量衡制의 發達> ≪講座 韓國古代史≫ 6

李宇泰, 2005 <金石文을 통하여 본 漢字의 導入과 使用> ≪韓國古代史研究≫ 38

李泳鎬, 1983 <新羅 中代 王室寺院의 官寺的 機能> ≪韓國史研究≫ 43

李漢祥, 1997 <5~7世紀 百濟의 帶金具> ≪古代研究≫ 5

張慶浩, 1993 <百濟와 日本의 古代 寺刹建築> ≪百濟史의 比較研究≫

田鳳德, 1956 <新羅律令攷> ≪서울大論文集≫ 4

鄭炳三, 2002 <古代 韓國과 日本의 佛敎 交流> ≪韓國古代史研究≫ 27

鄭孝雲, 1993 <天智朝 對外關係에 대한 一考察-백강구전후의 대외관계를 중심으로-> ≪韓國上古史學報≫ 14

朱甫暾, 1984 <新羅時代의 連坐罪> ≪大邱史學≫ 25

朱甫暾, 1989 <蔚珍 鳳坪碑新羅碑와 法興王代의 律令> ≪韓國古代史研究≫ 2

朱甫墩, 1993 <金春秋의 外交活動과 新羅 內政> ≪韓國學論集≫ 20

朱甫暾, 1998 <鳳坪碑 段階의 外位制整備> ≪新羅 地方統治體制의 整備過程과 村落≫ (신서원)

蔡尙植, 1984 <新羅統一期의 成典寺院의 機能과 構造> ≪釜山史學≫ 8

崔鈆植, 2001 <'大乘起信論同異略集'の著者について> ≪駒澤短期大學佛敎論集≫ 7

崔鈆植, 2002 <新羅 見登의 著述과 思想傾向> ≪韓國史研究≫ 115

崔鈆植, 2005 <8세기 新羅佛敎의 動向과 東아시아 佛敎界> ≪佛敎學研究≫ 12

崔鈆植, 2006 <新羅佛敎 文獻으로서의 "起信論一心二門大意"> ≪佛敎學研究≫ 13

崔鈆植, 2007 <百濟 撰述 文獻으로서의 '大乘四論玄義記'> ≪韓國史研究≫ 136

崔鈆植, 2007 <'大乘四論玄義記' 百濟 撰述 再論-金成哲 敎授의 反論에 대한 批判-> ≪韓國史研究≫ 138

洪普植, 2004 <日本出土 新羅土器와 羅日交涉> ≪韓國上古史學報≫ 46

洪承佑, 2004 <新羅律의 基本性格-刑罰體系를 中心으로-> ≪韓國史論≫ 50

洪承佑, 2009 <百濟 律令 반포 시기와 지방지배> ≪韓國古代史研究≫ 55

吉林省考古文物研究所·延邊朝鮮族自治州文物管理委員會辦公室, 2009 <吉林和龍市 龍海渤海王室墓葬發掘簡報> ≪考古≫ 2009년 6호

陳寅恪, 1944 <外族盛衰之連環性及外患與內政之關係> ≪唐代政治史述論考≫ (1982, 上海古籍出版社)

黃約瑟, 1997 <武則天與朝鮮半島政局> ≪黃約瑟隋唐史論集≫

犬飼隆, 2006 <日本語を文字で書く> ≪列島の古代史6-言語と文字-≫, (岩波書店)

笠敏生, 1989 <百濟王姓の成立と日本古代帝國> ≪日本史研究≫ 317

鬼頭淸明, 1976 <白村江の戰いと律令制の成立> ≪古代日本國家の形成と東アジア≫ (校倉書房)

東野治之, 1977 <鳥毛立女屛風下貼文書の研究> ≪正倉院文書と木簡の研究≫ (塙書房)

東野治之, 1977 <正倉院氈の墨書と新羅の對外交易> ≪正倉院文書と木簡の研究≫ (塙書房)

藤本幸夫, 1996 <古代朝鮮の言語と文字文化> ≪日本の古代 14≫ (中央公論社)

武田幸男, 1974 <新羅法興王代の律令と衣冠制> ≪古代朝鮮と日本≫ (龍溪書舍)

武田幸男, 1978 <朝鮮の律令制> ≪岩波講座 世界歷史 6≫ (岩波書店)

北村秀人, 1982 <朝鮮における律令制の變質> ≪東アジア世界における日本古代史
　　　講座 7≫ (學生社)

山本孝文, 2009 <考古學으로 본 三國時代의 官人> ≪韓國古代史研究≫ 54

森公章, 1992 <朝鮮半島をめぐる唐と倭－白村江 會戰前夜> ≪古代を考える唐と日本≫
　　　(吉川弘文館)

三上次男, 1941 <新羅東北境外における黑水鐵勒達姑の諸族に就いて> ≪史學雜
　　　誌≫ 52－11

三上喜孝, 2006 <文書樣式'牒'の受容をめぐる一考察> ≪山形大學 歷史・地理・人類
　　　學論集≫ 7

三上喜孝, 2008 <日本 古代의 木簡의 系譜> ≪木簡과 文字≫ 創刊號

三上喜孝, 2009 <古代東アジア出擧制試論> ≪東アジア古代出土文字資料の研究≫
　　　(雄山閣)

小林芳規, 2002 <韓國における角筆文獻の發見とその意義> ≪朝鮮學報≫ 182

小林芳規, 2002 <韓國의 角筆點과 日本의 古訓點의 關係> ≪口訣研究≫ 8

小川裕人, 1937 <三十部女眞に就いて> ≪東洋學報≫ 24-4

石母田正, 1989 <天皇と諸蕃> ≪石母田正著作集 4≫

石上英一, 1979 <律令法國家(1)> ≪歷史研究≫ 222・223

石田公成, 1985 <'華嚴經問答'の著者> ≪印度學佛敎學研究≫ 66

石田茂作, 1930 ≪寫經より見たる奈良朝佛敎の研究≫ (東洋文庫)

石井正敏, 1995 <光仁・桓武朝の日本と渤海> ≪日本古代の傳承と東アジア≫ (吉川
　　　弘文館)

石井正敏, 2001 <初期日本・渤海交涉における一問題> ≪日本渤海關係史の研究≫
　　　(吉川弘文館)

松田好弘, 1980 <天智朝の外交について> ≪立命館文學≫ 415・416・417

新川登龜男, 1988 <日羅間の 調(物產)の意味> ≪日本歷史≫ 481

新川登龜男, 1999 <日羅間の 調> ≪日本古代の對外交涉と佛敎－アジア中の政治文
　　　化≫ (吉川弘文館)

愛宕邦康, 1944 <'遊心安樂道'の撰述者に關する一考察－東大寺華嚴僧智憬とその思
　　　想的關聯に着目して－> ≪南都佛敎≫ 70

鈴木英夫, 1997 <百濟復興運動と倭王權－鬼室福信斬首の背景－> ≪朝鮮社會の史
　　　的展開と東アジア≫ (山川出版社)

韋蘭春, 2000 <'白村江の戰'と戰後の唐・日關係> ≪國學院大學日本文化研究所紀

要≫ 85

伊藤隆壽, 1969 <慧均 '大乘四論玄義'について> ≪印度學佛敎學硏究≫ 36

伊藤隆壽, 1971 <'大乘四論玄義'の構成と基本的 立場> ≪駒澤佛敎學部論集≫ 2

伊藤隆壽, 1974 <慧均'大乘四論玄義'について(二)> ≪印度學佛敎學硏究≫ 40

伊藤隆壽, 1974 <'大乘四論玄義' 逸文の整理> ≪駒澤佛敎學部論集≫ 5

李成市, 1990 <高句麗と日隋外交> ≪思想≫ 795 ; 1998 ≪古代東アジアの民族と國家≫ (岩波書店)

李成市, 1998 <正倉院所藏新羅氈貼布記の硏究－新羅·日本間交易の性格をめぐって－> ≪古代東アジアの民族と國家≫ (岩波書店)

李成市, 2005 <朝鮮の文書行政> ≪文字と古代日本 2≫ (吉川弘文館)

林紀昭, 1994 <高句麗の律令> ≪古代 東亞細亞의 再發見≫ (湖巖美術館)

林紀昭, 1967 <新羅律令に關する二·三の問題> ≪法制史研究≫ 17

井上光貞, 1973 <大化改新と東アジア> ≪岩波講座 日本歷史 2≫ (岩波書店)

酒寄雅志, 2001 <渤海國家の史的展開と國際關係> ≪渤海と古代の日本≫ (校倉書房)

酒寄雅志, 2001 <八世紀における日本の外交と東アジアの情勢> ≪渤海と古代の日本≫ (校倉書房)

中井眞孝, 1994 <高句麗佛敎と日本の古代> ≪朝鮮と日本の古代佛敎≫ (東方出版)

直木孝次郞, 1985 <近江朝末年における日唐關係の一考察－唐使郭務悰の渡來を中心に－> ≪末永先生米壽紀念獻呈論文集≫

秦政明, 2000 <『三國史記』倭國更號日本の史料批判> ≪日本書紀研究≫ 23 (塙書房)

八木充, 1970 <百濟の役と民衆> ≪國史論集≫ (小葉田淳敎授退官紀念會出版)

和田軍一, 1924 <淳仁朝に於ける新羅征討計劃について> ≪史學雜誌≫ 35-10·11

穴澤和光·馬目順一, 1976 <アフラミヤブ都城址出土壁畵に見られる朝鮮人使節について> ≪朝鮮學報≫ 80

橫超慧日, 1958 <新出資料 四論玄義の初章中假義> ≪印度學佛敎學研究≫ 13

Jorg Plassen, 2007 "On the significance of the Daeseung saron hyeunui gi大乘四論玄義記 for research on early Korean Buddhist thought -Some initial observations focusing on hwajaeng" ≪韓國史研究≫ 136

Re-organization of international order in the ancient East Asia Korea & Japan relationship

Noh, Tae-Don

Several themes of the Korea & Japan relationship during the 7th~9th century, which are objects of debate, were examined. First, I have reviewed about the Baek(Chon)ganggu battle, which became one dividing ridge in the deployment of the history of ancient Korea & Japan relationship. Baekganggu battle was a naval battle and main force of the navy of Silla & Tang allied force was Chinese Tang navy. So, it was the basic recognition in the Japanese academic circles that this battle and further, Baekje restoration war was viewed as confrontation between Chinese Tang Army and Japanese Army, and Silla army was regarded as auxiliary.

However, reviewing the actual war situation during that time, the Baekganggu battle in August 663 was a battle that happened as a part of attacking Juryu fortress, and main force in attacking Juryu fortress was Silla army.

Reasons for ignoring the existence of the Silla army in understanding the battle of Baekganggu originated from the viewpoint of Nihonshoki. Wrong consciousness of 'auxiliary and weak Silla' also provided a bad influence on understanding the relationship between Silla and Japan later.

Silla made dramatic conciliation with Japan just before the fall of Goguryeo in 668. The diplomatic relationship between Silla and Japan was restored. Later until the end of the 7th century, Silla and Japan continued close relationship while ignoring negotiation with Tang. However, both countries recognized the counterpart differently as a neighboring state and as a tributary state respectively. Accordingly, they showed freqent and friendly relationships superficially but inside, elements of conflicts were growing. As a new international relationship was progressed in the early 8th century such as the formation of Balhae and restoration of friendly relationship with Tang by Silla and Japan, those immanent conflicts were revealed. Between both countries, diplomatic frictions were broken out and tension was built and finally, in the late part of the 8th century, the two countries reached at the rupture of diplomatic relations. I have reviewed objective background and processes why relationship of the both countries made headway to such situation.

On the other hand, since the 7th century, between ancient Korea and Japan, there was a close cultural exchange. In specific, I reviewed such things in the aspect of the Buddhist culture and ordinance culture. It was possible to confirm that the former culture provided deep influence on the latter culture.

In the relation between Balhae and Japan, Balhae had approached Japan for a military purpose during the first half of 8th century, But after war broken out in 734 between Balhae and Silla·Tang was completed, Balhae focused on maintaining the current situation. Then Japan made a plan to attack Silla in 760s. At that time the court of Japan thought that Tang couldn't help Silla because of An Rok San's rebellion in Tang China. So Japan asked Balhae to participate in a pincer plan to attack Silla from the north and south. However Balhae purposed to maintain the status que, expecially after relocating the capital to Sanggyeong. So the Japan's plan result in failure. Even after that, Balhae continued to have a relation with Japan to gain commercial profits.

Key words : Baeg(chon)ganggu battle, Juryu fortress, ordinance, neighboring country, savage country, Buddhist culture, Shilla attack plan, Sanggyeong, relocation of the Capital

古代東アジアの国際秩序の再編と韓日関係

盧泰敦

　7~9世紀における韓日関係史について論難となっているいくつかの主題を中心に考察した。まず、古代韓日関係史の展開において一つの分岐点をなす事件である白(村)江口の戦について調べてみた。白江口の戦は海戦であり、新・唐同盟軍の海軍はその主力が唐軍であった。したがって、この戦い、さらには百済復興戦争を唐軍と倭軍の対決と把握して、新羅軍は付随的な存在と考えることが、これまで日本の学界の基本的な認識であった。

　ところが実際に当時の戦争状況をみると、白江口の戦は663年8月にあった百済復興軍の本拠地である周留城攻略戦の一環として繰り広げられた戦いであった。この時の主な戦場は周留城であり、新・唐同盟軍による周留城攻略戦の主力は陸軍であり、その中心は新羅軍であった。

　白江口の戦に対する理解において新羅軍の存在を軽視したことは、日本書紀の視角に依存したことからはじまった。'付随的で弱い新羅'という誤った認識はその後の新羅と日本の関係に対する理解にも影響を与えた。

　668年、高句麗を滅亡させる直前に新羅は日本と劇的に和解し両国間には国交が再開された。それ以降7世紀末まで新羅と日本は唐との交渉を事実上閉ざしたまま緊密な関係を持続させた。しかし、両国は相手を各々隣国と蕃国として互いに異なって認識していた。それによって表面では頻繁で友好的な関係を維持する姿を示したが、その裏面には葛藤の要素が濃厚に内在していた。8世紀初め、渤海が勃興して新羅と日本が唐と友好的な関係を結ぶなどの新しい国際関係が展開することによって、それまで内在していた葛藤が表面化した。両国間に外交的摩擦が広がって緊張が造成され、ついには8世紀後半の断交につながった。両国関係がこのような事態に進むことになった客観的背景と過程を考察してみた。

　一方、7世紀代以来、韓国の古代国家と日本との間には緊密な文化的交流があった。具体的に仏教文化と律令文化からそのような側面を調べてみた。前者の文化が後者に濃厚な影響を与えたことを確認できた。

　渤海と日本の交渉関係において初期には渤海が軍事的目的から日本に接近した。しかし、734年の渤海と新・唐間の戦争が終結して以降、渤海は現状維持に力を注ぎ、上京に遷都した頃に勃発した安禄山の乱以降もそうであった。それによって渤海は760年代初めに日本が推進した新羅を南北から挟撃しようとする侵攻計画に参加しなかった。その後も日本との交渉において渤海が追求した主な目的は商業的利益であった。

主題語：白(村)江口 戦闘、周留城、律令、隣国、蕃国、仏教文化、
　　　　新羅侵攻計劃、上京, 遷都

일본 율령국가와 백제유민의 연구

송 완 범*

Ⅰ. 序

본 연구는 제2기 한일역사공동위원회 제1분과인 고대사분과의 세 가지 대주제 중의 하나인 '고대 동아시아세계의 재편과 한일관계'(담당 노태돈)와 관련된 공동연구 중 하나이다. 본인에게 할당된 과제는 바로 '일본 내 백제유민의 존재양태'에 대해 기존 연구사 정리와 함께 기존 연구에 대해 비판적 분석을 시도하라는 것이었다. 이에 따라 본문 Ⅱ 에서는 백제유민을 다루기 이전에 열도 밖의 외부인 연구에 대한 문제 제기와 종래의 연구의 흐름을 간단히 살펴보고, Ⅲ에서는 기존연구에 대한 비판적 검토를 시도하는 방법으로 백제유민의 생성부터 전개 그리고 변용의 과정과 그 의미를 살펴보기로 한다. 그리고 마지막으로

─────────────
* 고려대학교 일본연구센터 HK교수

Ⅳ에서는 백제유민 연구의 금후의 전망을 간단하게나마 서술하는 것으로 맡겨진 소임을 다하려 한다.

지금까지 일본고대사에서 일본열도 밖으로부터 유입된 많은 사람들에 대해 분석하는 연구는 '귀화인' 혹은 '도래인'으로 불리는 사람들에 대한 연구로 대별된다고 할 수 있을 것이다.[1] 다만, 이러한 연구에 있어 간과해서는 안 될 점은 이 연구의 착안점이 어디까지나 일본 입장에서의 연구라는 점이다. 하지만 동아시아적 규모 속에서 '지역'과 '경계'를 넘어서 이동하는 사람들을 분석하는 작업[2]은 복안적일 필요가 있을 것이다. 왜냐하면 7세기 후반 동아시아의 혼란 속에서 생겨난 백제의 '유민'들은 이전에 도래한 많은 유입민들과는 다른 특징들을 보이고 있기 때문이다. '백제유민'들은 돌아갈 장소를 상실한 사람들로 그들이 이제 살아남아야 할 곳이라곤 동아시아에서 일본열도를 제외하고는 없다고 해도 과언이 아닌 매우 절박한 것이었다.

이러한 '백제유민'을 전면에 내세워 종래의 연구와는 다른 관점에서 출발하는 본 연구는, 고대 동아시아세계의 재편에 발맞추어 한반도와 일본열도 간에 새로운 관계가 모색되고 있는 것을 직시하고, 일본열도에서의 한반도 사람들의 흔적이 갖는 의미가 무엇인지에 대해 심층적으로 분석하기 위한 기초적 연구가 될 것이다. 이는 더 나아가 고대일본의 환골탈태, 즉 '일본 율령국가'의 성립과 전개 그리고 변용에 있어 백제유민들이 끼친 영향과 양태에 대해서도 분석하는 작업이 될 것이다.

---

1) 關晃, 1956 ≪歸化人≫ (至文堂) ; 上田正昭, 1966 ≪歸化人≫ (中公新書) ; 平野邦雄, 1993 ≪歸化人と古代國家≫ (吉川弘文館) 참조.
2) 田中史生, 2005 ≪倭國と渡來人≫ (吉川弘文館) 참조.

Ⅱ. 문제 제기와 종래의 연구

1. 문제 제기

먼저 첫 번째로, 일찍이 동아시아의 고대사회가 '다민족사회'였음은 ≪隋書≫[3] 등의 사서에서 이미 지적한 바와 같다. 그런데 이러한 일국 내 여러 민족의 잡거 현상은 신라만의 사정이 아니라 동아시아 여러 나라에 공통적으로 나타나고 있었을 가능성이 크다. 더 나아가 신라 지역에 왜인의 잡거가 전혀 없었다고 부정하기도 어려운 것은 아닐까. 여러 민족이 동아시아 여러 나라에 일상적으로 존재하고 있었다고 하는 '고대적'인 현상으로 볼 때, 어쩌면 당연한 것일지도 모르는 '다민족사회'에 대한 이해[4]가 필요하다고 생각한다.

두 번째로, 일본열도 외부로부터의 사람들에 대한 일본사학계의 접근은 '歸化人'→'渡來人'→'歸化人'으로의 변용을 거듭하고 있다. 이러한 경위를 살펴보자면, 제2차 대전 중 일본과 조선의 조상이 같다고 하는 식민사학의 한 종류인 '日鮮同祖論'[5]적 접근을 벗어나 1950~60년대 경부터 한반도를 중심으로 일본역사에 유입된 사람들을 규정하려는 움직임이 생겨나기 시작했고, 그들을 일컫는 말로서 '귀화인'이라는 말이 생겨났다. 그런데 "'귀화인'은 바로 일본인이요, '귀화인'의 문화는 바로 일본문화이다[6]" 라는 말에서 알 수 있듯이 이는 어디까지나 일본인과 일본 역사 속의 일부라는 관점에서의 개념이었다. 그러다가

---

3) 同書, <新羅傳>에 의하면, "백제 내에는 신라인과 고구려인, 왜인, 중국인들이 서로 뒤섞여 있다"는 기사가 보인다.
4) 田中史生, 1997 ≪日本古代國家の民族支配と渡來人≫ (校倉書房) 참조.
5) 金澤庄三郎, 1978 ≪日鮮同祖論≫ (成甲書房) 참조.
6) 關晃, 1956 ≪앞 책≫ 참조.

1970년대 중반부터 '귀화인'이라는 단어가 갖는 근대적 차별성의 문제가 지적되기 시작했고, 이로 말미암아 가치중립적 표현으로서 '도래인'이 등장하기 시작했다.[7] 그런데 1990년대에 들면, 어느 지역에서 어느 지역으로의 단순한 이동이라는 의미를 갖는 역사성이 애매한 '도래인'이라는 말보다는 역시 '귀화인'의 표현이 부합하다는 논리가 다시 주목을 받기 시작한 듯하다. 그래서 지금은 시중에 나와 있는 책이나 논문들 중에는 이 양자가 혼용되고 있고, 논자에 따라 입장에 따라 같은 글에서도 그 표현들이 미묘하게 다른 경우마저 눈에 띈다.

이상과 같이 고대적 현상을 설명함에 있어 그 당시를 살았던 사람들은 지금과 같이 단선적으로 어느 하나의 국적을 가진 사람들이 아니었다는 것을 알 수 있다. 다시 말하자면, 그들은 자기가 태어난 지역과 살아가는 지역이 다를 수가 있고 또 다시 태어난 곳으로 돌아갈 수도 있는 사람들이었다. 물론 한 국가를 넘어 좀 더 큰 지역적 단위로 이동하는 사람들은 한정된 경우의 사람들이었겠지만, 우리는 이제까지의 고대상에서 벗어나 좀 더 폭넓은 시야를 확보하지 않으면 안 되는 시점에 와 있는 것은 아닐까.

2. 종래의 연구

첫 번째로, 고대 일본에서 밖으로부터 들어온 사람들에 대한 전체적 연구는 세키 아키라(關晃),[8] 우에다 마사아키(上田正昭),[9] 히라노 구니오(平野邦雄)[10] 등에 의해 행해졌다. 이것이 바로 앞 절에서 언급한

---

7) 金達壽, 1970 ≪日本のなかの朝鮮文化≫ (講談社) 참조.
8) 同, 1956 ≪앞 책≫ 참조.
9) 同, 1966 ≪앞 책≫ 참조.
10) 同, 1993 ≪앞 책≫ 참조.

'귀화인'과, '도래인'에서 다시 '귀화인'으로의 입장의 변화를 설명하는 대표적 연구이다.

두 번째로, 개별적이고 세부적 연구로는 東北, 關東, 關西, 九州 라는 식의 지역적 구분에 의한 연구11)가 있다. 그 외에도 4세기~7세기와 이후 시기별로 나누는 시기별 접근에 의한 연구12)와 특정 씨족13)과 관련시키거나 考古學적 성과와 관련14)된 주제별 접근도 있다.

단, 이상의 연구들은 모두 외부에서 들어온 사람들을 하나의 틀 속에서 이해하려는 경향이 강하다는 점에서 일정 부분 공통된 연구 경향을 띤다고도 할 수 있다.

그럼, 다음 절에서 '귀화인'과 '도래인'의 범주를 벗어나 다른 관점에서 한반도로부터 일본열도로 건너온 사람들에 대해 살펴보도록 하자.

Ⅲ. 종래의 연구에 대한 비판적 검토

1. 遺民과 亡國의 존재

1) '遺民'의 개념

'귀화인' 혹은 '도래인'이라고 부를 수 있는 사람들은 고국, 즉 모국으로 다시 돌아간 경우가 적지 않았다. 무언가의 목적을 위해 倭國에 왔다가 소기의 목적을 달성한 뒤에는 고국으로 다시 귀국하고 있는 것

---

11) 田中史生, 2005 ≪앞 책≫ 참조.
12) 宋潤圭, 2003 ≪古代日本の渡來勢力≫ (街と暮らし社) 참조.
13) 김석형, 1969 <古代朝日關係詞> (勁草書店) ; 加藤謙吉, 2002 ≪大和の豪族と渡來人≫ (吉川弘文館) ; 同, 2002 ≪大和政權とフミヒト制≫ (吉川弘文館) 참조.
14) 花田勝廣, 2002 ≪古代の鐵生産と渡來人≫ (雄山閣) 참조

이다. 그런데 역사에는 돌아갈 모국이 없는 사람들도 존재했었다는 것을 기억할 필요가 있다. 그들이 바로 6세기 중반부터 7세기 중반 무렵에 한반도에서 발생했던 가야, 백제, 고구려 지역의 망국민들인 것이다. 그렇다면 이러한 망국민들을 어떻게 정의하여야 할까.

이러한 문제의식 속에 '遺民'이라는 좀 더 가치중립적이고도 폭이 넓은 개념을 사용하고자 한다. 그런데 왜 이러한 '유민'이라는 새로운 개념이 필요한 것인가에 대해 먼저 답하지 않으면 안 될 것 같다. 앞장에서 언급한 것처럼 당시의 동아시아에는 한 지역 내에 복수 지역의 사람들이 집단으로 잡거하고 있었던 것을 알 수 있었다. 이러한 예에서 알 수 있는 것처럼, 가령 백제가 멸망했다고 해서 백제에서 건너온 사람들 모두를 과연 '백제인'이라는 단일 호칭으로 부를 수 있을 것인가에 의문이 남는다. 물론 가야와 고구려의 경우도 마찬가지이다.

이러한 고민을 해소하는 표현으로서는 역시 故土에 남겨진 사람들이라는 조금은 애매모호하지만 좀 더 큰 범위를 나타내는 '유민'이라는 표현이 더 적합한 것 같다. 그렇다면 고대 일본에 이러한 '유민'의 실례가 있었던 것일까?

2) 亡國 백제와 고구려의 존재

7세기 중후반의 동아시아세계는 이전과는 크게 다른 격동의 전환기를 맞이하게 된다. 그 여파로 한반도 삼국 정립 시대의 한 축이었던 서남쪽의 백제가 660년에, 그리고 여러 북방민족의 침입에 대한 최전선이라는 지정학적 위치에 있던 고구려가 668년에 멸망함으로써 한반도에는 신라만이 남게 된다.

그럼 백제와 고구려의 '유민'들은 그 故土에 남아 존속했던 것일까. 그렇지는 않았을 것이다. 그들의 다수는 새로운 신천지를 찾아 떠나게 되는데 이 새로운 기회의 땅이 바로 한반도의 남쪽 해상에 있으면서 이전부터 한반도와 불가분의 관계를 맺고 있던 왜국이었다.

이러한 연유로 왜국에는 백제왕과 왕족, 관료들의 지배계층부터 일반 민중에 이르는 많은 '백제유민'의 존재가 확인되고 있고, 또 같은 이유로 '고구려유민'의 존재도 상정하기 어렵지 않을 것이다.[15] 그 외에도 6세기 중엽 가야지역이 백제와 신라에 의해 멸망한 이후 발생한 '가야유민'들의 경우도 한반도 계통의 '유민'의 한 예에 속한다고 할 수 있을 것이다. 그러나 여기서는 7세기 이후의 시대를 다루고 있으므로 '가야유민'에 대해서는 금후의 기회에 논하기로 한다.

2. 百濟遺民의 존재 양태

1) 백제유민의 발생

7세기 중엽의 동아시아는 격동과 전란의 시기였다. 그 전후 사정을 살펴보면 589년 수의 통일, 618년 당의 통일이 동아시아 혼란의 도화선이 되었다. 당의 통일에 의한 동방에의 압력으로 인해 642년의 고구려에서 연개소문에 의한 쿠테타, 또 같은 해 백제에서 의자왕에 의한 반 의자왕파의 숙청, 645년의 왜국에서 권력의 중추였던 蘇我氏를 타도하는 사건, 647년의 신라에서 비담에 의한 선덕여왕 축출을 위한 반란 등등이 발생했다.

이상의 일련의 사건을 한마디로 '쿠테타의 도미노'라고 부를 만하

---

15) '고구려유민'의 경우는 '백제유민'에 비해 그 규모나 유입의 사례가 많이 남아 있는 것은 아니다. 그런 이유로 여기서는 전체적으로도 사례가 많고 또 단계적 접근이 가능한 '백제유민'을 중심 소재로 삼아 논지를 전개해 나가고자 한다.

다. 이처럼 중국대륙이 분열로부터 통일로 가는 도정에 한반도의 3국
과 일본열도의 왜가 동반하여 성격적으로 비슷한 사건이 시간차가 거
의 없이 연이어 벌어지고 있는 것을 통해 그 당시의 동아시아가 얼마
나 격동과 전환의 시대에 있었던 것인가를 잘 알 수가 있다.[16]

이러한 와중에 당은 전 왕조 수가 실패했던 고구려 정벌을 여러 차
례 시도하지만, 여의치 않자 방법을 바꾸어 후방의 백제를 고구려보다
먼저 치기로 한다. 이에 따라 백제는 허를 찔린 셈이 되고 멸망의 길에
빠지고 말았다. 그런데 왜국은 백제부흥군의 활동이 있었다고는 하나,
일단은 멸망한 백제의 고토에 3만이나 되는 군대의 파견과 그에 따른
군수물자의 제공이라는 파격적인 선택을 하게 된다.[17] 이것이 바로 고
대 동아시아의 국제전쟁으로 이름 높은 663년 8월의 '백촌강 싸움'이
다.[18] 왜국의 '백촌강 싸움' 참전에 대해서는 설왕설래가 많지만, 왜국
이 당과 신라의 위협을 매우 현실적으로 느끼고 있었음은 분명하다.
이 때문에 결국 왜국은 현실적 위협이 실제로 닥치기 전에 백제의 고
토에서 그 위협을 방어할 수 있게 되기를 바랬던 것이 아닐까?[19]

그러나 백제부흥군과 왜국의 구원군은 신라와 당나라의 연합군 앞
에 속절없이 대패를 맛보게 되고, 이 결과 많은 백제의 망국민들이 한
반도 남쪽 해안으로부터 대열을 정비하고 왜국의 패잔병들과 함께 자
신들을 받아줄 유일한 땅, 왜국으로 쏟아져 들어갔다.[20] 한편 왜국의

---

16) 拙稿, 2005 <7世紀の倭國と百濟> ≪日本歷史≫ 686 참조.

17) ≪日本書紀≫ 齊明 6年條 참조.

18) 森公章, 2006 ≪戰爭の日本史1 東アジアの動亂と倭國≫ 3 (吉川弘文館) ; 同,
    1998a ≪<白村江>以後≫ (講談社) 참조 ; 同, 1998b ≪古代日本の對外認識
    と通交≫ (吉川弘文館) 참조.

19) 김현구, 2006 <일본의 위기와 팽창의 구조> ≪문화사학≫ 25 ; 拙稿, 2007
    <백촌강싸움과 왜> ≪한국고대사연구≫ 45 ; 이재석, 2007 <7세기 왜국의
    대외 위기감과 출병의 논리> ≪일본역사연구≫ 26 참조.

20) ≪日本書紀≫ 天智 3·4年條 참조.

입장에서는 당나라와 신라 연합군의 창끝이 자신들의 목젖을 겨냥하고 있다고 생각했을 때 기댈 수 있는 세력이란 백제의 망국민들 밖에 없었던 것이다.

이러한 양자의 계산이 맞아떨어져 어느 한 쪽도 분명한 상하관계일 수 없는 애매한 관계가 시작되는 것이며, 바로 여기에 백제유민이 일본역사에 존재하는 역사적 의미가 있는 것이다. 이후 백제유민들은 왜국의 정치, 사회, 국방, 문화 전반에 걸쳐 많은 영향을 미쳤다.[21]

먼저 백촌강 싸움의 패전 후, 왜국으로 유입되었던 많은 백제유민 중에서 가장 신분이 높은 계층은 백제왕족일 것이다. 그 백제왕족 중에서도 특기할 만한 인물은 백제왕 풍장의 동생인 善光(禪廣이라고도)이었다. 선광이 왜국에 언제 왔는지, 또 풍장이 백제로 건너갈 때 선광이 같이 동행한 것인지 등등에 대해서는 여러 이설이 있긴 하지만,[22] 당시의 국제정세를 감안할 때 선광의 존재는 왜 왕권에게 백제 세력의 대표성을 띠는 존재로 인식되었음이 틀림없다. 왜 왕권이 선광을 당시 왜국의 가장 중심 기능을 담당하는 장소인 나니와(難波)에 거주하게 하였던 것으로부터도 잘 알 수가 있다. 선광이 나니와에 거주하면서 무엇을 하였던가에 대해서는 불분명한 점이 있지만, 규슈(九州)와 세토(瀨戶) 내해, 시코쿠(四國) 연안 그리고 나니와에 걸쳐 건설된 西國의 방어시설이 백제계 기술로 만들어진 산성이 대부분임을 감안할 때, 이 '백제식 산성'의 건설[23]과 선광의 나니와 거주가 무언가의 관련을 맺고 있음은 상상하기 어렵지 않을 것이다. 게다가 나니와의 여기저기에 남아있는 백제 관련 흔적들인, 百濟郡·百濟寺·百濟尼寺·百濟橋·百濟川·百濟소학교 등에서 보이는 백제의 기억들은 나니와와 백제의, 그리

---

21) ≪日本書紀≫ 天智 10年條 참조.
22) 김선민, 2007 <일본고대국가와 백제왕씨> ≪일본역사연구≫ 26 ; 同, 2000 <백제왕씨 성립과정의 재검토> ≪숙대사론≫ 22 참조.
23) 西谷正, 1994 <朝鮮式山城> ≪岩波講座日本歷史 古代2≫ 참조.

고 나니와와 선광의 흔적들이 보통의 것이 아니었음을 짐작할 수 있게
해 준다.

한편 백제의 구귀족들은 왜국의 질서에 조금씩 포섭되기에 이른다.
백제의 구신들은 백제에서의 자신의 특기를 살려 왜국의 국가 정비에
협조하게 되는데, 이들에 대해 왜국의 모든 이가 환영을 했던 것이 아
님은 ≪일본서기≫에 보이는 바와 같다.[24] 더 나아가 백제의 구신들에
대한 반감은 백제 구원을 위한 백촌강 싸움 참전의 공헌자인 나카노오
에(大兄)황자가 天智천황으로 등극함과 아울러 오우미(近江) 천도를
결행함에 있어 표출된 反천지 의식과 그 유를 같이 하고 있는 것은 아
닌가 하고 생각되어지기에 백제유민들의 정치적 선택에는 여러 난관이
있었을 것이다. 그 중에서도 대표적인 것이 바로 천지의 아들인 오토
모노(大友)황자와 그의 삼촌이면서 나중에 天武천황이 되는 오아마노
(大海人)황자와의 대립으로 인한 '壬申의 난'일 것이다.[25] 이 고대 최대
의 내전에서 백제유민들의 선택에 관해서는 설왕설래가 있지만 오토모
황자의 브레인 역할을 한 사람들 중에 백제유민들이 많았음은 이미 널
리 알려진 바와 같다.[26] 또 백제계 유민들의 대다수가 천지가 천도한
오우미 지역에 많이 거주하고 있는 이유에 대해서는, 오우미 지역의
개발이라는 현상적 이유도 있었을 것이지만,[27] 역시 천지와 오토모황
자의 시책에 심정적으로 동조하는 백제계 유민의 존재를 생각하지 않
고서는 그 이해가 어려운 것은 아닐까.

그 외에 백촌강 싸움의 뒷정리와도 같이, 전쟁의 여진은 왜국의 여
기저기서 전쟁이 끝난 한 세대 후에도 살펴진다. 그 대표적인 것이 포
로의 귀환이다.[28] ≪日本靈異記≫에 따르면[29] 서국에 해당하는 시코

---

24) ≪日本書紀≫ 天智 10年條 참조.
25) ≪日本書紀≫ 天武 2年條 참조.
26) ≪懷風藻≫ 大友皇子伝 참조.
27) 大津透, 1993 <近江と古代國家> ≪律令國家支配構造の研究≫ 참조.

쿠와 주고쿠(中國) 지방 사람들이 포로 생활을 미치고 돌아온 것은 천무천황의 다음 대인 持統 조였다. 그런데 그들이 고향에 돌아와 절과 불상을 만들고 불경을 암송하는 행위를 하였던 것은 단순히 포로 생활에서 얻은 경험의 재생산이라기보다는 지방으로의 불교문화 확산이라는 면에서 의미가 있다고 생각한다. 이것이 물론 백제계 유민들과 직접적 연관이 있는 행위는 아니었을지라도, 이와 비슷한 입장 하에 백제유민들도 왜국의 여기저기에 흩어져 살면서 구백제에서의 종교적, 즉 불교적 경험 등을 왜국의 각 지역에 퍼져나가도록 하는 역할을 하였으리라는 것은 추측하기 어렵지 않다.

이상의 백제유민들이 왜국에 건너와 구현한 행동을 모아 보면, 이는 모두 왜국의 국가 발전에 이바지한 감이 든다. 이러한 생각의 근거는 이 시대에 '일본'이라는 국호와 '천황'이라는 군주호가 정비되었다는 것에서도 상징적으로 나타난다.[30] 특히 천황호 성립의 결정적인 증거는 천무의 시대임이 분명한 유구에서 발견된 천황이라는 묵서가 쓰인 목간의 발견이었다.[31] 이러한 천황호 사용은 왜국의 단계로부터 환골탈태하는 일본이 고대국가의 완성이라고 말해지는 '율령국가'의 성립으로 귀결된다는 점에서 남다른 의미가 있다. 이후 7세기 말의 신생 일본은 율령의 구현에 필요한 국가기록의 완성판이자 지침서로서 역할을 띤 ≪일본서기≫의 완성과 율령국가의 이념을 지상에 구현한 후지와라쿄(藤原京)의 성립이라는 도성의 정비,[32] 그리고 무엇보다도 율과 영이라는 국가 운영에 필요한 법의 정비, 이러한 모든 것의 구현체로

28) ≪日本書紀≫ 天武 13年條, 持統 4年·10年條 참조.
29) ≪日本靈異記≫ 上卷-7, 17 참조.
30) 森公章, 1998b ≪앞 책≫ ; 同, 1998a ≪앞 책≫ 참조.
31) 奈良國立文化財硏究所飛鳥資料館, 2000 ≪飛鳥池遺跡≫ 참조.
32) 佐藤信, 2001 <日本都市社會史の諸段階> ≪新体系日本史6都市社會史≫ (山川出版社) ; 同, 2001 ≪日本古代の宮都と木簡≫ 第1章 (吉川弘文館) 참조.

서의 '일본 율령국가'의 완성을 달성하게 되는 것이다.[33]

그런데 이러한 일본 율령국가 성립기에 이루어진 대외 교류의 실태를 들여다 보면, 본래 율령이라는 것이 당의 율령을 모범으로 하는 법체계임에도 불구하고 이 시기 일본은 당과의 교류가 전혀 없다고 해도 과언이 아니다. 그 대신에 신라와는 십 수차례에 이르는 공식적 교류 관계를 쌍방적 입장에서 유지하고 있다.[34] 이러한 이유로 이 시기 일본의 율령국가 성립에는 신라의 영향이 컸었음이 주목되고 있다.[35] 이러한 신라의 영향과 아울러 주목하지 않으면 안 되는 것이 바로 백제 유민들의 존재일 것이다. 이는 일본 율령국가의 법체계를 살펴보면 당의 법을 계승한 것 이외에도 한반도에서의 국가운영 실태도 적잖이 도입된 것이 보이는데, 일본 율령국가의 법체계 속에는 당법 이외에도 백제와 신라법의 요소는 물론 때로는 일본 고유법의 체계도 포함되어 있었을 것이다.[36] 즉 일본 율령국가의 성립에는 중국과 한반도법의 요소가 반영되었을 가능성이 있다고 할 수 있다.

마지막으로 이 시기는 백제왕족의 후예들, 특히 선광의 직계에게 '백제왕'이라는 姓이 공식적으로 성립하고 있는 시기이기도 한다. 백촌강 전투 패전 직후 왜국의 나니와에 거주하고 있었던 선광의 존재는 백제왕과 동등했던 것이 아닐까 하고 여겨지지만, 그러나 율령국가를 목표로 하던 당시의 일본 입장에서는 선광과 그 직계를 언제까지나 백제왕으로서 대우해줄 수는 없는 거북한 존재였다고 생각된다. 결국, 선광과 그 직계는 이제 천무와 지통조를 거치면서 점점 외래 왕족으로서 권위와 독창적인 존재 이유가 부정되고 천황이 다스리는 일본국의 신하적 존재로 재인식되기에 이른다. 이것이 바로 백제왕 선광으로부터

---

33) 佐藤信 編, 2002 ≪日本の時代史4 律令國家と天平文化≫ (吉川弘文館) 참조.
34) ≪日本書紀≫ 天智 7年條 참조.
35) 濱田耕策, 2002 <新羅人の來日動向> ≪新羅國史の硏究≫ (吉川弘文館) 참조.
36) 森公章, 1998a ≪앞 책≫ 참조.

선광왕 직계에 주어진 복수의 칭호인 '백제왕씨'로, 이는 독특한 외래 왕족의 천황질서로의 포섭이었던 셈이다.[37]

2) 백제유민의 일본화

이러한 7세기 말의 율령국가 생성의 시대가 지나고 나면 일본은 이제 새로운 길을 걷게 된다. 이것이 바로 율령국가의 전개에 해당되는 8세기 나라시대이다.[38] 나아가 이 시대는 지금의 동아시아 세계의 원형이 마련되는 시기이기도 하다. 즉, 지금의 한·중·일이 동아시아세계의 주요한 구성원이라 한다면, 당시 8세기의 당과 신라, 그리고 일본은 지금의 동아시아세계의 원형에 해당된다고 할 수 있을 것이다.[39] 또 이 시기는 대 신라관계와 새로이 출현한 발해와의 관계, 그리고 견당사로 대표되는 당과의 직접 거래 등등에서 보이는 것처럼, 일본이 고립되어 있던 시기가 아니었다.[40] 바꾸어 말하자면, 신생 일본이 자신감에 가득 찬 모습으로 동아시아의 여러 나라들과 주체적으로 교류를 맺고 있었던 것이다.

그런데 과연 이러한 일본의 자신감의 배경에는 어떠한 사정이 숨어 있었을까? 이에는 바로 백제유민들의 존재를 상정할 수가 있을 것이다. 백제유민들은 어쩔 수 없는 사정에 의해 이제 일본의 질서에 포섭되어져 살아가야 하는 일본인으로서 운명에 순응하지 않으면 안 되었다. 이러한 사정은 더 나아가 일본으로 하여금 원래 백제왕이었던 백제왕씨 위에 군림하는 또 다른 '황제'라는 천황질서의 체계화에 있어

---

37) 田中史生, 1997 ≪앞 책≫ 참조.
38) 森公章 編, 2002 ≪日本の時代史3 倭國から日本へ≫ (吉川弘文館) 참조.
39) 拙稿, 2007 <앞 논문> 참조.
40) 佐藤信 編, 2002 ≪앞 책≫ 참조.

더할 나위 없이 소중한 논리적 기반을 제공하였다.

이러한 일본의 자신감은 이른바 나라시대의 '대불교사업'[41]으로 표출된다. 이 대불교사업은 각 지방마다 國分寺와 國分尼寺의 건립, 전국 국분사의 총본사로서 東大寺의 건립, 그리고 동대사에 안치된 비로자나 대불의 건립으로 완성된다.[42] 8세기의 일본 전체를 기울여 만든 국가사업에 백제계 유민의 후손들은 대대적으로 참여하고 있다. 이들의 존재를 열거함은 무의미할 정도로 그 수가 많지만, 대표적인 것으로는 대불교사업의 백미인 동대사 대불 조영 사업에 백제유민의 후예인 백제계 기술자가 참여하고 있는 것이다.[43] 당시로서는 엄청난 규모의 대불을 만드는 기술을 보유하지 못했던 일본의 조정은 백제계 기술에 의존하지 않으면 안 되었고, 또 대불의 도금에 필요한 황금의 마련에 고심하던 일본 조정에 백제왕씨의 중심적 존재였던 敬福이 헌상한 황금 900냥은 가뭄에 단비 같은 역할을 했다고 할 수 있을 것이다.[44] 경복이 황금을 헌상할 수 있었던 이유로 당시 경복이 거느리는 백제계 집단에 황금 제련의 기술자들이 존재[45]하고 있었다는 것에서 알 수 있듯이, 백제계 유민 집단은 백제왕씨 등과 같은 구백제계 씨족들과 모종의 관계를 맺고 있었음이 확인된다 하겠다. 또 한편으로는 백제계 유민의 후예들 중에 승려들의 활약을 들 수 있다. 우선 나라 조정의 대불교사업에 위로부터의 입장이 아니라 민중 불교의 입장에서 대불교사업을 헌신적으로 응원한 行基[46]와 동대사의 승려로서 활약하는 良弁, 慈訓 등의 존재를 주목[47]할 수 있다.

---

41) 졸고, 2007 <나라시대의 백제왕씨 사회와 문화적 특성> ≪일본언어문화연구≫ 9 참조.

42) 佐藤信編, 2002 ≪앞 책≫ 참조.

43) 졸고, 2007 <앞 논문> 참조.

44) ≪續日本紀≫ 天平神護 2年條 참조.

45) ≪續日本紀≫ 天平感宝 元年條 참조.

46) ≪續日本紀≫ 天平 13·14年條 참조.

이러한 사정을 감안하여 볼 때 백제왕 경복[48])의 존재가 주목할 만하다. 경복은 원래 앞 장에서도 설명한 것처럼 백제계 사람들이 많이 거주하고 있던 나니와로부터 가타노(交野)로 백제계 유민들을 집단 이주시킨 사람으로 주목된다. 지금도 옛날의 나니와였던 오사카에 가면 백제군·백제사·백제니사·백제교·백제천·백제소학교 등등의 옛 백제계 흔적들과 만나게 되는데 이는 모두 선광 이래의 흔적이라고 할 수 있을 것이다. 8세기 중반 경복은 나니와에서 집단으로 거주하고 있던 백제계 유민들을 데리고 집단 이주하고 있다. 백제계 유민이 집단 이주를 한 이유에 대해서는 당시 큰 수해가 발생하여 그 피해로 인한 이주였기 때문이라고 이야기된다.[49]) 말하자면, 나라시대 중엽의 경복에 의한 나니와에서 가타노로의 집단 이주는 백제왕씨를 중심으로 한 백제계 유민세력이 집단으로 거주하고 있다가 이주할 때에도 집단으로 이주하고 있는 것을 말하는 것이다. 가타노, 지금의 오사카부 히라카타시(枚方市)에는 백제계 유민의 흔적으로 백제사·백제왕신사 등이 지금도 남아 있다.[50])

요컨대, 이 사실로부터 백제왕씨와 백제계 유민들과의 관련을 알 수 있고, 또 한편으로는 나라 조정이 백제계 유민의 집단 거주와 집단 이주를 용인하고 있었음이 주목된다. 특히 나라 조정이 이를 용납한 사정에 대해서는 앞에서 확인한 대불교사업에 백제계 유민세력이 기술, 종교의 여러 측면에서 참가하고 있는 것으로부터 알 수 있듯이 나라 조정이 필요로 하였던 것이기에 집단 거주와 집단 이주를 용인하였던 것이다.

---

47) 堀池春峰, 1980 ＜華嚴経講說よりみた良弁と審詳＞ ≪南都仏教史の硏究(上)≫ 참조.
48) ≪續日本紀≫ 天平神護 2年條 참조.
49) ≪續日本紀≫ 天平感宝 元·2年條 참조.
50) 百濟王神社, 1979 ≪百濟王神社と特別史跡百濟寺跡≫ 참조.

그럼 어떤 분야에서 백제계 유민들의 장점이 발휘되었을까? 또 나라 조정은 어떠한 의도를 갖고 백제계 유민들을 포섭하려고 하였던 것일까? 이 두 문제에 대한 답은 손바닥의 앞뒷면처럼 군사와 실무관료로서의 측면이다.[51] 먼저 군사적 측면에서는 변경 통치를 위한 관료로서 활용과 후지와라노 나카마로(藤原仲麻呂)의 신라정벌 계획에 따른 백제계 유민의 등용 등을 이야기할 수 있을 것이다.[52] 특히나 일본 율령국가의 이념상 신라는 일본에게 조공을 바치는 조공국이어야 했으며, 번국이어야만 했다. 그런데 신라는 일본의 의도대로 움직이지 않았다. 그래서 나라 초기 이래의 염원이었던 '신라 정벌'을 계획한 나카마로는 신라를 공격하기 위한 전쟁의 실행을 위해 군사계 씨족으로서 능력이 있는 백제계 유민의 후예들을 중용하게 되었던 것이다.

다음으로는 나라 조정의 관위체계에서 백제왕씨를 중심으로 5위 이상이라는 고급 관료에의 길을 상시적으로 얻고 있는 것에서 알 수 있는 것처럼, 백제왕씨는 관위체계에서도 전체적으로 우대받고 있었다.[53] 특히 실무적 경험이 풍부한 실무 관료로서 역량이 발휘되기 쉬운 분야에서 특히 두드러지게 등용되고 있는 것으로 보아 백제계 관료들에게 요구된 바가 무엇인지 잘 알 수 있다.

이상과 같이 8세기 나라시대에 있어서 백제계 유민들은 나라 조정의 국가사업이었던 대불교사업의 핵심사업인 대불 조영과 동대사 건립과 운영에서 중용되었으며, 8세기 중엽의 가타노 지방에의 집단 이동을 통해 세력을 유지해 나갔다. 그러는 와중에 일본이 신라를 정벌하려는 대외전쟁 계획이 수립되자 또 백제왕씨를 위시한 백제계 유민들의 후예들은 군사씨족으로서 면모를 과시하듯이 중용되었다. 그 뿐만

51) 枚方市史編纂委員會編, 1972 ≪枚方市史≫ 2 참조.
52) ≪續日本紀≫ 天平宝字 5年條 참조.
53) 野村忠夫, 1967 ≪律令官人制の硏究≫ (吉川弘文館) 참조.

이 아니라 군사 씨족적 성격으로서 백제계 유민의 등용은 나라 조정의 또 하나 숙원 사업이었던 동북 경영을 위한 변경 지역에서의 기용이었다.[54] 그 외에도 실무관료로서의 속성은 나라 조정의 관료체계에서 여실히 증명되었다.

3) 백제유민의 변용

8세기를 거쳐 율령국가의 관료체계 내에서 착실히 성장한 백제계 유민들은 9세기 일본 율령국가의 변용 시기를 맞이하게 된다.[55] 9세기의 시작을 알리는 간무(桓武)조는 천지계에서 천무계로의 신왕조 의식이 표출된 시기[56]이며, 나아가 간무가 백제계 씨족 출신의 여성을 어머니로 하고 있다는 사실에서 이전의 시대와는 또 다른 시대의 시작인 것이다.

고대 최대의 내전이라는 위치를 지니는 '壬申의 난'을 경계로 천지조의 왕통이 천무계로 바뀜을 의미했다는 것은 이미 지적한 바와 같다. 천무조의 정책 방침을 거의 그대로 답습한 이후 지통조를 거쳐 나라시대는 천무와 지통의 직계 왕조 시대였다고 해도 과언이 아니다. 하지만 나라시대의 대표인 성무천황에게 아들이 없음으로 인해 孝兼(나중의 稱德)이라는 여성 천황이 두 번이나 왕위에 오르지만 결국 천무의 대가 끊기고 만다. 그 후 왕권 레이스에서 기대주이지 못했던 고닌(光仁)천황이 어부지리로 왕위에 오르는데 그의 부인은 백제계 출신 여성이었다. 이 두 사람 사이에 태어난 이가 바로 나중에 간무천황이

---

54) ≪續日本紀≫ 天平 18年條, 宝字 7年條, 天平神護 2年條, 宝龜 5年條, 同 11年條 참조.
55) 坂上康俊, 2001 ≪日本の歷史5 律令國家の轉換と日本≫ (講談社) 참조.
56) 林陸朗, 1994 ≪桓武朝論≫ (雄山閣出版) 참조.

되는 야마베왕(山部王)이다.[57]

야마베왕은 왕위에 오르자마자 어머니와 출신 배경이 유사한 백제계 유민의 대표자인 백제왕씨에 대해 친근감을 표시한다. 이러한 친근감의 표현이 바로 '짐의 외척' 운운에 잘 나타나 있다.[58] 그러나 잘 살펴보면 백제왕씨와 간무의 어머니인 다카노노 니이가사(高野新笠)는 직접적인 혈연관계가 있었던 것은 아니다.

그러한 사실을 알지 못했을 리가 없는 간무천황이 이후 백제왕씨를 마치 정말로 어머니인 니이가사의 후견인인 양 지극히 보살피고 있는 점에는 의아한 바가 있다. 고닌과 간무는 나라시대에 있어 주류가 아니었다. 그만큼 나라에서 그들의 정치적 기반은 약했다. 그러한 이유로 나라를 떠나 새로운 정치적 거점을 만드는 것이 지상과제가 되었다. 그 새로운 정치 거점으로 주목된 것이 바로 나가오카(長岡)와 헤이안(平安)이었다.[59] 이러한 천도는 정권의 중심부가 바뀌는 것을 의미하는 것이고, 또 나아가 새로운 권력 주체가 만들어지는 것을 의미하기도 했다.

이러한 새로운 세력의 대두가 바로 간무에 의한 백제계 유민 후예들의 등용이었고, 백제계 유민들의 대표 주자로 백제왕씨의 우대로 나타난 것이다. 이는 또 백제계통의 도래계 씨족들이 새로운 성의 하사를 원할 때 백제왕씨가 후견의 위치를 자임하게 하는 결과를 초래했다.[60]

한편 간무는 백제왕씨 출신의 여성들을 자신의 후궁에 기용했다.[61] 많게는 9인까지 복수의 백제왕씨 출신의 여성으로 하여금 자신을 근친의 영역에서 보필하게 하는 것은 이후 간무의 자식들까지 내려오는 독

---

57) ≪續日本紀≫ 延曆年間條 참조.
58) ≪續日本紀≫ 延曆 9年條 참조.
59) 佐藤信, 2001 <日本都市社會史の諸段階> ≪都市社會史(新体系日本史6)≫ (山川出版社) 참조.
60) ≪續日本紀≫ 延曆 9年條 참조.
61) 金谷信之, 1995 <百濟王系の女性たちについての若干の考察(2)> ≪關西外國語大學短期大學部研究論集≫ 62 참조.

특한 전통이었다. 그 뿐만이 아니라 간무는 지금까지 일본 율령국가가
한 번도 시도해 보지 않았던, 중국에서 행해진 天神祭祀를 감행했다.[62]
이 또한 간무와 그 후계자 때까지만 시도되었던 독특한 퍼포먼스였다.
또 간무는 백제왕씨가 집단으로 거주하는 공간인 가타노를 중심으로
하는 지역에 遊獵을 빈번하게 행하고 있다. 유렵을 마친 간무는 가타
노에서 백제왕씨들에 둘러싸여 百濟樂을 감상하고 있다.[63]

이러한 행위들, 즉 가타노에서의 천신제사와 유렵, 그리고 백제악의
향연이라는 세 요소는 각각 나누어 생각할 수 있는 것이 아니라 하나
의 세트로 기능하고 있는 것은 아닐까 하는 생각이 든다. 다시 말하자
면 이 세가지 행위가 나타내는 것은 아까 언급한 천지계에서 천무계로
넘어온 신왕조 의식의 표출이었던 셈이다. 결국, 이 신왕조 의식의 표
출은 나라시대의 천황권보다 강화된, 즉 궁극적으로 중국 황제의 권력
과 비슷한 천황권의 확보를 위해 의도된 행사이고 행위였던 것이다.
이러한 간무의 정치 행위에 있어서 백제왕씨를 중심으로 하는 백제계
유민의 후예들의 역할이 있었던 것이다.

그 외에도 백제계 유민의 후예들은 사카노우에노 다무라마로(坂上田
村麻呂)를 대표로 하는 동북 영토 확장사업에 기여하고 있다.[64] 새로운
황권의 수립은 새로운 정복지를 필요로 하는 것이고, 이 사업을 수행
해줄 적임자는 바로 군사씨족적인 성격이 풍부하였던 백제계 유민의
후예인 다무라마로였던 것이다.

그런데 이 9세기가 포함된 헤이안 초기는 율령국가의 변용을 보이
는 시기로 당처럼 강화된 천황권을 희망하고 또 당처럼 되고자 하여
당풍문화, 즉 한문학이 융성함을 보이는 시기였다.[65] 이는 또 국내의

62) 金子脩一, 2001 ≪古代中國と皇帝祭祀≫ (汲古書院) 참조.
63) ≪續日本紀≫ 延曆6年, 10年條 참조.
64) 村尾次郎, 1963 ≪桓武天皇≫ (吉川弘文館) 참조.
65) 藤原克己, 2001 ≪菅原道眞と平安朝漢文學≫ (東京大學出版會) 참조.

영토확장 사업에 이어 외국인 신라를 강하게 의식하는 측면에서 신라와의 사이에 긴장관계가 조성되기도 했다.[66] 이와 아울러 기나이(畿內)지방에 거주하는 기존 호족들의 재정비가 시급히 의도되었고, 이를 위해 점점 희미해지는 도래나 유민의 기억을 확인하는 차원에서 이루어졌던 집대성으로 《新撰姓氏錄》이 편찬되기도 했던 것이다.[67]

게다가 도래계 신들의 집합이자 또한 그 신들의 수호자로서 간무의 어머니인 니이가사가 모셔온 도래신들을 히라노(平野)신사에 안치하는 것에 의해 간무의 정치적 기반인 헤이안쿄를 수호하고자 하였다.[68]

마지막으로 9세기 중반의 이 시기는 대 신라관계의 왜소화라는 측면에서 접근이 가능한 시기이기도 하지만 신라인에 대한 시각이 '賊'·'海賊'·'舊敵'이라는 표현으로 등장한다.[69] 그런데 과연 사료 상의 표현대로 이들이 도적 집단인지, 아니면 상인인지에 대해서는 아직 정설이 없다.[70] 하지만 간무천황을 시작으로 하는 이후의 시기가 대 신라관계에 있어 긴장을 초래하는 시기였음도 주목할 만한 일임에는 틀림없다고 할 수 있을 것이다.

Ⅳ. 금후 연구의 전망 – 결론을 대신하여

첫째로, '백제유민'은 '동아시아인'이라는 폭넓은 관점에서 접근이 필요할 것이다. 종래의 한반도에서 일본열도로 건너온 사람들을 광의

---

66) 《三國遺事》 2, 元聖王條 참조.
67) 《日本後紀》 弘仁6年條 참조.
68) 義江明子, 1986 <平野社の成立と変質> 《日本古代の氏の構造》 (吉川弘文館) 참조.
69) 佐伯有淸, 1970 《日本古代の政治と社會》 (吉川弘文館) 참조.
70) 山內晋次, 2003 《奈良平安期の日本とアジア》 (吉川弘文館) 참조.

의 '한국인'이라고 보려고 하는 시각으로는 '백제유민'이라고 부르는 사람들을 설명하기 어려운 것이 아닐까. 물론, 7세기 말의 상황에서는 '백제유민'들도 백제에 연연은 하고 있지만, 8·9세기를 거치면서 원래의 아이덴티티는 상대적으로 적어져 갔을 것이다. 결국, 그들이 그들의 역량을 다해 발전시키려고 했던 대상은 일본 율령국가였던 것임은 부정할 필요도, 부정할 수도 없다고 생각한다.

둘째로, '백제유민' 연구를 함에 있어 그들의 계층성을 어떻게 설명할 것인가의 문제가 있다. 먼저, 7세기 중엽 이후 동아시아의 격동 속에 발생한 '백제유민' 중에는 백제왕이라 불릴 정도의 지체 높은 경우부터 일반 백성에 이르기까지 그 계층은 다양하였을 것이다. 원래 존재했던 이러한 계층성이 다른 지역, 다른 권력에 포섭되는 과정을 거친다고 해서 사라지고 마는 것인지, 아니면 본국에서의 계층 차가 그대로 유지되는 것인지에 대해서도 주목할 필요가 있을 것이다. 그 뿐만 아니라 백제 멸망 이전에 도래한 '백제계 도래인'과 백제 멸망 이후의 '백제유민'들과의 관련은 없었던 것인가, 아니면 어떤 연관성을 맺고 있었던 것인가에 관한 문제도 있다. 이상과 같은 문제는 지금까지의 도래인이나 귀화인 연구에서는 별로 주목하지 않았던 부분이지만, '백제유민' 자체에 대한 연구로든, 일본 고대사에서 인간의 문제를 다룰 때이든 빠져서는 안 될 꼭 필요한 연구라 생각된다.

셋째로, 9세기 중반 이후 백제왕씨의 퇴조와 일본 율령국가 대외관의 고립과의 관련은 어떠한 관련이 있는가에 대해서이다. 이 문제는 금후 활발해질 한일 양국에서 9세기의 연구 성과를 기다려야 할 부분이 많기는 하지만, '백제유민' 연구를 함에 있어서도 매우 중요한 문제이다. 7세기 말에 성립된 일본 율령국가가 8세기의 전개, 그리고 9세기 이후의 변용을 겪으면서 율령국가 성립 단계에 내걸었던 여러 율령 이념을 어떻게 관리하고 또 어떻게 방기하는지에 대한 문제는 일본 율령국가 연구 전체에 대한 언급이 될 수 있기 때문에 더더욱 그렇다.

　　넷째로, 7세기까지와 8세기 이후를 보는 관점에 대해 고대 일본의 율령 귀족들은 단절을 선택하는 것 같다. 즉 동아시아의 절대 강자인 당과 같은 길을 걸음으로써 동아시아에서 제2인자가 되고자 하는 일본에 비해, 신라는 지난 시기와의 연속선상에서 동아시아의 질서를 해석하고 있는 듯하다. 결국, 이러한 관점은 바로 지금의 한일 간의 고대사를 바라보는 시각에서도 나타나고 있는 것은 아닐까.

A study of ancient Japan with the administrative law (律令國家) and the Baekje drifters

Song, Whan-Bhum

Until now, research of the people who came from outside of the Japanese Islands in ancient history of Japan have focused on the people who were called the 'kikazinn(歸化人, naturallized people)' and 'toraizinn(渡來人, people who came from over the sea, that is, immigrants to Japan)'. But the research is aimed at only viewpoint of Japan.

From now on, research which focuses on the people who move across the 'region' and the 'boundary' in East-Asia need to be more diversified. It is why there are several distinct features between the 'wandering people' who originated from Baekje for the East-Asian disorder in the late 7[th]century and the other wandering people. Therefore, studies on the wandering people who originated from Baekje should be dealt with a broad perspective regarding them as East-Asian rather than the modern perspective regarding them as one who has a certain nationality.

In ancient Japan Ritsuryou-nobles(律令貴族) with administrative law thought of the East-Asian world of 7[th]century and of 8[th]century as a whole different one. In the hope to be like the Tang dynasty which was a leading country in East-Asia at that time, they self-estimated Japan as a state next to Tang though Silla still view Japan in East-Asia as it was before 8[th]century. In the long run, I think that this gap is still affecting on viewpoints now in the studies of ancient history of Korea and Japan.

Key words : toraizinn(渡來人, people who came from over the sea, that is, immigrants to Japan), kikazinn(歸化人, naturalized people), East Asia, Baekje drifters, the Baekje Wang clan

日本律令国家と百済流民の研究

宋浣範

　従来の日本古代史研究において、日本列島の外から流入した人達を呼ぶ時、一律的に 「帰化人」 或いは「渡来人」 とし、また、そのような視点から分析が行われてきた。ところが、ここで注意すべき点は、「帰化人」「渡来人」 という呼称にあまりにとらわれた研究視点があくまでも日本を主体とした立場からの研究であるという点である。

　東アジア的規模から考える時、「地域」 と 「境界」 を越えて移動する人達を分析する作業はより複眼的になる必要があるのではないだろうか?　例えば、7世紀後半の東アジアの混乱から生じた百済の 「流民」 達は、その以前に渡来した多くの流入民達とは異なる特徴を持っていた。彼等の存在は国籍などという近代的イメージに捕らわれていた従来の研究視点からは分析が困難であり、「東アジア人」 という幅広い観点からの接近が必要であるといえる。また、日本と新羅との7世紀から8世紀の東アジア世界においての時代認識の違いも注目する必要があるのである。

　日本は8世紀になると、東アジアの絶対的強者である唐を模倣して、7世紀以前とは「断絶」 された新しい国家体制を選ぶようになり、東アジア世界において中国に引き継ぐ地位を獲得することを目指したといえる。一方新羅は、7世紀以前の「連続」線上で、8世紀以後の東アジア秩序を構想しようとしていた。このような視点の違いが相互の時代認識の違いとして現れるようになったと言える。従って、このような視点の違いを反映した検討が、今後の関連研究において不可欠と考えられるのである。

主題語：渡来人、帰化人、東アジア、流民、百済流民、百済王氏

'百濟三書'와 백제계 유민의 위상

Ⅰ. '百濟三書'의 편찬주체에 대한 제설

이른바 '백제삼서'는 ≪日本書紀≫에 인용되어 있는 ≪百濟記≫·
≪百濟新撰≫·≪百濟本記≫라는 문헌을 총칭하는 용어이다. 이들 문
헌은 사료가 극히 부족한 百濟의 역사를 보완할 수 있을 뿐만 아니라,
백제와 倭國(후의 日本) 나아가서는 삼국과 왜국의 관계를 파악하는 중
요한 단서가 될 수 있다. 그래서 '백제삼서'에 대해서는 여러 가지 논
의가 전개되어 왔다. 이 글에서는 우선 '백제삼서'에 대한 기존의 여러
가지 견해를 정리한 다음, 필자가 가지고 있는 생각을 밝히고자 한다.
그 과정에서 '백제삼서'의 편찬과 관련이 있는 것으로 생각되는 백제

---

* 부경대학교 사학과 교수

계 도래 씨족에 대해서도 살펴볼 것이다.

1. 백제 사서설

　'백제삼서'를 일괄적으로 백제에서 성립된 본격적인 사서라고 파악하는 견해다. 津田左右吉이 최초로 제기하였으며, 그는 '백제삼서'가 백제에서 편찬된 사서이며, 이 사서들이 우연히 ≪일본서기≫ 편찬자들이 입수하였고, 당시의 율령제적인 관념에 적합하도록 대폭적으로 개변하여 ≪일본서기≫에 인용하였다고 주장하였다. 한편 笠井倭人도 ≪백제기≫에 대하여 개로왕의 죽음이라고 하는 정치적인 위기 및 왕통 계승상의 단절에 직면하여, 개로왕의 전사까지를 획기로 하여 편찬된 백제의 역사서로 파악하였다. 다음으로 池內宏은 ≪日本上代史の一研究≫(1947)에서, 神功紀의 46년에서 52년조의 기사를 검토하면서, ≪百濟記≫를 전거로 한 '甲午年七月中' 이하의 기사가 百濟가 倭에 복속하게 되는 발단을 기록한 것이며, 아울러 이 기사가 史實을 전하는 기사의 상한으로 파악하였다. 이어서 神功 47년, 神功 49년조 등을 통해서, 倭가 百濟를 복속시킨 2년 후인 369년에 新羅에 대한 정벌을 감행한 것으로 보았다. 또 ≪百濟記≫의 壬午年 기사를 근거로, 382년 경 倭가 新羅에 압박을 가하고 있었으며, 倭兵의 출병목적이 新羅의 압박으로부터 加羅를 보호하려는 데 있었다고 판단하였다.

　이처럼 津田左右吉과 池內宏, 笠井倭人 등은 백제삼서가 백제에서 편찬된 사서이며, 이를 日本書紀 편찬 당국이 입수하여 사료로 활용하였다고 본다. 이와 유사한 설로 6세기 말에 백제가 외교적인 필요성에 따라 三書를 편찬하여 왜에 바쳤다고 하는 今西龍·三品彰英·井上秀雄의 백제 편찬 찬진설이 있다.

백제의 史書라고 보는 견해의 경우, ≪百濟記≫는 475년의 한성 함락으로 종결되고 있지만, 百濟新撰은 비유왕 원년인 429년부터 무령왕이 즉위한 502년까지 대상으로 하고, ≪百濟本記≫는 508년부터 556년 경을 대상으로 하고 있다. 그렇다면 ≪百濟記≫와 ≪百濟新撰≫은 비유왕대와 개로왕대가 중복되고, ≪百濟新撰≫과 ≪百濟本記≫는 무령왕대가 중복이 되는 셈이다. 백제에서 완성된 사서라면, 漢城時代, 熊津時代 혹은 왕별로 완결하는 구성이 되었을 것이다.

2. 百濟 編纂·撰進說

今西龍은 ≪百濟記≫와 ≪百濟新撰≫은 百濟가 日本朝廷에 제출할 목적으로 쓴 문헌이며, ≪百濟本記≫는 推古 28년에 氏族의 家傳으로 편찬된 本記와 동일한 성격을 갖는 것으로 보았다. 또 ≪百濟記≫가 倭에 제출된 시기는 聖德太子時代일 가능성을 제시하였다.

津田·池內·末松의 연구와 같은 맥락에 있으면서도, 今西龍의 입장을 좀더 구체적으로 발전시켜 百濟三書의 편찬문제에 접근한 것이 三品彰英이다. ≪日本書紀朝鮮關係記事考證≫ 上(1962)으로 대표되는 三品彰英의 견해는 다음과 같이 요약할 수 있다. 즉 神功紀의 加羅七國 평정 설화는 百濟 聖(明)王代의 현실에 입각하여 서술된 과거의 전설사라고 생각해도 좋으며, 그러한 전설은 ≪日本書紀≫ 편찬자들이 조작할 까닭이 없으므로, 당연히 百濟側의 史傳 아마도 ≪百濟記≫ 및 ≪百濟本記≫ 등이 聖(明)王代의 현실을 바탕으로 서술한 내용이라고 하였다. 그럼에도 불구하고, 三品彰英은 6세기 중엽 경에 百濟에서 주장된 전설적인 역사이지만, 그에 가까운 사실을 인정해도 좋을 것이라고 하여, 神功皇后傳說의 사실성을 부분적으로 인정하였다. 나아가서 三品은 百

濟三書에 대하여 보다 상세한 연구를 거듭하여, 6세기 후반에 백제왕 아마도 威德王이 대외정책상의 필요성에 따라, 특별히 편찬하여 倭王에게 제출한 정치적인 문서로 보았다. ≪日本書紀≫ 편찬자는 이러한 문헌의 원문을 존중하여 ≪日本書紀≫ 本文을 작성하였다고 하였다. 즉 三品은 4세기에서 6세기에 이르는 고대 한일관계 사상을 정립하는 데 있어서, 百濟三書를 廣開土王 碑文과 ≪宋書≫에 이은 또 하나의 객관적인 사료로 채택함으로써 池內宏·末松保和 이래의 통설을 심화시켰다고 할 수 있다.

그런데 백제 편찬·찬진설의 근거가 된 것은 바로 '貴國'이라는 표현이다. 당시의 왜를 2인칭 용어인 貴國이라고 하였기 때문에, 백제가 왜를 대상으로 하여 편찬한 자료라고 본 것이다. 그러나 貴國이라는 용어는 2인칭 용어가 아니라 '귀한 나라'라는 의미일 뿐이다. 근초고왕이 손자인 침류에게 한 말 속에서, "내가 지금 통교하는 바다 동쪽의 貴國은 하늘이 계시해 준 바이다."(≪百濟記≫)라는 표현이나, "백제왕이 동쪽에 日本이라는 貴國이 있음을 듣고, 신들을 보내어 貴國에 조공토록 하였다." ≪百濟記≫의 사례를 통해서, 貴國이 2인칭 용어가 아님을 알 수 있다.

또한 백제가 외교적인 목적으로 편찬하여 왜에 바쳤다고 한다면, 왜 3권으로 나누어 편찬할 필요가 있었는지, 각각의 내용은 그러한 필요성과 어떻게 대응하고 있는지를 설명할 수 없다. 특히 繼體·欽明紀에 인용된 ≪百濟本記≫의 내용은 日本天皇(실제로는 倭의 大王)의 명령을 이른바 任那日本府에 속해 있는 倭人들이 따르지 않는 등 반드시 왜에 영합적인 기술이라고 볼 수 없는 부분들이 들어있다. 또한 백제와 왜의 외교적 관계와 아무런 관계가 없는 백제와 탐라의 통교기사나 고구려 국내기사도 들어있다.

3. 百濟遺民 編纂說

百濟三書가 백제유민들에 의해 편찬된 것이라는 견해를 처음으로 제기한 것은 坂本太郞이다. 그는 天皇(推古朝)·日本(大化改新) 등의 용어가 원래 百濟三書에 있던 용어로 보고, 이러한 용어가 보편적으로 쓰이던 시기에 百濟三書가 편찬되었다고 하였다. 그 바탕에는 百濟에서 성립된 원사료가 있었을 것이지만, 백제유민들이 일본 조정의 의사에 영합하고자 하는 목적에서 이를 개필·윤색하였다고 보았다. 또 百濟三書의 성립순서는 그 명칭으로 보아 ≪百濟記≫가 가장 먼저 성립되었고, ≪百濟新撰≫이 ≪百濟記≫에 대하여 새로이 편찬하였다는 의미를 가지고 있으므로 그 다음이고, ≪百濟本記≫가 앞의 두 책에 대하여 가장 근본적인 내용을 담은 것이라는 의미에서 붙여진 명칭으로 보았다. 개별적인 백제계 망명씨족을 비정하는 데 이르지는 않았으나, 현재의 일본학계에서 주류를 이루고 있는 견해들은 모두 坂本太郞에 연원을 두고 있다.

山尾幸久는 百濟三書에 나오는 日本·天皇이라는 용어가 日本 최초의 성문법전인 淨御原令에서 새롭게 만들어졌으며, 이 두 용어가 상호 불가분의 관계를 갖는 것이라고 보고, 7세기 말 이전에 사용되었을 가능성을 부정하였다. 따라서 백제 멸망 후에 일본에 건너온 유민들이 ≪百濟本記≫는 690년을 전후하여 백제왕의 혈통을 잇고 있는 百濟王氏에 의하여 撰進되었을 개연성이 높으며, 그 주된 관심은 백제왕 후예씨족 및 백제 출신 귀족들이 일본 율령국가에서 정치적인 지위를 확보하는 데 있다고 하였다. ≪日本書紀≫에 채용된 ≪百濟記≫·≪百濟新撰≫에 비하여 뒤늦었던 것으로 보았다. 또 ≪百濟記≫는 木羅滿致의 후예씨족, ≪百濟新撰≫은 琨支의 후예씨족일 가능성을 상정하였다.

이처럼 坂本太郎·山尾行久 등은, 백제 멸망 후 일본열도로 건너온 백제유민들이 편찬한 문헌이라고 본다. 日本, 天皇, 天朝, 貴國 등 일본에 영합적인 용어들이 많이 사용되고 있고, 日本이라는 국호도 적어도 大化改新(645) 이후에 성립된 것이므로 백제에서 성립된 원사료라고 보기 어렵다는 것이다.

그러나 ≪百濟本記≫를 보면, 이른바 任那 문제를 주도하고 있는 것은 일본천황이 아니라 백제의 聖王이며, 백제의 입장이 강조되고 있다. 任那日本府에 대해서도 백제가 우위에 서서 명령하거나 日本府의 관리를 소환할 것을 요구하고 있다. 또한 백제와 탐라의 통교기사처럼 百濟王氏가 일본 천황에게 신속한 연원을 설명하는 것과 아무런 관련이 없는 기사들도 포함되어 있다. 百濟王氏가 씨족의 연원을 밝히는 本記로서 ≪百濟本記≫를 편찬하였다고 한다면, 관련이 없는 내용을 배제하고 보다 정리된 형태의 문헌이 될 수 있었을 것이다.

4. ≪日本書紀≫ 修史局 編纂說

최근 百濟三書의 문제를 활발하게 연구하고 있는 高寬敏은 百濟三書 전부를 백제계 유민들이 가지고 있던 祖先傳承을 바탕으로 ≪日本書紀≫ 편찬당국이 편찬한 것이라는 새로운 견해를 제시하였다. 高寬敏은 百濟三書에 관하여 각각 특정씨족이 가지고 祖先傳承을 바탕으로 ≪日本書紀≫ 修史局이 개변·정리의 과정을 거쳐서 편찬한 것이라고 하였다. ≪百濟本記≫에 대해서는 ≪百濟本記≫의 원사료 ≪百濟本記≫, ≪日本書紀≫의 稿本, ≪日本書紀≫의 4단계에 걸친 ≪百濟本記≫의 인용과정을 설정한 다음, 그 ≪百濟本記≫의 원사료를 남긴

주체는 ≪百濟本記≫가 기술의 대상으로 하고 있는 시기에 백제·가야
에 활약하던 斯那奴阿比多와 科野次酒라고 하였다. 특히 科野次酒는
聖王의 '임나부흥회의'에 대왜 외교의 고문 역할을 하였으며, 그가 聖
王이 발한 여러가지 문서의 초안자로 추정하였다. 이 원사료를 바탕으로
≪日本書紀≫ 편찬당국이 개변하여 百濟와 加耶諸國이 天皇에 복속한
유래를 창작하였다고 보았다. ≪百濟記≫에 관해서는 西文氏 및 목만
치 후예씨족이 남긴 원사료를 바탕으로, ≪百濟新撰>은 飛鳥戶造 三
氏가 남긴 원사료를 바탕으로 각각 ≪日本書紀≫ 修史局이 편찬한 것
으로 추정하였다.

5. 여타의 百濟三書에 대한 견해

앞에서 살펴본 百濟三書의 연구성과는 주로 4~6세기의 정치정세 및
7~8세기의 百濟系 渡來氏族 혹은 百濟遺民과 관련시킨 것들이었으나,
이와는 달리 순수하게 百濟三書의 용자법을 근거로 그 편찬시기를 추
정해 본 木下禮仁의 연구에도 주목할 필요가 있다. 木下禮仁은 '백제사
료'(≪百濟記≫·≪百濟新撰≫·≪百濟本記≫만을 지칭)의 고유명사 및
고유명사에 준하는 용어의 용자법을 ≪日本書紀≫의 歌謠 및 人名·地
名·神名 등에 대한 借音文字의 用例와 비교해 보면, '백제사료'의 用字
중에는 여타의 ≪日本書紀≫ 및 ≪萬葉集≫의 借音文字와 구별되는
그룹이 존재하며, 이들 用字들은 오히려 推古朝 遺文과 높은 일치성을
보인다고 한다. 그래서 百濟三書는, 推古朝를 전후한 시기에 일본에서
<推古朝 遺文>을 남긴 사람들이 찬술한 것이라고 보았다.

Ⅱ. ≪百濟記≫의 편찬주체

1. ≪百濟記≫의 내용

≪百濟記≫에도 원래 百濟에서 성립된 것으로 생각되는 원사료가 그 바탕에 있는 것으로 생각된다. 이제, 이를 정리·편집한 주체에 대하여 검토해 보고자 한다. ≪百濟記≫의 전승을 부분적으로 이용하고 있는 것으로 생각되는 神功 46년조 이하 百濟와 倭의 통교 및 任那支配의 성립에 관한 일련의 기사는, ≪日本書紀≫ 편찬자가 ≪百濟記≫의 내용을 ≪日本書紀≫ 편찬의 목적에 맞추기 위하여 재배열·정리하였다고 하는 견해가 제출되어 있다.[1] 그러나 이들 기사에 대해서는 다소 다른 시점에서도 설명할 수 있다. 즉 近肖古王代에 百濟와 倭가 처음으로 통교한 사실과 5세기 전반에 木羅斤資가 新羅를 공격하고 加耶 7國을 평정하였다는 전승을 神功皇后의 三韓征伐說話에 결부시킨 주체는, ≪日本書紀≫ 편찬자라기보다는 ≪百濟記≫를 정리·찬진한 사람들이라고 생각할 수도 있다. 왜냐하면, 먼저 ≪日本書紀≫ 편찬자가 활용한 ≪百濟記≫의 내용이 극히 제한되어 있음에도 불구하고, 干支의 변경이나 王名의 改書 등이 극히 교묘하다.[2] ≪百濟記≫에 보이는 倭의 인명 등에 대하여 거듭 의문을 표시하고 있는 ≪日本書紀≫ 편찬자가 百濟의 국내 사정 및 왕위계승에 관한 사실을 완전히 이해하고, 그 위에 干支를 조작하거나 王名을 改書하는 작업을 할 수 있었다고는 생각하기 어렵다.

또, ≪百濟記≫의 내용이 ≪日本書紀≫의 本文과 상당한 乖離를 보

---

1) 山尾幸久, 1983 <任那支配の實態> ≪日本古代國家成立史≫ (岩波書店)
2) 山尾幸久, ≪앞 책≫ 207, 227~229 ; 同 ≪古代の朝日關係≫ 152~154

임에도 불구하고, ≪百濟記≫를 그대로 인용하고 있는 예에서도, ≪日本書紀≫ 편찬자가 의도적으로 ≪百濟記≫의 내용을 크게 改變하였다고는 생각하기 어렵다. 예를 들어, 神功 62년조에서는, 新羅가 조공하지 않으므로 襲津彦을 보내어 新羅를 공격하였다는 本文에 대하여, 分注의 ≪百濟記≫에서는 沙至比跪라는 인물이 天皇의 명령을 거역하고 新羅를 공격하는 대신 자의적으로 加耶를 멸망시키는 행동을 하였다고 기록하고 있다. 이처럼 天皇의 의지와 파견장군의 행동이 일치하지 않는 반역행위라고 할 수 있는 기사인데도, ≪百濟記≫의 내용을 그대로 인용하고 있다. 이러한 ≪日本書紀≫ 편찬자의 편찬태도로 미루어, 자료 중에서 大王·倭와 같은 용어를 天皇·日本 등 律令制國家의 관념에 적합한 용어로 바꾸어 쓴다든가 天皇의 權威를 미화하기 위하여 윤색한 사실은 인정되지만, 百濟의 王名 및 干支를 상세하게 이해한 위에, ≪百濟記≫의 내용을 종횡으로 조작할 수 있었다고는 생각할 수 없다. ≪日本書紀≫에서 두드러지는 체재상의 통일성 결여나 杜撰의 예를 보아도 알 수 있듯이, ≪日本書紀≫의 편찬과정에서 고도의 사료조작이 가능하였다고는 도저히 생각되지 않기 때문이다. 그렇다고 한다면, 百濟에서 성립된 <原百濟記>의 내용을 바탕으로, 그 干支 및 王名을 改變하고 내용을 크게 윤색한 주체는 倭 朝廷에 ≪百濟記≫를 제출한 사람들일 것이다.

여기서 ≪百濟記≫의 내용을 다시 정리해보자. 먼저 神功 46년부터 시작되는 일련의 기사는 神功皇后에 의한 任那 支配 成立이라는 관념을 부각시키고자 하는 ≪日本書紀≫ 편찬자의 의도에도 불구하고, 그 바탕에는 木羅斤資라고 하는 인물의 활약상이 선명하게 드러난다. 또 ≪百濟記≫에서 인용된 여타의 기사도 역시 木羅斤資와 木滿致과 깊이 관련되어 있음을 알 수 있다. 分注로서 인용된 ≪百濟記≫의 내용과 그 본문의 기사 전체를 고려에 넣으면, ≪百濟記≫의 내용에 기초하여 만들어진 倭의 한반도 남부 지배라고 하는 관념 못지않게, 木羅斤資와 木滿致의 활약상이 ≪百濟記≫에서 중요한 비중을 점하고 있음을 알 수 있다. 神功紀 49년과 62년의 기사에서는, 新羅·加耶를 평정하고 또한 百濟를 倭의 屬國으로 만든 인물로, 또한 倭 朝廷의 外戚이며 당시 倭의 雄族이었던 襲津彦이 天皇의 명에 반하는 행동을 하였을 때 天皇의 뜻을 받들어 加耶를 재건시킨 인물로 木羅斤資를 묘사하고 있다. 특히 49년조에서 중심적인 인물은 千熊長彦과 木羅斤資인데, 1절에서 언급한 바와 같이, 千熊長彦은 久氐와 함께 외교의 측면에서 활약하고 있으며 군사관계에 종사한 인물은 아니었던 것으로 생각된다. 加耶를 평정하고 나서 百濟王과 회동하고 있는 인물로는 木羅斤資와 荒田別이 있으나, 荒田別은 극히 설화적인 인물이므로, 여기에서도 주역은 역시 木羅斤資임을 알 수 있다. 木滿致도 아버지인 木羅斤資의 공적을 등에 업고, 任那 및 百濟에서 권세를 떨친 인물로 ≪百濟記≫는 기록하고 있다.

그밖에 ≪百濟記≫를 출전으로 하고 있는 기사 중 중요한 부분은 東韓之地를 둘러싼 倭와 百濟의 관계일 것이다. 百濟의 태도에 따라 倭가 東韓之地를 빼앗았다가 다시 주기도 하였다는 이 지역은, 실은 神功 49년에 木羅斤資가 복속시켰다고 전하는 지역이다. 木羅斤資가 평정한 지역은 경상도의 서반부·전라도 전역·충청도의 남반부에 이르는 것으로 되어 있다. 따라서 東韓之地를 비롯하여, 雄略이 文周王에게 하사하였다는 久麻那利도 木羅斤資가 경영한 지역인 셈이다. 물론 이러한 전승은 사실이라기보다는 木羅氏의 후예씨족들이 창작한 始祖들의 활약상이라고 보아야 할 것이다.

또한, ≪百濟記≫의 기사의 상한과 하한도 木羅斤資와 木滿致가 한반도에서 활동한 시기와 일치하고 있다. 먼저 百濟와 倭의 통교과정 중에 木羅斤資가 등장하고 있는 것은 주지의 사실이다. 그것도 실제로는 그 연대가 60년 후인 木羅斤資의 加耶 平定 記事를 의도적으로 神功紀에 결합시켜 놓은 것이다. 바로 이 시기부터 ≪百濟記≫의 인용이 시작된다. 또 ≪百濟記≫의 인용이 漢城의 陷落과 木滿致의 渡倭로 종결되고 있는 것도, ≪三國史記≫ 蓋鹵王條에서 漢城이 함락된 후, 木刕滿致가 文周王을 보필하여 남하하였다는 ≪三國史記≫의 기록과 결부시키면, 木滿致의 행적과도 밀접하게 연관되어 있다. 이처럼 ≪百濟記≫는 어떤 의미에서 木羅斤資와 木滿致의 一代記라고 할 수 있는 내용을 가지고 있다고 볼 수 있다.

≪百濟記≫의 내용이 木羅斤資와 木滿致의 행적과 깊이 관련되어 있다는 사실을 인정할 수 있다면, 현재 ≪日本書紀≫에 인용되어 있는 ≪百濟記≫를 찬진한 주체는 木滿致의 후예씨족일 가능성이 크다.[3] ≪百濟記≫를 찬진한 주체로서 木滿致의 후예씨족을 상정하면, 원래 5세기 초반의 木羅斤資의 활동을 神功皇后代에 결부시켜 놓은 사실도 이해할 수 있게 된다. 일본열도에 살고 있던 木羅氏 관계씨족이 그들의 시조로 간주되었을 두 사람의 활동시기를, 한반도의 관계가 시작되는 시기이자, 또한 齊明朝의 백제구원전과 관련하여 중요한 의미를 지니게 되었다고 생각되는 神功의 삼한 정벌 설화의 시기에 결부시켜 놓았을 가능성이 있다.

그러면 木羅斤資와 木滿致의 행적을 중심으로 잠시 논의를 전개해 보고자 한다. 먼저 木羅斤資와 木滿致는 漢城百濟時代의 유력씨족은 아니었던 것으로 생각된다.[4] 漢城百濟時代의 유력씨족은 역시 眞氏와 解氏이며, 木(羅)氏는 이 시기의 사료에서는 木刕滿致를 제외하고는 전혀 등장하지 않는다.[5] 木(羅)氏는 百濟가 熊津으로 천도한 이후에야 다

---

3) 山尾幸久, 1983 <任那支配의 實態> ≪古代日本王權形成史論≫ (岩波書店) 199~200

4) 井上秀雄, 1982 <百濟貴族에 대하여> ≪百濟硏究≫ 1, 53~55

5) ≪日本書紀≫의 木羅斤資와 木滿致를 제외하면, 蓋鹵王代의 木刕滿致가 있

른 새로운 유력 씨족과 함께 비로소 中國史書에서 모습을 드러낸다. 이러한 신유력 씨족들은 그 세력권을 충청도 이남에 둔 지방세력이었 던 것으로 생각된다.6) 木羅氏의 본거지 역시 충청도 이남에 있었던 것 으로 보고자 한다. 아직 百濟의 중심이 漢城에 있었던 시기에는, 百濟 王權의 충청도 이남 지방에 대한 지배력은 상대적으로 약하였을 것이 다. 그러한 시기에 木羅斤資도 충청 이남 지역에서 상당히 독립적인 세력을 구축하고 있던 지방호족이었으며, 百濟 王權에 대한 臣屬의 정 도도 약했을 것이다. 神功 49년조의 木羅斤資의 加耶 平定을 전하는 기사가 어느 정도 사실을 반영하는 것이라면, 百濟 王權과는 독립적인 행동이었을 가능성도 있다. 木羅斤資가 新羅와 加耶를 평정한 이후 百 濟王과 會同하였다고 한 것도 木羅氏의 百濟 王權에 대한 지위를 반영 해주고 있다. 木羅斤資가 新羅의 여성을 얻어 木滿致를 낳았다고 하는 것도, 木羅斤資의 행동이 얼마나 자유로웠던가를 보여준다. 木滿致가 百濟·任那·倭를 왕래하였다는 기사에서도 木羅氏와 百濟 王權의 관계 를 짐작해 볼 수 있다. 또한 木滿致가 百濟 朝廷에서 활약하게 된 과 정을 살펴보아도, 먼저 木羅斤資의 功을 배경으로 任那에서 專橫을 하 다가 후에 百濟로 온 것으로 되어 있다. 이로 미루어 木滿致의 원래 활동영역이 百濟領土 내부가 아니라 그밖에 위치하고 있었을 가능성 이 있다.

이처럼 百濟의 직접 지배영역의 외곽에 위치하고 있던 木羅氏(木羅 斤資)가 毗有王代를 전후하여 百濟 朝廷과 관련을 맺게 되고, 蓋鹵王代 에 漢城이 陷落되었을 당시에 文周王을 도와 熊津에서 百濟를 재건하 게 된 것으로 생각된다. 그러나 眞氏나 解氏처럼 百濟 건국 이래의 전

을 뿐이다. 木滿致와 木劦滿致를 서로 다른 인물로 보는 견해도 있으나(盧重 國, ≪百濟政治史硏究≫ 138~140), 본고에서는 동일인물이라는 입장에 서고 자 한다.

6) 盧重國, 1988 ≪百濟政治史硏究≫ (일조각) 154~161

통적인 씨족은 아니었으므로, 木滿致에 대한 반발이 있었을 것이며 그 과정에서 百濟 朝廷에서 축출되어 倭로 건너가게 되었을 것이다.

木羅氏의 세력권은 분명하게 알 수는 없으나, ≪百濟記≫의 木羅斤資의 활동을 근거로 생각해 보면, 木羅氏 후예씨족의 관념 속에는 直支(腆支王)에게 사여하였다고 한 東韓之地(甘羅·高難·爾林)가 木羅斤資와 木滿致의 세력권이었던 것으로 그 후예씨족이 주장하는 지역이었던 것 같다. 한편 木羅斤資의 활약으로 평정하였다고 한 比利·辟中·布彌支·半古·峴南·支侵·谷那 등의 지역은 木羅氏의 후예씨족이 자신들의 始祖가 활동한 영역을 최대한으로 확장하여 주장한 것에 불과하며 사실은 아닌 것으로 생각된다. 만약 이처럼 ≪百濟記≫에 木羅斤資에 관한 기사가 실려 있다고 한다면, ≪百濟記≫의 기록대상이 된 시기, 즉 늦어도 蓋鹵王代에는 이미 木羅斤資가 百濟 王權에 臣屬하고 있었다고 하겠다. 중국사서인 ≪南齊書≫에 의하면 495년에 지방을 관할하는 인물의 작위를 요청하는 國書 중에 面中侯 木干那의 이름이 보이는데, 木干那에 이르러서는 이미 木羅氏가 독자적인 세력이 아니라, 百濟 王權의 지방관으로 편제되었던 것 같다. 百濟와 木羅氏의 관계를 전제로 하면, 久麻那利를 주어 百濟의 재건을 도모하였다는 내용은 百濟와 木羅氏가 공유하는 역사적인 사실이라고 할 수 있고, 다시 木滿致가 渡倭한 이후에는 그러한 木羅氏의 역사가 倭의 역사처럼 인식되었을 것이다. 漢城이 함락된 이후, 雄略이 文周王에게 久麻那利를 사여하였다는 기사와 木劦滿致가 文周王과 함께 남으로 피신한 사건, 그리고 木羅氏가 漢城百濟의 명족이 아니라 그보다 남방에서 독자적인 세력을 형성하고 있었던 사실 등을 아울러 생각하면, 久麻那利를 사여하였다는 것은 文周王이 久麻那利에서 百濟를 재건하는 데 木滿致가 적극적으로 협력한 사실을 상징하는 것으로 볼 수 있겠다.

이처럼 木羅斤資와 木滿致가 독자적인 세력에서 百濟王權으로 편입되었으며, 그들에 관한 기사는 먼저 <原百濟記>라고 하는 백제계 사료를 바탕으로 하고 있으므로, 그 내용이 먼저 백제측의 시각에 의한 정리과정을 거쳤다고 생각할 수 있다. 또한 ≪百濟記≫를 ≪日本書紀≫ 편찬당국에 제출한 木羅氏 후예씨족이 그들 씨족의 시조인 木羅斤資와 木滿致에 관한 <原百濟記>의 기사에 일정한 윤색을 가하였을 가능성이 있다. 이처럼 ≪百濟記≫는 기본적으로 木羅氏 후예씨족의 입장에서 정리된 것이라고 보아야 할 것이다. 마지막으로 ≪百濟記≫를 ≪日本書紀≫에 인용하는 과정에서 다시 편찬자의 개필이 있었으리라 예상된다. 원래 百濟에서 성립된 사료를 바탕으로 한 ≪百濟記≫ 중에 후대의 일본측 용어가 삽입되어 있거나, 일본식 인명표기에 의한 일본 씨족이 등장하는 점은, 이상과 같은 여러 차례의 정리·윤색과정을 인정하면 용이하게 설명할 수 있다.

2. 木滿致

다음은, 木滿致에 관해서 검토해 보자. ≪百濟記≫의 主役이라고 할 수 있는 木羅斤資와 木滿致 중에서 倭와 깊은 관련을 맺고 있었던 쪽은 역시 木滿致이다. ≪日本書紀≫의 사본 중 田中本 이외에는 木滿致의 이름 앞에 大倭라는 표현이 부가되어 있는 점에서도, 木滿致는 실제로 倭로 건너가 활약한 것으로 생각된다.[7] 木滿致의 출생에 관해서는 應神紀 25년조의 分注에 인용된 ≪百濟記≫의 내용에서 확인할 수 있다. 제1절에서 언급한 대로, 木羅斤資의 加耶 平定 記事의 紀年을 429년으로 생각하면, 木滿致의 출생은 429년 직후의 어느 시점일 것이다. 성장해서는 아버지 木羅斤資의 후광을 입어 任那·百濟·倭를 무대

---

7) 山尾幸久, <앞 논문> 228

로 활약한 것으로 보인다. 특히 그는 "執我國政, 權重當世"라고 한 표현과 같이, 百濟 朝廷 내에서 중요한 지위에 있었던 것으로 생각된다. 그 활약 시기는 역시 ≪三國史記≫의 蓋鹵王條에서 확인할 수 있듯이, 漢城이 함락된 직후인 475년을 전후한 시기였을 것이다. 당시 그의 나이는 45세 정도로 추정된다. 木滿致의 이 시기 행적은 역시 應神 25년조의 ≪百濟記≫를 통하여 알 수 있다. 앞에서도 지적한 바와 같이, 그가 久爾辛王의 王母와 음란한 행위를 하였다는 내용은 의문의 여지가 있다. 본문과는 달리, 分注의 ≪百濟記≫에서는 왕명도 명확하게 언급되어 있지 않을 뿐 아니라, 소환의 이유에 관해서도 간단히 "然天朝聞其暴召之"라고 하였다. 만약 分注의 ≪百濟記≫가 보다 사실에 가까운 傳承이라고 한다면, 木滿致가 久爾辛王의 왕모와 相淫하였다는 것은 일본측의 傳承이거나 윤색일 가능성이 있다. 그러한 전승은 木滿致 혹은 木羅氏 후예씨족를 貶下하기 위하여 조작되었을 것이다.[8] ≪日本書紀≫ 本文과 分注를 비교해 보면, 文末의 "天皇聞而召之"와 "然天朝聞其暴召之"는 여타 부분과 달리 아주 유사하여, 이 부분은 원래 ≪百濟記≫에 없었던 것을, ≪日本書紀≫ 本文의 내용과 일치시키기 위하여, ≪日本書紀≫의 편찬과정에서 부가하였을 가능성도 있다. 本文에는 木滿致의 非行이 자세히 언급되어 있는 반면, 分注의 ≪百濟記≫에는 그러한 내용이 전혀 보이지 않는다. 그러므로, 木滿致의 행동이 포악하여 倭 朝廷이 소환하였다는 것은, ≪百濟記≫ 전체의 내용과는 일치하지 않는다. 또 百濟의 장군이었던 木羅斤資와 百濟의 重臣인 木滿致는 분명히 한반도측의 인물이므로, 倭側에서 소환하였다고 해서 百濟에서 자신의 지위를 버리고 倭로 건너갔다고는 생각하기 어렵다. 木滿致의 渡倭에 관한 ≪日本書紀≫ 本文의 기사와 ≪百濟記≫의 "然天朝聞其

8) 門脇禎二, 1971 <蘇我氏の出自について－百濟の木刕滿致と蘇我滿智> ≪日本のなかの朝鮮文化≫ 12 ; 同, 1976 <蘇我氏の形成と朝鮮文化> ≪季刊三千里≫ 7

暴召之"라고 하는 부분은 역사적 사실이 아니고, ≪日本書紀≫ 편찬 당시의 木滿致 혹은 관련씨족을 貶下하기 위한 윤색문일 것이다. 그렇다면, 木滿致의 渡倭過程에 대하여 보다 현실적인 원인을 찾아야 할 것이다.

木滿致가 百濟에서 활약한 시기는 대체로 蓋鹵王代에서 文周王代이므로, 그의 渡倭時期는 文周王(475~477)·三斤王(477~479)·東城王(479~501)대의 어느 시기일 것이다. 만약 ≪日本書紀≫ 本文의 "王年幼, 木滿致 執國政"이라는 기술이 어떠한 근거를 가지는 것이라고 한다면, 실제로 木滿致가 國政을 장악한 시기는 久爾辛王代가 아니라, 三斤王代로 볼 수 있다. 久爾辛王의 경우, 父王인 腆支가 阿莘王 3년에 태자에 책봉되었고, 倭에 인질로 파견되는 등 활발한 움직임을 보이고, 또 阿莘王 14년에 즉위하여 16년간 재위하였다. 腆支王이 太子로 책봉되어 倭에 인질로 파견된 시점에서 적어도 20세 정도는 되었을 것으로 생각해 볼 수 있다. 따라서 전지왕이 죽었을 당시의 나이는 적어도 45세 가량은 되었을 것이다. 이렇게 본다면 腆支王의 맏아들인 久爾辛이 年少하였다고 볼 적극적인 근거가 없다.[9] 腆支王 원년조의 "妃八須夫人, 生子久爾辛"이라는 기록을 근거로 久爾辛이 이 해에 출생한 것으로 보고 久爾辛이 즉위시에 16세였다고 하는 견해[10]가 있으나, 위의 기록은 妃가 八須夫人이며 그녀가 久爾辛을 낳은 사람이라는 의미로도 해석할 수 있다. 설령 이 해에 久爾辛이 태어났다고 가정하더라도, 16세에 이른 왕자를 '幼'라고 표현하였을 것으로는 생각할 수 없다. 隋唐의 律令制에서는 3세에서 16세 사이의 남자를 中男이라 하여 調庸은 부담하지 않았으나 租는 부담하였다.[11] 또 南朝로 계승되어 백제·일본으로도 영

---

9) ≪三國史記≫ 百濟本紀 腆支王 元年條
10) 李道學, <한성말 웅진시대 백제왕계의 검토> ≪한국사연구≫ 45
11) ≪唐令拾遺≫ 戶令 8

향을 미쳤을 것으로 생각되는 晉制에서는 16세 이상 60세까지를 正丁
으로 규정하였다.[12] 이처럼 당시에는 男子가 15·6세에 이르면 벌써 成
人으로 간주하였음을 알 수 있다. 이에 대하여 三斤王의 경우는 ≪三
國史記≫에 즉위 당시 13세였다는 기사가 보이므로, 木滿致가 百濟 朝
廷에서 활동한 시기 중에서 年少한 왕을 든다면 三斤王일 가능성이 가
장 크다.[13] 게다가 文周王·三斤王代는 熊津에서 百濟가 再建된 직후여
서, 왕권이 상당히 약화되어 있었을 것으로 생각할 수 있으므로, 지방
호족이었던 木滿致가 國政을 장악하기에 가장 용이한 시기라고 할 수
있다.

　文周가 熊津에서 百濟를 재건하고 나서 東城王代에 이르기까지, 百
濟의 정국은 불안정한 상태가 계속되었다. 文周는 당시 兵官佐平 즉 군
사권을 장악한 解仇에 의하여 살해당하였으며,[14] 뒤이어 三斤王도 13
세에 즉위하였으나, 在位期間은 3년에 그치고 15세에 죽었다.[15] 東城
王도 衛士佐平인 苩加의 자객에 살해당하였다.[16] 이러한 불안정한 정
국 속에서 漢城百濟時代부터 유력씨족이었던 眞氏·解氏와 충청도지역
을 중심으로 한 신흥씨족 간의 갈등이 본격화되었던 것으로 생각된
다.[17] 특히 文周王을 보필하여 熊津에서 百濟를 재건하는 데 활약한
木滿致를 필두로 하는 木羅氏의 진출도 활발하였을 것으로 생각된다.
결국 이 시기는 漢城百濟時代부터의 전통씨족과 새롭게 부상한 木羅氏
를 비롯한 신흥씨족 사이에 격렬한 주도권 다툼이 있었던 시기로 추측
해 볼 수 있다. 그 과정에서 일단 승리를 거둔 것이 解氏였던 것 같다.

---

12) ≪晉書≫ 26
13) ≪三國史記≫ 百濟本紀 삼근왕 원년조, "… 繼位, 年十三歲"
14) ≪三國史記≫ 百濟本紀 문주왕 4년 9월조
15) ≪三國史記≫ 百濟本紀 삼근왕 3년 11월조
16) ≪三國史記≫ 百濟本紀 동성왕 23년조
17) 盧重國, ≪앞 책≫ 156~157

그는 文周王을 살해하고, 三斤王을 즉위시키면서, 군국정사 일체를 장악하게 되었기 때문이다.[18] 木滿致의 도움으로 熊津에 즉위한 文周王이 해구에게 살해됨으로써, 木滿致는 失權하게 되었을 것이다. 祖彌桀取 즉 眞氏와 木劦滿致의 木羅氏의 지지를 받고 있던 文周王이 解氏의 반발을 받아 시해당한 것으로 생각된다. 그리고 이러한 文周의 시해와 해구의 권력 장악이야말로 木滿致가 倭로 망명하게 되는 직접적인 계기가 되었을 것이다.

그러나, 熊津時代의 百濟에서는 三斤王代의 解氏, 三斤王 말기부터 東城王代까지는 眞氏, 그 이후는 역시 충청도지역의 토착세력인 燕(那)氏·沙(宅)氏 등이 각각 세력을 장악하게 된다.[19] 그래서 木羅氏는 상대적으로 위축되기는 하였으나, 진씨 및 연씨·사씨의 득세와 더불어, 百濟 朝廷 내에서 그 명맥을 유지할 수 있었을 것으로 생각된다. 漢城에서 文周가 남하하였을 때, 木劦滿致와 함께 등장하는 祖彌桀取는 당시 眞氏의 중심 인물이었을 것이고, 그와 木劦滿致가 百濟의 재건에 중추적인 역할을 담당한 것으로 보아, 양 씨족은 협력관계에 있었을 것이다. 이 眞氏와 동일한 지방세력인 신흥씨족들이 解氏 이후 百濟 朝廷의 핵심에 있었기 때문에 木羅氏의 일부는 그대로 百濟에 잔류하면서 氏族의 명맥을 유지할 수 있었을 것이다. 武烈紀에 등장하는 麻那君과 木羅麻那가 동일인물이라면, 그가 百濟王室의 骨族이 아니라는 기록은 木羅氏가 百濟 朝廷에서 왕비를 배출하는 씨족까지는 성장하지 못한 사실을 간접적으로나마 반영하고 있는 것으로 생각된다.[20] 또 ≪日本書紀≫에는 繼體 10년의 木羅不麻甲背, 23년의 城方甲背木羅麻那(후에 中佐平), 欽明 2년의 扞率 木羅昧淳(후에 德率), 13년의 德率 木羅今敦,

---

18) ≪三國史記≫ 百濟本紀 문주왕 2년 3월·4년 9월조
19) 李基白, 1982 <웅진시대 백제의 귀족세력> ≪백제연구≫ 1
20) ≪日本書紀≫ 武烈紀 7년 8월조

15년의 施德 木羅文次 등이 나타나고 있다.[21] ≪日本書紀≫에만 보이는 사료상의 제약이 있기는 하지만, 木羅氏가 對倭外交에서 활발하게 그 모습을 보이고 있으며, 그 중에는 中佐平이라는 높은 관위에 오른 인물도 있음을 알 수 있다. 木羅氏는 木滿致 이후에도 대체로 德位·率位까지는 오를 수 있었던 것 같다. 百濟의 8성대족의 하나로 기록되어 있는 점에서도 木羅氏의 명맥이 유지되었음을 알 수 있다.

이처럼 木滿致가 渡倭한 시기를 解氏와 다른 씨족과의 대항관계가 고조된 三斤王代로 추정하면, 일본에서는 雄略朝에 해당한다. 木滿致의 倭에서 활동은 분명하지 않으나, 門脇禎二는 雄略朝에 등장하는 蘇我氏의 선조인 蘇我滿知에 비정하고 있다.[22] 하나의 가능성으로서 주목해야 할 것으로 생각되지만, 현재로서는 단정할 수 없다.

이상, ≪日本書紀≫에 인용되어 있는 ≪百濟記≫ 전체를 대상으로 하여, <原百濟記>의 내용과 후대의 윤색 부분을 구별해 보기도 하고, ≪百濟記≫의 찬진 주체를 추측해 보기도 하는 과정에서, 자의적인 판단에 의한 부분이 적지 않을 것으로 생각되나, ≪百濟記≫의 원사료 곧 <原百濟記>는 百濟에서 성립되었다고 보아도 큰 잘못이 없을 것으로 생각된다. 또한 <原百濟記>에 가장 가까운 자료가 雄略紀 20년에서 확인할 수 있듯이, 漢城百濟의 멸망 이후 그다지 멀지 않은 시기의 사료가 <原百濟記>에는 포함되어 있다. 그러나 ≪日本書紀≫에 인용된 ≪百濟記≫에는 7세기 이후의 일본측 용어인 日本·天皇 등의 표현이 들어있는 점에서, <原百濟記>가 정리·윤색의 과정없이 바로 ≪日本書紀≫에 실렸다고는 볼 수 없다. 그래서 그러한 정리의 주체를 木滿致의 후예씨족으로 상정해 보았다. 그 후예씨족이 百濟의 왕위 계승관계 기사 및 중요한 사건을 編年體로 간략하게 서술한 <原百濟

---

21) 李弘稙, 1936 <任那問題を中心とする欽明紀の整理> ≪靑丘學叢≫ 25

22) 門脇禎二, 1986 <蘇我氏の出自·形成と朝鮮文化> ≪古代史をどう學ぶか≫

記>를 바탕으로 하여, 自氏族과 관련된 내용만을 추출하고 재정리하여, 自氏族의 역사를 기록한 家傳으로서 ≪百濟記≫를 편찬한 것으로 생각해 보았다. 또 그 과정에서 <原百濟記>의 내용을 당시의 관념에 적합하도록 改書되었다고 보았다. 예를 들어, 木羅斤資가 천황의 명을 받아 군사행동을 한 것처럼 ≪百濟記≫에는 기록되어 있으나, ≪日本書紀≫ 편찬자도 木羅斤資가 百濟의 장군임을 인정하고 있다. 따라서 <原百濟記>에서는 百濟王의 명령에 의해 행동하는 木羅斤資의 기사를 木滿致의 후예씨족이 倭 朝廷 내에서 자신들의 입장에 비추어 그들 先祖의 百濟에서 활약도 天皇의 명령에 의한 것처럼 改書하였다고 볼 수 있다.

그렇다면 마지막으로 문제가 되는 것은, 과연 ≪百濟記≫를 찬진한 木滿致의 후예씨족이 어떠한 씨족이었는가하는 점이다. 이 문제에 대해서는 아직 명확한 결론을 가지고 있지 않으나, 木滿致를 蘇我滿智로 추정하는 견해에 따르면, 百濟에서 倭로 망명한 木滿致가 雄略朝에 이름이 보이는 蘇我滿智라고 하였다.[23] 필자가 木滿致가 倭로 망명하였다고 추정한 三斤王代와 시기적으로 일치하고, 이름도 유사하므로, 일단 위의 견해에 따르고자 한다. 이밖에도 ≪百濟記≫의 내용에 등장하는 紀角宿禰·木菟宿禰·羽田宿禰 등도 蘇我氏와 동족전승을 가지고 있으므로, 木羅氏와 관련을 가질 가능성이 있는 것으로 생각된다. 紀角의 '紀',[24] 木菟의 '木'은 각각 木羅氏의 '木'과 공통성을 갖고 있으며, 羽田의 음 '하타'는 우리말의 '바다'와 가까우므로, 木羅氏와의 관련성이 있는 것으로 생각되지만, 현재로서는 억측에 불과하다. 이러한 氏族과

---

23) 門脇禎二, 1971 <蘇我氏の出自について－百濟の木刕滿致と蘇我滿智－> ≪日本のなかの朝鮮文化≫ 12 ; 同, 1976 <蘇我氏の形成と朝鮮文化> ≪季刊三千里≫ 7

24) ≪古事記≫에서는 紀臣을 木臣으로 표기하고 있다. 岸俊男, 1966<紀氏に關する考察> ≪日本古代政治史研究≫ 108의 주 4

木羅氏의 관련에 대해서는 앞으로의 과제로 삼고자 한다.

Ⅲ. ≪百濟新撰≫의 편찬주체

≪百濟新撰≫의 편찬주체에 대해서는, 百濟三書 전체에 대한 개괄적인 견해를 제외하고, 보다 구체적인 견해를 제시한 것은 笠井倭人·山尾幸久·高寬敏 등이다. 笠井倭人은 ≪百濟新撰≫에 蓋鹵王으로부터 昆支-東城王(末多王)을 거처 武寧王에 이르는 혈맥관계에 입각한 전승이 기록되어 있는 점에 주목하였다. 蓋鹵王으로부터 昆支-東城王으로 이어지는 혈맥은 蓋鹵王에서 武寧王으로 계승되는 직계적인 왕맥에 대하여 방류적인 혈맥일 뿐만 아니라, 더우기 그 왕통은 東城王의 죽음으로 사실상 단절되었으므로, 東城王과 武寧王의 관계를 異母兄弟로 연결시킴으로써, 양왕의 왕위 계승의 혈통적 정당성을 보장하려고 한 것이라고 하였다. 그리고 서술의 대상은 어디까지나 東城王의 왕맥에 있다고 보았다. 편찬된 장소는 百濟이며, 推古代를 上限으로 하는 어느 시기에 日本에 전해져서, ≪日本書紀≫ 편찬자의 부분적인 윤색을 거친 다음 ≪日本書紀≫의 注로 이용되기에 이르렀다고 하였다.[25]

또한 山尾幸久는 百濟三書 중 ≪百濟本記≫가 義慈王의 후손이며 백제 멸망 후 백제유민의 구심점이었던 百濟王氏가 天皇에 臣屬하게 된 입장에서 자신들의 역사를 정리한 것이라는 견해와 아울러, ≪百濟新撰≫에 대해서도 昆支와 관련된 씨족일 것이라고 展望하였다. 특히 毗有王·昆支·東城王을 시조로 하는 飛鳥戶造(右京·河內의 3씨족)가 그 후예씨족일 가능성을 지적하고 있다.[26] 이들 중 河內의 飛鳥戶神社의

---

25) 笠井倭人, 2000 <日本文獻にみえる初期百濟史料> ≪古代朝日關係と日本書紀≫
   (吉川弘文館)

祭神은 昆支王이다.

이상의 견해는, ≪百濟新撰≫을 分注로 인용하고 있는 ≪日本書紀≫ 본문의 내용이 昆支의 파견 및 武寧王의 출생, 昆支의 아들 東城王의 즉위 등 昆支와 관련되는 기사가 대부분을 차지하고 있는 점을 중시한 것이라고 할 수 있다. 분명히 ≪日本書紀≫의 본문은 昆支의 渡倭와 그와 관련된 武寧王의 출생담을 중심으로 한 전승에 바탕한 것이다. 그러나 ≪日本書紀≫ 본문의 내용과 ≪百濟新撰≫의 내용이 반드시 일치하고 있다고 할 수 없으며, ≪百濟新撰≫의 내용은 毗有王代 이후 부터 武寧王代까지 비교적 긴 기간을 병렬적으로 기록하고 있다고 보는 편이 타당할 것으로 생각된다. ≪百濟新撰≫의 내용 자체가 昆支와 東城王·武寧王의 계보를 연결짓기 위한 내용으로 국한시켜서 이해하는 것은 무리가 있다. 앞절에서 논의한 바와 같이 毗有王代에 適稽女郎을 倭에 보낸 사건과 昆支의 파견이 직접 연결되는 사건이 아니라는 사실을 인정할 수 있다면, 먼저 毗有王代의 사실이 昆支·東城王의 계통의 정당성을 설명하는 데 의미가 있다고 볼 수 없다. 또한 東城王을 부각시키려는 의도로 ≪百濟新撰≫을 편찬하였다고 한다면, 武烈 4년조의 "末多王無道, 暴虐百姓, 國人共除"와 같은 내용을 굳이 기록할 필요가 없었을 것이다.

또한, 笠井倭人과 같이 東城王과 武寧王을 혈연적으로 연결시키기 위해서 百濟에서 ≪百濟新撰≫이 편찬되었다고 하는 견해에는 다음과 같은 의문을 제기할 수 있다. ≪百濟新撰≫이 百濟의 史書라는 사실을 인정한다면, 東城王이 죽고 武寧王이 즉위한 이후 그 직계의 왕위계승이 이루어졌으므로, 東城王系의 후손 중에서 왕위에 오른 경우가 없다. 그러므로 武寧王系에서 새로운 사서를 편찬하여 昆支-東城王系의 혈연적 정당성을 확인해 줄 필요성이 있었다고 생각되지 않는다. 더우기

26) 山尾幸久, 1983 ≪日本古代王權形成史論≫ (岩波書店) 188~200

昆支-東城王系에서 그러한 사서를 편찬할 입장에 있었다고도 생각하기 어렵다. 오히려 ≪百濟新撰≫의 내용을 있는 그대로 이해한다면, 어느 왕을 특별히 강조하거나 부각시키기 위한 내용이 중심이었다고는 생각 되지 않는다.

또 한 가지 주의해야 할 것은, ≪百濟新撰≫의 원래의 내용이 어떠 했던 간에, 현재 ≪日本書紀≫에 인용되어 있는 내용은 倭와 관련이 있는 부분만 채록되어 있을 가능성을 간과해서는 안된다는 점이다. ≪日本書紀≫에 현재 남아있는 부분만을 지나치게 강조하면, ≪百濟 新撰≫은 百濟와 倭의 外交史를 정리한 내용이라는 결론에 이를 수밖 에 없다. 雄略 2년조는 適稽女郎을 倭에 파견한 내용이고, 雄略 5년조 는 昆支를 倭에 사신으로 보낸 내용이며, 武烈 4년조도 武寧王이 즉위 하였는데, 그는 昆支가 倭로 오는 도중에 섬에 낳은 아들이라고 한 내 용이 포함되어 있다. 이들 내용을 종합하면 분명히 倭와 관계있는 내 용만이 ≪百濟新撰≫에 들어 있었다고 판단할 수 있다.

그러나 시각을 바꾸어 생각하면, ≪日本書紀≫를 편찬하면서 ≪百 濟新撰≫에 포함되어 있는 倭와 관련된 내용만을 채용하는 것은 당연 한 일이라고 하겠다. 예를 들어 ≪三國史記≫에는 중국사서를 인용한 내용들이 포함되어 있으나, 이들 내용은 모두 三國과 관련된 내용이다. 그렇다고 해서 중국사서가 삼국 관계기사만을 실은 史書였다고는 할 수 없는 것과 마찬가지로, ≪百濟新撰≫의 내용이 倭와 관련된 내용만 을 다루었다고는 단정할 수 없다. 百濟三書의 서명으로부터 이들 문헌 이 어디까지나 百濟의 역사를 중심으로 한 문헌이었음을 추측해 볼 수 도 있다. 만일 이러한 이해가 타당하다고 한다면, ≪百濟新撰≫은 적 어도 毗有王代부터 武寧王代까지의 백제의 역사를 정리한 문헌으로 볼 수 있을 것이다. 그 중에는 현재 ≪日本書紀≫에 인용되어 있는 바와 같 은 倭 關係記事가 들어 있었을 것이지만, ≪日本書紀≫ 편찬자는 ≪百

濟新撰≫의 내용 중에서 倭와 관련된 내용만을 발췌하였을 것이다.

한편 용어의 측면에서 보면, ≪百濟記≫의 '貴國', ≪百濟本記≫의 '日本'과 비교하여, ≪百濟新撰≫은 기본적으로 '倭'라는 용어로 古代의 日本을 지칭하고 있다. '倭'라는 용어만을 보면, 이는 ≪三國史記≫ 및 중국사서의 ≪北史≫·≪舊唐書≫ 까지 나타나는 용어이므로, 당시의 일본열도를 倭로 지칭하는 것이 일반적인 관례였다고 생각된다. 따라서 百濟三書 중 ≪百濟新撰≫ 이야말로, 당시의 관념에 가장 근접하는 사료로 판단하여도 좋을 것 같다.

반면, ≪日本書紀≫ 本文의 昆支와 武寧王에 관한 전승을 남긴 주체야말로, 昆支의 후예일 것으로 생각해 볼 수 있다. 昆支를 ≪日本書紀≫ 및 ≪新撰姓氏錄≫에서는 昆支王으로, 그 日本訓도 '고니키시' 혹은 '고키시'로 百濟王에 대한 훈과 동일하다. 이는 물론 昆支가 실제로 백제왕이었음을 의미하는 것은 아니다. 그가 左賢王 餘昆과 동일인물이라는 전제에 설 때, 사실 百濟王과 거의 동격이며 백제 조정 내에서도 큰 영향력을 발휘하였을 것으로 생각할 수 있다. 물론 泗沘時代 이후 백제 왕권이 더욱 강화되면서 王과 左賢王 사이의 구별이 명확해지므로, 백제의 공식적인 역사기록에서는 昆支君과 같이 王보다 下位에 위치하게 되었을 것이다. 그러나 昆支의 후손 특히 일본열도로 이주한 그 후손들은 자신들의 시조인 昆支를 百濟의 王이었다고 하는 편이 자씨족의 권위를 세울 수 있었을 것이고, 昆支의 시대에는 실제로 昆支가 百濟王에 버금가는 세력을 가지고 있기도 하였을 것이기 때문에, 昆支王이라는 호칭을 선호하였을 것으로 생각된다. ≪日本書紀≫ 본문에서 두 차례나 昆支에게 다섯 아들이 있었다고 한 것도 중요 후예씨족의 수를 반영하고 있는 것으로 볼 수 있다. ≪百濟新撰≫에는 명확한 기록이 없는 蓋鹵王과 武寧王이 부자관계라고 주장한 것도, 마찬가지일 것이다. 笠井倭人 등이 蓋鹵王과 武寧王이 원래 부자관계라고 하고, 昆支와

東城王系는 蓋鹵王·武寧王으로 이어지는 직계와 비교하면 방계적인 입장에 있었으므로, 昆支와 武寧王을 연결시켜서, 東城王系의 혈연적인 위치를 강화하려고 ≪百濟新撰≫을 저술하였다는 견해를 제시한 바 있다. 그러나 이러한 견해는 ≪日本書紀≫ 본문의 내용과 ≪百濟新撰≫의 내용을 엄밀히 구별하지 않고, 양자의 내용을 동일시한 데서 나온 것이라고 할 수 있다. ≪日本書紀≫ 본문에서는 蓋鹵王과 武寧王을 연결시키고 있으나, ≪百濟新撰≫의 내용에는 그러한 내용이 확인되지 않는다. 또 武寧王을 蓋鹵王의 아들이라고 한 것은, ≪日本書紀≫의 편찬자가 注記한 내용으로 원래 ≪百濟新撰≫에 있었던 것이 아니다. 따라서 ≪百濟新撰≫이 昆支-東城王系와 蓋鹵-武寧王系를 결합시키기 위한 목적으로 편찬되었다는 주장은 다시 검토되어야 할 여지가 있다.

이처럼, ≪日本書紀≫ 본문의 전승 주체가 昆支系의 도래씨족이었다고 한다면, ≪百濟新撰≫은 어떠한 목적으로 편찬된 문헌인가를 생각해 보고자 한다. 앞에서도 언급한 바와 같이, 현재 ≪日本書紀≫에 전하는 ≪百濟新撰≫의 내용은 毗有王에서 武寧王의 즉위로 이어지는 기간을 포괄하고 있다. 또 그 내용이 전후가 밀접하게 연관되어 있다기보다는 개별적인 사실을 기록하고 있다고 볼 수 있다. 예를 들어, 毗有王의 즉위와 適稽女郞의 파견과 蓋鹵王代의 昆支의 파견은 직접 연결되는 내용이라고 할 수 없다. 또 辛丑年의 昆支의 파견과 武烈 4년의 武寧王의 卽位 기사가 외견상 관련되어 있는 것처럼 보이지만, ≪百濟新撰≫이 昆支·東城王·武寧王의 계보관계를 명백히 드러내기 위한 문헌이었다고 한다면, 현재와 같은 배열은 부자연스럽다. 왜냐하면, ≪百濟新撰≫이 이들의 계보를 정리하기 위한 문헌이었다면, 武寧王의 출생은 辛丑年에 昆支가 倭에 파견되는 시점에 함께 정리되어 있어야 마땅하다. ≪日本書紀≫ 본문은 오히려 그러한 조건을 만족시키고 있다. 그런데 ≪百濟新撰≫은, 武寧王의 출생담을 그가 왕위에 오른 시점에

서 역으로 과거로 거슬러 올라가서 서술하고 있다. 이러한 기술은 昆
支와의 관련을 명백히 하려고 한 것이라기보다는, 武寧王의 과거를 즉
위하는 시점에서 일괄하여 정리하는 ≪三國史記≫ 百濟本紀의 서술과
흡사하다고 할 수 있다.

이상의 검토에서, ≪百濟新撰≫ 이야말로 百濟三書 중에서 百濟에서
편찬된 원래의 형태를 가장 잘 남기고 있는 문헌일 가능성을 제시해
보았다. ≪百濟新撰≫은 편년체에 가까운 문헌이면서, 적어도 시기적
으로는 毗有王의 즉위부터 武寧王의 즉위에 이르는 80여 년을 대상으
로 하고 있었던 것으로 생각된다. 물론 이는 ≪日本書紀≫에 인용되어
있는 부분만을 근거로 한 것이고, ≪日本書紀≫ 본문의 전승과 연관되
는 부분만을 ≪百濟新撰≫으로부터 발췌하였을 가능성도 크므로, 원래
는 전후의 기간까지 서술한 사료였을 수도 있다. 그 편찬시기를 단정
할 단서는 전혀 없으나, 새로운 사서의 편찬이 필요하였던 시기로는
熊津에서 泗沘로 천도한 직후가 유력한 것으로 생각된다. 泗沘에서 새
로운 백제의 재건을 도모한 聖王代야말로, 당시까지의 백제의 역사를
재정리할 필요가 가장 高潮되었던 시기라고 할 수 있을 것이다. 다만
이는 현재로서는 단순한 추측에 지나지 않으며, 적극적인 근거를 제시
할 수는 없다.

이렇게 百濟에서 성립된 ≪百濟新撰≫은 百濟가 멸망하기 이전에
倭에 장래된 것으로 생각된다. ≪三國史記≫에 전하는 바와 같이 武寧
王을 東城王의 아들로 하는 百濟 王室系譜가 百濟에서 최종적으로 공
인된 것이라고 할 수 있다면, ≪百濟新撰≫은 아직 그러한 系譜가 성
립되기 전에 이미 倭에 전해져 있었던 것으로 볼 수 있기 때문이다. 추
측을 더하자면, 그 장래시기는 百濟와 倭의 접촉이 빈번하였던 聖王代
와 威德王 말년일 가능성을 생각해 볼 수 있을 것이다. 이렇게 倭에 전
해진 ≪百濟新撰≫은 昆支를 시조로 하는 백제계 씨족들이 자신들의

시조전승을 편찬하는 데 이용되었던 것 같다. 단 ≪百濟記≫의 편찬과 더불어 그 원사료(<原百濟記>로 가칭)가 인멸되어 버린 데 반하여, ≪百濟新撰≫은 昆支 후예씨족의 시조전승과 병존하고 있었기 때문에, 昆支 후예씨족의 시조전승이 ≪日本書紀≫의 본문으로 채용되면서, 참고되는 내용으로서 分注에 ≪百濟新撰≫이 인용될 수 있었던 것으로 보인다.

한편 飛鳥戸造는 北家 藤原冬嗣의 외척 집안이었다. 藤原內麻呂와 혼인하여 冬嗣와 眞夏를 낳았으며 또한 桓武天皇의 女孺가 되어 良岑朝臣 安世를 낳은 인물이 바로 百濟宿禰永繼의 딸이다. 飛鳥戸造는 百濟宿禰를 거쳐 御春宿禰, 御春朝臣이라는 성을 갖게 된다. 839년의 改賜姓 때 이 집안이 百濟王種, 혹은 百濟國 琨伎王의 후예라고 밝히고 있다. 또한 藤原良房이 섭정이 된 856년에는 飛鳥戸神社가 無位에서 정4위라는 위계를 받게 된다. 8세기 초 단계의 飛鳥戸造의 활동을 정확히 알 수 없으나, 8세기 이후에도 당시 최고 유력 가문이었던 藤原氏와 通婚할 정도로 일정한 家格을 유지하고 있었던 것은 분명한 사실이다.

Ⅳ. ≪百濟本記≫의 편찬주체

1. 편찬주체에 대한 제설

≪百濟本記≫의 성립문제에 대하여, 다음과 같은 기존연구가 있다. 먼저 三品彰英은 ≪百濟本記≫가 推古朝 내지 그 직후에, 倭와 연합하여 新羅를 견제하고 加耶地域에 대한 百濟의 지배권을 확보하려는 百濟의 정책과 의욕을 드러내고 있다고 하였다. 즉 三品彰英은 ≪百濟本記≫를 百濟가 倭와의 외교관계를 순조롭게 이끌어가기 위하여 편찬

한 문헌으로 보았다.[27] 이를 계승하여 井上秀雄이 편찬시기를 威德王 代로 더욱 구체화하였다. 그 편찬목적도 百濟가 소원하였던 倭와의 외교관계를 공고히 하고 또 강력한 군사원조를 얻고자 하는 데 있다고 하고, 推古 5년 4월의 王子 阿佐 혹은 推古 10년 10월의 승려 觀勒이 이를 倭에 가지고 갔을 가능성을 제시하였다.[28] 木下禮仁도 百濟三書의 借音字 硏究를 통해서, 百濟三書의 借音體系가 <推古朝 遺文>과 높은 일치성을 갖고 있다는 결론을 내렸다.[29]

한편, 百濟系 遺民들에서 의해서 편찬되었다는 입장에 서있는 山尾幸久는, 百濟 멸망후 日本으로 망명한 百濟王室의 후예인 百濟王氏가 그 편찬주체라고 보았다.[30] 이와는 달리 高寬敏은 6세기 초반에 한반도에 활약한 倭系 百濟 官人이었던 科野次酒 등이 가지고 있던 원사료를 ≪日本書紀≫ 修史局이 편찬한 것이 ≪百濟本記≫ 라고 하였다.[31]

먼저 百濟가 ≪百濟本記≫를 편찬하였다는 주장에 대하여 반론을 제기해 보자. 첫째, 외교관계의 회복을 위하여 百濟가 倭가 읽을 것을 전제로 하여 ≪百濟本記≫를 저술하였다고 할 때, ≪百濟本記≫는 그러한 목적에 적합한 체재를 갖추고 있지 않다는 점을 지적할 수 있다. 예를 들어 百濟와 倭의 외교관계에 국한된 기사만이 실려 있는 것이 아니라, 高句麗의 내란 및 百濟와 耽羅가 통교한 기사 등도 보인다. 또 繼體天皇의 사망기사와 관련되어 인용된 ≪百濟本記≫의 기사를 보면 倭와 관련된 사실을 기사의 제일 마지막에 부수적으로 기록하고 있다.

---

27) 三品彰英, 1962 ≪日本書紀朝鮮關係記事考證≫ (吉川弘文館) 115~134
28) 井上秀雄, 1973 ≪任那日本府と倭≫ (東出版) 48~70
29) 木下禮仁의 百濟三書 차음자연구에 관한 일련의 논문은, ≪日本書紀と古代朝鮮≫ (塙書房, 1993)에 재수록되어 있다.
30) 山尾幸久, 1983 ≪日本古代王權形成史論≫ 188~200 ; 金恩淑, 1990 <日本書紀의 백제관계기사의 기초적 검토> ≪백제연구≫ 21
31) 高寬敏, 1993 <≪日本書紀≫ 所引 ≪百濟本記≫ に關する硏究> ≪高句麗·渤海と古代日本≫ (雄山閣)

倭에 제출할 목적을 가진 문헌이었다면, 倭에 관한 사실에 우선적으로 기록하였을 것이다. 그밖에 聖王이 加耶諸國의 旱岐들을 불러 모아놓고 百濟의 주도하에 우호적인 관계를 유지해가자는 내용의 기사는 몇 차례나 반복되고 있다. 이러한 점으로 미루어, ≪百濟本記≫를 百濟가 뚜렷한 목적을 가지고 체계적으로 정리한 문헌이라고 볼 수 없다.

≪百濟本記≫를 百濟系 遺民 즉 百濟王氏가 편찬하였다는 주장에 대해서도 다음과 같은 반론을 제기할 수 있다. 山尾幸久는 ≪百濟本記≫가 武寧王과 聖王을 부각시키고 있었다고 하였는데, 만약 百濟王氏가 자씨족의 역사를 미화하고 또 그것을 日本 내에서 자씨족의 입장을 강화하고자 하였다면, 굳이 武寧王·聖王代를 기록의 대상으로 선택할 필요가 있었을까? 실제로 ≪百濟本記≫ 기사의 거의 대부분이 聖王代의 사건을 기록하고 있다. 그러나 聖王代의 百濟와 倭의 관계는 실패한 歷史라고 할 수 있다. 聖王은 거듭하여 倭에 군사를 파견해 줄 것을 요청하였으나, 倭는 이에 응하지 않았으며, 加耶地域에서 활동하던 倭臣들에 대해서도 百濟는 강한 불만을 노골적으로 표현하고 있다. 또 이른바 '任那日本府'에 대해서도 聖王은 新羅와 내통하고 있다는 등의 비난을 서슴지않고 있다. 이러한 내용이 日本 朝廷 내의 百濟王氏의 입장을 강화시키는 데 도움이 되었다고 생각하기 어렵다.

≪百濟本記≫의 편찬주체에 관한 기존의 견해에 대하여 위와 같은 반론이 유효하다면, ≪百濟本記≫의 성립은 다른 각도에서 생각하지 않을 수 없다. 그 단서는 ≪百濟本記≫의 체재에서 찾을 수 있다. 현재의 ≪百濟本記≫는 繼體紀, 欽明紀 전반, 欽明紀 후반으로 그 사료적인 성격을 구분할 수 있다. 井上秀雄이 지적한 바와 같이, 繼體紀의 ≪百濟本記≫는 비교적 정리된 형태의 외교교섭 기사가 중심을 이루고 있다. 한편 欽明 2년 4월부터 5년 11월까지의 기사는 전부가 ≪百濟本記≫를 출전으로 하고 있으며, 일관되게 百濟의 대 가야정책의 내용을

전하고 있다. 이 기간 중에는 왜측 전승은 물론이고 신라·가야계의 전승
조차도 전혀 삽입되어 있지 않고, 순수하게 ≪百濟本記≫만으로 ≪日
本書紀≫ 본문을 구성하고 있다. 다음으로 欽明 6년 5월부터 17년 정
월조 혹은 18년 3월조까지의 ≪百濟本記≫는 百濟의 관심이 加耶問題
에서 對高句麗戰으로 옮겨져 倭에 援軍을 요청하는 내용이 증가한다.
이 부분의 ≪百濟本記≫는 기재형식에도 변화가 생겨서 月·日까지를
명기하는 體裁를 갖게 된다. 그러나 이 欽明 후반부의 기사는 일본측
소전과 결합되어 있는 경우가 많아서, ≪百濟本記≫의 원래 내용을 파
악하기 힘들어진다.[32] 이러한 사실을 인정할 수 있다면, ≪百濟本記≫
는 어느 시기에 일괄적으로 편찬된 단일한 성격의 사료가 아니라, 서
로 성격이 다른 여러 가지의 사료를 蒐集하여 만든 편찬서임이 분명하
다.[33]

또 하나 지적할 수 있는 것은 ≪百濟本記≫가 ≪日本書紀≫에 인용
된 과정이 그리 단순하지 않다는 점이다. 井上秀雄은 ≪百濟本記≫의
원래 내용이 거의 그대로 ≪日本書紀≫에 인용된 것으로 보았으나, 高
寬敏은 이에 대하여 보다 구체적인 연구성과를 제시하였다. 高寬敏은
먼저 인명표기의 사례를 중시하고, 河內直이 각각 加不至費直과 河內
直으로 나타나는 점을 근거로, ≪百濟本記≫에는 다시 원사료가 있었
으며, 그 원사료를 바탕으로 하여 처음 나타나는 加不至費直은 그대로
두고 두 번 째부터는 河內直으로 改書한 것으로 보았다. 즉 ≪百濟本
記≫ 자체가 이미 원사료의 내용을 어느 정도 수정한 것으로 보고 있
다. 다음 단계에서는, ≪日本書紀≫ 본문에서는 河內直이라고만 하고,
≪百濟本記≫에서는 河內直·移那斯·麻都 세 사람이 거명되어 있는 사
례에 주목하고, ≪日本書紀≫ 본문의 최종 작성자가 河內直 한 사람만

---

32) 井上秀雄, ≪위 책≫
33) 井上秀雄, ≪앞 책≫ 61~64

을 들고, 分註에서 세 사람을 구체적으로 밝혔다고 보기 어려우므로, ≪日本書紀≫ 본문의 최종 작성자가 本文은 稿本 단계의 내용을 그대로 살리고, ≪百濟本記≫의 내용을 참고하여 河內直 이하 3명의 이름을 구체적으로 分註에서 밝힌 것이라고 하였다. 그래서 ≪日本書紀≫ 본문의 완성까지는 원사료-≪百濟本記≫-≪日本書紀≫ 稿本-≪日本書紀≫ 本文 완성단계의 4단계를 상정하였다.

稿本 단계가 있었음을 보여주는 구체적인 사례로는 欽明 5년 3월조 本文의 "遣使召日本府"와 그 分註 "百濟本記云, '遣召烏胡跛臣.' 蓋是的臣也.", 또, "夫任那者, 以安羅爲兄, 唯從其意. 安羅人者, 以日本府爲天, 唯從其意."와 그 分註 "百濟本記云, '以安羅爲父, 以日本府爲本也.'", "於印支彌後來, 許勢臣時"와 그 分註 "百濟本記云, 我留印支彌支後, 至旣洒臣也.' 蓋未詳.", 繼體 9년 춘 2월조에서 物部連을 한쪽에서는 闕名이라고 하고, 또 한편에서는 "百濟本記云, 物部至至連"이라고 한 것 등을 들고 있다.[34] 동일인이 ≪百濟本記≫의 내용을 고치면서 分註에 ≪百濟本記≫의 本文을 인용하였다고는 보기 어려우므로, 최종 완성자는 稿本과 ≪百濟本記≫ 사이의 異同을 문제시 삼고, ≪百濟本記≫와 관련된 부분에 대해서는 ≪百濟本記≫를 分註에 채용한 것이라고 하여, ≪日本書紀≫ 편찬과정에서 稿本 단계와 최종 완성 단계가 있었다고 보아야 한다고 하였다.[35] 이러한 지적은 ≪日本書紀≫ 전체의 편

---

34) 欽明 5년 11월, "百濟使人奈率得文 奈率奇麻等罷歸 <百濟本記云, '冬十月 奈率得文 奈率奇麻等 還自日本 所奏河內直 移那斯 麻都等事, 無報勅也'>"; 欽明 6년 是年. "高麗大亂 被誅殺者衆 <百濟本記云 '十二月甲午 高麗國細群 與麤群 戰于宮門 伐鼓戰鬪 細群敗 不解兵三日 盡捕誅細群子孫 戊戌 狛國香岡上王薨也"; 欽明 7년 是歲, "高麗大亂 凡鬪死者二千餘 <百濟本記云 '高麗 以正月丙午 立中夫人子爲王 年八歲 狛王有三夫人 正夫人無子 中夫人生世子 其舅氏麤群也 小夫人生子 其舅氏細群也 及狛王疾篤 細群麤群 各欲立其夫人之子 故細群死者 二千餘人也'" 등의 기사에서도, 稿本 단계와 완성단계의 진행과정을 알 수 있다.

찬과정에 대한 기존의 연구와도 부합되므로 타당한 것이라고 하겠다.

한편 高寬敏은 《百濟本記》의 원사료가 科野次酒 등 倭系百濟人이 귀국할 때 가지고 온 기록이라고 하였는데, 이제 그 문제에 대하여 살펴보도록 하자. 《百濟本記》의 원사료의 성격과 《百濟本記》가 《日本書紀》에 인용되는 과정을 파악하는 데 단서를 제공하는 것은 《日本書紀》 본문과 《百濟本記》의 관계 및 《百濟本記》의 인용상황이다. 먼저 인용상황에 대하여 알아보자. 百濟가 己汶·帶沙를 거쳐 安羅의 乞毛城까지 진출한 531년(繼體 25, 聖王 9) 이후, 百濟 聖王이 加耶諸國의 旱岐를 朝廷으로 불러 南加羅 등 신라에 의해 멸망한 3국의 재건을 논의하는 541년 사이에는, 《百濟本記》를 출전으로 하는 기사가 安閑 元年 5월의 下部脩德嫡德孫의 파견기사 1건뿐이다. 508년(繼體 2)에 耽羅가 百濟와 처음으로 通交하였다는 기사부터 531년까지 약 23년간 《百濟本記》를 출전으로 하는 기사가 약 20건 정도 있고, 또 541년부터 王子 惠가 귀국하는 556년 사이의 15년 사이에 46건 정도 있다. 특히 欽明 2년 4월부터 5년 11월의 3년 6개월 사이에 인용되어 있는 《百濟本記》 기사는 欽明紀 전체 내용의 ⅓을 차지한다. 또 欽明紀 전체 기사에서 卽位前紀와 元年 정월(立皇后記事)·2월(山村己知部의 시조전승)·3월(蝦夷隼人의 歸附)·8월(고구려·백제·신라 등의 사신이 貢職을 바쳤다는 기사)·9월(신라 정벌 및 4현 할양에 관한 기사), 2년 3월(五妃에 관한 기사), 5년 12월(肅愼人이 佐渡嶋에 도착하였다는 기사), 6년 11월(膳臣把提便이 호랑이를 잡았다는 기사), 7년 7월(川原民直宮이 좋은 말을 가지고 있다는 기사), 13년 4월(箭田珠勝大兄皇子가 죽었다는 기사), 13년 10월(怒唎斯致契에 의한 불교전래 기사), 14년 5월(吉野寺의 放光樟像의 전승)·7월(船連의 始祖 王辰爾에 관한 시조전승), 14년 10월(餘昌의 百合野塞전투 승리에 관한 기사), 15년 정월(皇

---

35) 高寬敏, <위 논문>

太子 책봉기사), 16년 7월(蘇我稲目宿禰 등이 吉備五郡에 白猪屯倉을 설치하였다는 기사)·8월(餘昌이 即位하기 전에 出家하려고 하였음을 전하는 기사), 17년 7월(蘇我稲目宿禰가 備前兒嶋郡에 屯倉을 설치하였다는 기사)·10월(蘇我稲目宿禰가 倭國高市郡 등에 屯倉을 설치하였다는 기사), 21년 9월(新羅使臣 彌至己知奈末이 調를 바쳤다는 기사), 22년(新羅의 久禮叱及伐干이 調賦를 바쳤다는 기사)·是歲(新羅의 奴氐大舍가 調賦를 바쳤다는 기사), 23년 6월(新羅가 任那를 멸망시켰음을 비난하는 기사)·7월(河內國更荒郡의 신라인 시조전승)·是月(紀南麻呂宿禰가 신라를 공격하려다가 실패하였다는 기사)·8월(大伴連狹手彦이 高句麗를 쳐서 승리하였다는 기사)·11월(攝津國三嶋郡의 신라인의 시조전승), 26년 5월(山背國의 高句麗人의 시조전승), 28년(홍수로 기근이 들어 서로 사람을 잡아 먹었다는 기사), 30년 정월(膽津으로 하여금 白猪田部丁籍을 검교케 하였다는 기사)·4월(膽津에게 白猪史라는 姓을 내렸다는 기사), 31년 3월(蘇我稲目宿禰의 사망기사)·4월(표류해 온 고구려인들을 후대하였다는 기사)·是月(고구려 사인 영접기사)·5월(고구려 사신 접대기사)·7월(고구려 사신이 近江에 도착하였다는 기사)·是月(고구려사신 접대기사), 32년 2월(坂田耳子郎郡을 新羅에 보내어 任那를 멸망시킨 이유를 물었다는 기사)·是月(고구려사신이 物品과 表를 바쳤다는 기사)·4월(欽明天皇이 병이 들었다는 기사)·是月(천황의 죽음)·5월(河內古市에 殯을 설치)·8월(新羅가 弔使未叱子失消 등을 파견)·是月(신라사신의 귀국)·9월(檜隈坂合陵에 장례 지냈다는 기사)조 등 45건에 불과하다.

그중에서도 餘昌에 관한 기사나 불교전래 기사 등은 ≪百濟本記≫를 출전으로 하고 있는 기사로 보기 어렵지만, 또 다른 백제계 사료에 의거한 것으로 생각되므로 순수한 일본 국내의 전승에 의한 것은 아니다. 따라서 이러한 기사들을 빼면 일본 국내의 기록에 의한 記事의 수는 더욱 줄어들게 된다. 한편 ≪百濟本記≫를 출전으로 하는 기사는 49건에 이르며 그 분량에 있어서도 日本 國內記事의 분량을 크게 상회하고 있다.

또 그 기사의 내용도 천황가를 중심으로 왕비·태자·천황의 죽음에 관한 몇 가지 기사와 蘇我稻目宿禰의 屯倉 설치에 관한 몇 기사를 제외하면, 대부분이 始祖傳承이나 說話的인 내용이 중심이 되어 있다. 이러한 欽明紀의 일본 국내기사의 내용이나 기록 수준에 비추어 보면, ≪百濟本記≫의 기사는 이른바 후대의 實錄에 가까운 기록이었다고 해도 과언이 아니다. 聖王이 加耶諸國의 旱岐들을 소집하여 百濟와 우호적인 관계를 유지하도록 설득하는 기사가 장황하다고 할 정도로 개별적인 문제를 구체적으로 기술하고 있다. 또 백제 사신 왕래에 관한 기사도 인명이 구체적일 뿐 아니라, 대부분의 경우 그 출발과 귀국시기가 명시되어 있다. 이처럼 ≪百濟本記≫의 기록 수준은 같은 시기의 일본의 문헌기록 수준과는 비교가 되지 않을 정도로 높은 것이었음을 알 수 있다. 흔히 繼體·欽明紀의 사료를 비판하는 과정에서 ≪百濟本記≫를 출전으로 하는 기사와 일본 국내 전승에 의한 기사를 같은 수준에 놓고 동등한 사료적 가치를 갖는 것으로 취급하는데, 이는 큰 잘못이라고 하지 않을 수 없다. ≪百濟本記≫의 기사는 百濟에 이미 史官이 있어서 당시의 사건을 문헌기록으로 남긴 데 반하여, 일본 국내기사는 天皇과 관련된 일부 사실을 빼면 始祖傳承과 같은 口傳을 훨씬 후대에 文字로 기록한 것으로 보아야 할 것이다. 따라서 양 자료의 사료적인 가치는 크게 차이가 난다고 하지 않을 수 없다. 일본에서 繼體·欽明期에 들어와서도 문헌기록의 수준으로 판단하는 한, 아직 원시적인 단계를 크게 벗어나지 못하고 있음을 알 수 있다.

다시 ≪百濟本記≫의 인용상황의 문제로 돌아가 보면, 繼體紀와 欽明紀에는 다수가 인용되어 있음에도 불구하고, 安閑·宣化 사이의 10년

간 1건밖에 인용되어 있지 않은 점은 부자연스럽다고 하지 않을 수 없다. ≪百濟本記≫의 기사의 성격으로 보아, 安閑・宣化 사이의 10년간 사료가 거의 없었다고 보기는 어렵다. 繼體紀와 欽明紀의 ≪百濟本記≫의 내용은 그 사이의 공백에도 불구하고 사건이나 인명이 서로 연결되고 있기 때문이다. 원래 이 시기에 해당하는 ≪百濟本記≫의 기사가 존재하였다는 가정이 성립될 수 있다면, 현재와 같은 ≪日本書紀≫의 ≪百濟本記≫ 인용상황은 ≪日本書紀≫ 편찬자의 의도에 기인하는 것이거나, 그렇지 않으면 백제의 사료를 이용하여 ≪百濟本記≫를 편찬한 사람들의 의도에 기인한 것이라고 해야 할 것이다.

여기서 ≪百濟本記≫의 편찬과정에 대한 의견은 두 가지로 갈라지게 되는데, 百濟朝廷撰進說과 같이 ≪百濟本記≫가 원래 百濟에서 성립된 문헌이라고 인정할 경우에는, ≪日本書紀≫ 편찬자들이 ≪百濟本記≫를 채록하는 과정에서 선택적으로 이용한 셈이 된다. 한편 百濟 멸망 후에 百濟遺民들이 ≪百濟本記≫를 편찬하였다는 입장에 서면, 이들이 의도적으로 ≪百濟本記≫의 바탕이 된 원사료 중에서 日本의 任那支配라는 관념과 관련이 없는 내용을 捨象했다고 볼 수도 있다. 물론 후자의 견해를 따르는 경우에도 다시 ≪日本書紀≫ 편찬자에 의한 채록과정을 생각하지 않을 수 없다. 그러나 어느 견해를 취하든지 간에, ≪百濟本記≫의 바탕이 된 원사료에는 최소한 508년 이후 562년경 사이의 百濟의 역사기록이 있었던 것으로 볼 수 있다. 당시에 기록된 百濟의 사료를 바탕으로 하지 않고는, 현전하는 바와 같은 ≪百濟本記≫의 내용을 정리할 수 없었을 것이다. 또 부분적이기는 하지만 ≪百濟本記≫의 내용 중에는 직접 百濟와 倭의 외교관계와 관련이 없는 기사들도 존재하고 있다. 예를 들어 508년의 耽羅와의 통교기사가 그러하고, 高句麗의 내란기사가 그러하다. ≪百濟本記≫의 원사료에 이처럼 순수한 百濟 國內記事와 倭와 관련이 없는 高句麗의 內亂記事

등이 기록되어 있었고, 또 ≪百濟本記≫가 ≪日本書紀≫에 인용되는 과정에서 편찬자들의 입장에서 불필요한 내용들이 삭제되었을 것을 생각한다면, ≪百濟本記≫ 혹은 ≪百濟本記≫의 원사료의 모습은 현재 ≪日本書紀≫에 전하는 것과 크게 달랐을 가능성도 상정해 볼 수 있다.

즉 ≪百濟本記≫의 원사료는 적어도 6세기 초에서 중엽까지의 百濟의 역사기록이었던 것으로 생각할 수 있으며, 이는 百濟와 倭의 외교관계만을 주로 다룬 특수한 문헌이었다고 생각할 필요는 없을 것이다. 繼體 25년조에 인용된 ≪百濟本記≫의 기사에서 倭에 관한 기록이 말미에 부수적으로 기록되어 있는 사실을 통해서도 알 수 있듯이,[36] ≪百濟本記≫의 원사료는 百濟의 국내기사, 隣國인 고구려에 관한 기사 그리고 마지막으로 倭에 관한 기사를 다루고 있다. 따라서 ≪百濟本記≫의 원사료는 어디까지나 百濟 中心의 문헌이었다고 할 수 있다. 이러한 百濟 中心의 문헌이 ≪日本書紀≫에 인용되는 과정에서, 8세기 초의 일본이 가지고 있던 일본 중심의 관념에 적합한 내용만이 채택되었고 또 그러한 내용도 百濟를 日本의 蕃國으로 간주하는 관념에 의거하여 윤색되었으며, 그 나머지 부분은 삭제되었을 것으로 보아야 할 것이다.

그러나 현재의 ≪百濟本記≫의 편찬주체에 관한 논의만으로는, ≪百濟本記≫에 대한 사료비판은 진척되지 않는다. 오히려 ≪百濟本記≫의 원사료가 원래 百濟에서 성립된 사료였는지를 확인해 둘 필요가 있다. 앞에서 언급한 몇 가지의 ≪百濟本記≫의 기사를 통해서도 알 수 있듯이, 分注에 인용된 ≪百濟本記≫의 기사 중에서는 명백히 百濟를 중심으로 기록한 내용이 있다. 또 百濟 중심의 기사를 倭 중심으로 改書한 경우도 확인된다. 百濟의 입장에서 倭의 사신이 왔다고 기록한 내용을,

---

36) ≪日本書紀≫ 繼體 25년조의 分注, "或本云 天皇 卄八年歲次甲寅崩 以此云 卄五年歲次辛亥崩者 取百濟本記爲文 其文云 '太歲辛亥三月 軍進至于安羅 營乞乇城 是月 高麗弑其王安 又聞 日本天皇及太子皇子 俱崩薨' 由此而言 辛亥之歲 當卄五年矣 後勘校者 知之也"

≪日本書紀≫에서는 倭가 사신을 파견한 것처럼 바꾸어 기록한 경우가 그러한 예이다. 또 高句麗의 內亂記事와 같은 경우에는 ≪日本書紀≫의 本文에서는 극히 간략하게 이를 요약해 놓고 있다. ≪日本書紀≫의 편찬자들은 ≪日本書紀≫의 本文과 分注를 구별하는 편찬방침을 가지고 있었던 것으로 생각된다. 즉 ≪日本書紀≫의 本文으로 채용될 수 있는 내용과 채용될 수 없는 내용을 구분하여 기록하고 있다고 볼 수 있다. 이는 ≪百濟新撰≫의 사료비판에서도 밝힌 바와 같다.

이상과 같은 점을 고려하면, 현재 ≪日本書紀≫에 잔존하는 ≪百濟本記≫의 내용이 ≪百濟本記≫의 원사료 전체를 반영하고 있다고는 생각하기 어렵다. 우선 생각할 수 있는 것은, 安閑·宣化期 사이에도 사료가 있었을 것이라는 점이다. 또 왕자 惠의 귀국(556) 이후 562년의 加耶諸國 멸망을 전하는 기사 사이에도 威德王의 즉위 이외에는 ≪百濟本記≫의 기사가 보이지 않는데, 이 시기에도 加耶諸國들의 멸망과정에 관한 내용이 있었을 것이라고 가정해 볼 수 있다. 이처럼 ≪百濟本記≫의 기사가 극단적인 분포를 보이는 것은, 원사료 자체에 기인하는 것이라기보다는 ≪百濟本記≫의 편찬과정 혹은 ≪日本書紀≫ 편찬과정에서 취사선택되었기 때문에 생긴 현상으로 파악하는 것이 자연스럽다.

이와 같이 본다면, 현재 ≪日本書紀≫에 전하는 ≪百濟本記≫의 기사는 ≪日本書紀≫ 편찬당국이 8세기의 日本 律令制的 관념에 적합한 내용들만 취사선택한 것이라고 할 수 있다. 이 글에서는 ≪百濟本記≫의 기사를 크게 세 가지로 정리해 보았는데, 첫째는 百濟가 己汶·帶沙를 거쳐 南韓地域으로 진출하는 과정에 관한 내용이고, 둘째는 安羅를 중심으로 한 반백제적·친신라적인 활동을 억제하면서 加耶諸國에서 百濟의 우위를 확보하려는 노력에 관한 내용이며, 세번째가 대고구려전과 관련하여 倭에 원군을 요청하는 내용이다.

이 세 가지 내용은 어느 것이나 百濟가 倭의 원조를 필요로 하는 것이었다고 할 수 있다. 우선 帶沙로 진출하는 과정에서는, 帶沙가 加耶諸國 그 중에서도 大加耶聯盟의 對外窓口였으며, 이 창구를 통하여 中國 및 倭와 통교하고 있었을 것이다. 따라서 百濟가 帶沙에 進出하게 되면, 大加耶聯盟으로서는 그들의 對外窓口를 상실하는 셈이 되므로, 모든 수단을 동원하여 百濟의 진출을 저지하고자 하였을 것이다. 그 과정에서 伴跋는 倭에 사신을 파견하여 百濟의 進出을 억제하고자 하였을 것이다. 그러한 伴跋의 움직임에 대응하기 위하여 百濟도 倭에 대하여 적극적인 외교공세를 펼쳤을 것으로 생각된다. ≪日本書紀≫에서 倭가 百濟에 己汶·帶沙地域을 사여하였다고 한 것은, 당시의 倭에 대한 百濟의 외교공세라는 측면에서 이해되어야 할 것이다. 이는 실제적으로는 百濟가 帶沙로 진출하여 大加耶聯盟 대신에 倭와 통교하는 것을 승인한다는 의미일 것이다. 즉 종래까지 大加耶聯盟이 帶沙를 통하여 倭에 선진문물을 제공하던 역할을 百濟가 대신하게 해도 좋다는 사실은 倭가 인정하였다는 것이다. 倭가 정치적·문화적으로 성장하면서, 加耶諸國이 주로 제공하였을 것으로 추측되는 철제품이나 제철기술, 혹은 토기 제조기술과 같은 생산기술만으로는 倭가 만족하지 않게 되었음을 뜻한다. 百濟가 帶沙에 진출한 직후부터 五經博士가 파견되는 사실로 미루어, 당시 倭가 필요로 하였던 것은 文字 및 經典, 나아가서는 정치적 기술 등 보다 고도의 선진문물이었으며, 이처럼 한 단계 높은 선진문물을 제공하는 역할을 百濟가 담당하게 되었음을 알 수 있다.

두번째로 남가라 등의 再建을 위하여 聖王이 加耶諸國의 旱岐들을 여러차례에 걸쳐서 이를 설득·회유하고 있는 내용인데, 이 또한 아직 百濟 및 新羅에 의하여 멸망당하지 않은 加耶諸國 내에서 주도권을 장악하려는 百濟의 외교정책이라는 시각에서 파악해야 할 것이다. 百濟가

倭를 대신하여 멸망한 南加羅 등을 재건하려고 하였다는 식으로 ≪百濟本記≫의 기사를 액면대로 이해해서는 당시의 역사적인 실상에 접근할 수 없다. ≪百濟本記≫의 기사대로라면, 百濟가 倭의 직할령인 任那의 부흥을 위해서 온갖 노력을 하고 있음에도 불구하고, 정작 당사자인 倭는 전혀 적극적인 대응책을 취하고 있지 않은 셈이다. 百濟가 倭의 의도라고 하면서 任那를 재건하여야 한다고 거듭 주장하는 것은, 어디까지나 百濟가 加耶諸國에 대하여 우호적이라는 점을 강조하고 아울러 특히 南部 加耶諸國에서 팽배하고 있는 친신라적인 분위기를 억제하려는 의도에서 비롯된 것이라고 보아야 한다. 加耶諸國의 입장에서는, 新羅에 의하여 멸망당한 南加羅 등 3국의 재건도 중요하지만 그와 같은 비중으로 百濟가 점령한 己汶·帶沙를 비롯하여 南韓地域의 재건도 중요하였다고 생각할 수 있다. 그런데 실제로 ≪百濟本記≫가 전하고 있는 것은 南加羅 등 3국의 재건에 관한 논의가 주를 이루고, 南韓의 郡領·城主問題는 잠시 언급되다가 자취를 감추게 된다. 이는 ≪百濟本記≫의 원사료가 백제측의 입장을 기록한 것이라는 사료적인 한계에서 비롯된 것이다. 따라서 ≪百濟本記≫가 6세기 초반의 加耶諸國을 둘러싼 상황을 전해주고 있는 것은 사실이지만, 그것은 어디까지나 百濟의 정치적·외교적 이익을 추구하는 百濟의 입장을 전해주고 있다는 사실을 잊어서는 안된다. 따라서 이 시기에도 百濟는 여러가지 측면에서 倭라는 존재를 이용하기도 하고, 또 한편으로 南加羅 등의 재건문제에 倭를 끌어들이고자 하였던 것으로 생각된다. 加耶諸國의 首長을 설득하는 데 있어서 南加羅 등의 재건이 倭王의 의사라고 주장하는 것은, 현실적으로 그러한 주장이 加耶諸國에 어느 정도는 영향력을 미칠 수 있었기 때문인 것으로 생각된다. 加耶諸國은 이른 시기부터 倭와 긴밀한 관계를 맺고 있었으며, 日本 彌生時代 이후의 철제품이나 토기 제조기술 등은 모두 加耶諸國의 영향을 받은 것이라는 사실은 주지하

는 바와 같다. 百濟는 加耶諸國과 倭의 그러한 과거를 이용하여, 百濟
와 倭가 긴밀한 외교관계를 유지하고 있다는 사실을 加耶諸國에 과시
함으로써 보다 용이하게 加耶諸國을 통제하고자 하였을 것이다. 그러
나 실제로는 百濟의 의도대로 加耶諸國이 따르지 않았다는 사실은 이
미 언급한 바와 같다. 역시 이 시기에도 百濟가 倭를 적극적으로 이용
하고자 하였고자 하였음을 알 수 있다.

마지막으로 대고구려전과 관련되어 원군을 요청하던 시기 역시 百
濟가 倭의 지원을 필요로 하였던 때이다. 오히려 이 시기야말로 南加
羅 재건문제 등과는 달리, 百濟로서는 실질적으로 倭의 도움이 필요하
였으나, 倭의 지원이 극히 제한된 것이었고, 倭가 新羅의 배후를 위협
할 수 있는 잠재적 가능성을 갖는 데 머물렀다고 하겠다. 몇만 명이 동
원되는 당시 삼국의 항쟁 속에서 500명(繼體 9년 2월조)[37]이나 1,000
명(欽明 15년 5월조) 정도의 원병은 전세에 크게 영향을 미칠 수는 없
었다. 聖王의 전사 이후 倭에 대하여 구원병을 요청한 기사가 보이지
않는 것은, 百濟側이 倭의 원조가 실질적인 도움이 되지 않는다고 판
단하였기 때문일 것이다.

당시 百濟가 五經博士로 상징되는 선진문물을 倭에 제공하면서 아울
러 倭로부터는 말·배·식량·구원병 등을 요청한 사실에 대하여 잠시 언
급하고자 한다. 우리 학계에서는 百濟가 倭에 선진문물을 전해준 사실
을 일방적인 施惠로 보는 시각이 지배적이다. 그러나 일반적인 국가간
의 관계에서 일방적인 시혜와 수혜관계가 존재할 수 없듯이, 百濟와
倭의 관계도 그러한 일방적인 관계였다고는 볼 수 없다. 당시 百濟로
서는 북으로부터 高句麗의 침입이라는 위협이 항상적으로 존재하고,

---

37) 실질적으로는 이때 物部連을 따라온 500명은 원군이 아니라 백제와 대가야연
　　맹의 대립으로 긴박한 정세 하에 있었던 帶沙地域으로 파견되는 사신 物部連
　　의 호위병력으로 보아야 할 것이다.

또 加耶地域에서는 新羅와 주도권을 두고 각축하고 있었다. 그러한 어려운 여건 속에서 倭에 대하여 아무런 보상도 기대하지 않고 五經博士 등을 交代制로 파견하였다고는 생각할 수 없다. 兩國의 관계도 어디까지나 상호협조적인 관계였으며, 百濟가 倭에 선진문물을 전래하게 되는 것도, 당시에 百濟가 처한 시대적인 상황을 극복하기 위하여, 中國 및 倭와의 외교관계를 긴밀히하는 과정에서 이루어진 것이라고 보아야 할 것이다.

이처럼 百濟와 倭의 관계를 파악할 경우에, 현재 ≪日本書紀≫에 전하는 ≪百濟本記≫의 내용에 일본·천황 및 각종 율령제적인 용어가 사용되고 있으므로, 8세기 초반의 관념에 의하여 윤색된 것은 사실이지만, 그 바탕에는 百濟에서 성립된 원사료가 있었던 것으로 생각된다. 그러한 윤색을 捨象하면 그 개별적인 기사들은 대체로 당시의 실제적인 상황을 충실히 전하는 것이라고 할 수 있다. 이른바 倭의 任那支配라는 觀念은 이미 부정되어 있으므로 재론할 필요가 없으나, 그렇다고 해서 구체적인 이름이 밝혀져 있는 百濟使臣들의 왕래 자체를 부정할 필요는 없다고 하겠다.

≪百濟本記≫의 원사료는 百濟가 己汶·帶沙地域으로 진출하는 과정을 중심으로 한 사료, 聖王이 加耶問題에 주력하던 시기의 사료, 그리고 高句麗의 침입이 본격화되어 倭에 援軍을 요청하던 시기의 사료 등 세 가지 사료군으로 구성되어 있음을 알 수 있다. 이들 사료군은 기록의 대상시기에서 그리 멀지 않은 시기에 성립된 것으로 볼 수 있을 것이다. 특히 聖王이 加耶諸國의 旱岐를 회유하는 文句 등은 事件 당시에 바로 기록되었을 가능성이 크다. 그후 세 사료군을 모아서 ≪百濟本記≫라는 이름으로 편찬한 것으로 생각해 볼 수 있다.

그러나 ≪百濟本記≫에는 天皇·日本 등의 용어가 있는 것으로 보아, 그 편찬의 시기는 大化改新 이후에서 찾아야 할 것 같다. 다만 ≪百濟

本記≫의 편찬동기나 편찬주체를 구체적으로 확정하기는 어려운 것
같다. 다시 ≪百濟本記≫는 ≪日本書紀≫ 편찬의 초기 단계에서 日本
과 직접 관련이 있는 내용은 거의 全文이 本文으로 채용되었고, 그렇
지 않은 기사는 요약되기도 하였고, 또 편찬 당시의 日本 律令制的 관
념에 의한 윤색을 입은 것으로 생각된다. 그리고 최종 편찬단계에서
≪日本書紀≫ 本文과 ≪百濟本記≫를 대조해 가면서 차이점이 있는
경우에는 이를 分注에서 밝힌 것으로 보인다. 繼體 사망년도와 관련된
≪百濟本記≫의 인용상황에서도 알 수 있듯이, ≪日本書紀≫의 최종
완성자는 稿本 집필자보다 ≪百濟本記≫를 중시하고 있음을 알 수 있
다. 이러한 사실이 최종 완성자가 단순히 사실을 보다 구체적으로 기
록하기 위한 방침에서 稿本 단계에서 정리되어 버린 ≪百濟本記≫의
내용을 다시 分注에서 인용한 것인지, 최종 완성자가 ≪百濟本記≫와
어떤 관련을 갖고 있기 때문인지를 판단할 근거가 부족하다. 또 百濟
에서 성립된 원사료를 바탕으로 ≪百濟本記≫를 편찬한 주체가 누구
인지도 현재로서는 확정할 길이 없다.

이렇게 보면, 高寬敏의 ≪日本書紀≫ 修史局 編纂說에는 몇 가지 문
제점이 있음을 알 수 있다. 첫째는 비록 科野次酒나 斯那奴阿比多 등이
당시의 百濟와 倭의 외교과정에 간여한 인물이기는 하지만, 그들이 백
제의 역사기록을 일본으로 반출할 수 있는 입장에 있었던가가 우선 문
제가 된다. 다음으로 만일 ≪日本書紀≫ 修史局이 ≪百濟本記≫를 편
찬하였다면, 繼體 25년조에서 ≪百濟本記≫를 사료로 채택하면서 3년
의 공위기간을 만드는 일은 없었을 것이다. 그밖에도 ≪百濟本記≫의
내용이 편찬의 최종단계에서 사료로 이용되었을 가능성을 보여주는 몇
가지 사실들이 지적되어 있으므로, ≪日本書紀≫ 修史局 편찬설을 납
득하기 힘든 점이 있다.

井上秀雄이 지적한 바와 같이, ≪百濟本記≫ 자체가 몇 가지 계통의

사료를 정리한 편집서일 가능성이 큰 점으로 미루어 볼 때,[38] ≪百濟本記≫는 충분한 시간을 가지고 그 체재를 정리한 문헌이라고는 보기 어렵다. 그러나 그 편찬시기를 威德王代로 하고, 편찬목적을 百濟와 倭의 외교관계의 정립에 있다고 한 井上秀雄의 주장에는 찬성할 수 없다. 이미 ≪日本書紀≫ 편찬시기보다 150년 이전에 그러한 문헌이 倭 朝廷에 제출되어 있었다면, 그 내용을 일찍부터 ≪日本書紀≫에 반영하였을 것이기 때문이다.

현재로서 필자가 ≪百濟本記≫의 편찬과정에 대해서 추정해 볼 수 있는 것은, 다음과 같은 정도이다. 백제 멸망 후에 백제측의 역사기록들이 일본에 다수 전해진 것으로 생각되는데, 이들 사료는 백제계 유민들 중에서 王族이나 이에 준하는 身分을 가진 자들 혹은 역사기록을 담당하였던 史官의 가문이 가지고 있었던 것으로 추측해 볼 수 있다. 그러나 그러한 기록들은 당시까지는 단일한 문헌으로 정리된 것이 아니라, 원사료의 형태로 존재하였을 것이다. 그런데 ≪日本書紀≫가 편찬되는 과정에서 여러 씨족들의 家傳이 ≪日本書紀≫의 사료로 채택되기에 이르자, 百濟의 원사료를 가지고 있던 百濟系 遺民들도 자신들의 사료를 ≪日本書紀≫ 편찬당국에 제출할 필요성을 느끼고 급거 원사료를 편집한 것으로 생각된다. 그러나 충분한 시간적인 여유를 가지지 못하였기 때문에, 體裁 및 用語를 통일하지 못하였던 것 같다. 동시에 이미 ≪日本書紀≫의 편찬이 상당히 진전된 상황에서 ≪百濟本記≫라는 새로운 사료를 접하게 된 ≪日本書紀≫ 편찬당국은 서둘러 이를 ≪日本書紀≫의 내용에 반영한 것으로 생각된다. 繼體 25년조에서 ≪百濟本記≫를 이용하고 있는 상황이나, 欽明 2년에서 5년 사이에 ≪百濟本記≫만을 사료로 이용한 상황 등에서, ≪日本書紀≫ 편찬자들이 ≪百濟本記≫를 이용하는 과정을 짐작해 볼 수 있다.

---

38) 井上秀雄, ≪앞 책≫ 59~70

2. 백제왕씨

의자왕은 당에서 병사하였지만, 백제부흥군을 이끌고 있던 백제왕은 여전히 존재하였다. 의자왕의 뒤를 이은 백제왕은 바로 夫餘豊璋 혹은 夫餘豊이라고 불리는 의자왕의 아들이었다. 백제유민들은 그를 백제왕으로 받들고 백제의 완전한 재건을 꿈꾸었던 것이다. 倭王의 경제적 군사적인 원조에 등에 업고 부여풍장은 일단 5천의 병사와 170척의 배를 이끌고 662년 5월에 귀국하였다. 그리고 그때까지 부흥군을 이끌고 있던 福信이 잠정적으로 행사하고 있던 朝政을 되돌려 받음으로써 명실상부한 백제왕이 된 것이다.

663년 3월에는 上毛野君稚子과 間人連大蓋 등이 이끄는 27,000명의 구원군이 백촌강에서 唐軍과 격돌하게 된다. 그러나 전투 결과 백제부흥군과 왜군이 처참하게 패배한다. 금강 기슭에서 강 위의 왜 수군을 지원하던 백제부흥군의 주력부대는 신라군과의 접전 끝에 패배하고 만 것이다. 이때 백제왕 풍장은 몇 명의 수하만을 거느리고 배를 타고 고구려로 피신하였다고 한다.[39] 이후 백제왕 풍장에 대한 기록은 보이지 않는다.

그러나 아직도 백제왕실의 계보는 끝나지 않았다. 이듬해인 663년 3

---

39) ≪日本書紀≫ 天智 二年 三月, "遣前將軍上毛野君稚子·間人連大蓋 中將軍巨勢神前臣譯語·三輪君根麻呂 後將軍阿倍引田臣比邏夫·大宅臣鎌柄 率二萬七千人, 打新羅"; 同 八月 戊戌, "賊將至於州柔 繞其王城 大唐軍將 率戰船一百七十艘 陣烈於白村江"; 同 己酉, "日本諸將 與百濟王 不觀氣象 而相謂之曰 我等爭先 彼應自退 更率日本亂伍 中軍之卒 進打大唐堅陣之軍 大唐便自左右夾船繞戰 須臾之際 官軍敗績 赴水溺死者衆 艫舳不得廻旋 朴市田來津 仰天而誓 切齒而嗔 殺數十人 於焉戰死 是時 百濟王豊璋 與數人乘船 逃去高麗"; 同 九月 辛亥朔 丁巳, "百濟州柔城 始降於唐 是時 國人相謂之曰 州柔降矣 事无奈何 百濟之名 絶于今日 丘墓之所 豈能復往 但可往於弖禮城 會日本軍將等 相謀事機所要 遂敎本在枕服岐城之妻子等 令知去國之心"

월에 백제왕 善光王이 難波에 기거하였다는 기록이 보인다.[40] 의자왕
의 경우도 그의 諱가 義慈이기 때문에 의자왕이라고 불린 것처럼 부여
선광도 선광왕으로 불리웠고, 그는 백제왕 풍장의 뒤를 이은 셈이다.

백제왕 선광왕은 675년 정월 초하루에 舍衛國의 여자, 墮羅國의 여
자, 新羅國의 仕丁 등과 함께 天武에게 약과 진기한 물품을 바쳤다고
한다.[41] 정월 초하루에 왕에게 약을 바치는 것은 무병장수를 비는 풍
습이다. 그런데 舍衛國 墮羅國 新羅國의 사람들과 백제왕 선광왕이 함
께 바친 것은 당시 왜가 생각하는 외국이라고 할 수 있다. 舍衛國은 인
도의 사위국, 墮羅國은 타이 메남강 하류의 왕국 Dvravati국 즉 중국 사
료에 보이는 墮和羅 獨和羅 墮羅鉢底 등으로 나타나는 나라이다.[42] 이
기사를 통해서 백제왕 선광이 왜인으로 인식되고 있는 것이 아니라 인
도, 타이, 신라 등과 같이 외국인으로 간주되고 있음을 알 수 있다. 물
론 형식적인 상황이기는 하지만 백제국과 백제왕의 존재를 인정하고
있는 것이다.

유사한 사례는 또 있다. 天武가 죽자 장송의례의 일부로 誄라고 하
여 죽은 자를 추모하여 그 영에게 말을 하는 의식이 치루어졌다. 그때
백제왕 선광을 대신하여 백제왕 양우가 誄詞를 바쳤다. 그런데 그 진
행과정을 보면 먼저 왜의 관인들이 壬生, 諸王, 宮內, 左右大舍人, 左右
兵衛, 內命婦, 膳職의 誄詞, 太政官, 法官, 理官, 大藏, 兵政官, 刑官, 民
官의 誄詞, 諸國의 國司의 誄詞, 이어서 大隅와 阿多의 隼人, 倭와 河內
의 馬飼部造 등이 誄詞를 사흘에 걸쳐서 바쳤다. 그리고 마지막 날 먼
저 백제왕 양우가 백제왕 선광을 대신하여 誄詞를 바치고 마지막으로
諸國의 國造가 誄詞를 바쳤다.[43]

---

40) ≪日本書紀≫ 天智 三年 三月, "以百濟王善光王等 居于難波 有星殞於京北"
41) ≪日本書紀≫ 天武 四年 春正月, "丙午朔 大學寮諸學生·陰陽寮·外藥寮 及舍
　　衛女·墮羅女·百濟王善光·新羅仕丁等 捧藥及珍異等物進"
42) ≪舊唐書≫ 南蠻傳 墮和羅條 등 참조.

이러한 순서는 당시 왜가 생각하고 있었던 세계관을 반영하고 있는
것이다. 誄詞를 바친 순서는 중심으로부터 주변으로 가고 있는 셈이다.
우선 왜왕의 왕실과 직접 관련이 있는 사람들, 다음으로는 왜왕이 거
느리는 관인들, 다음은 일본열도의 이종족인 隼人과 蝦夷, 그리고 마지
막으로 외국으로서 백제왕의 순서인 것이다.

선광왕이 백제왕 풍장의 뒤를 이은 백제왕이라는 사실을 보다 직접
적으로 보여주는 사료는 그를 백제왕 여선광이라고 한 사료에서 확인
할 수 있다.[44] 호칭과 이름의 구성에 있어서도 이 시기의 百濟王은 일
본적인 우지(氏) + 카바네(姓)가 아니라 일반명사로서 백제의 王이라
는 뜻이었던 것으로 볼 수 있다.[45] 百濟王 餘善光이라는 용례[46]에서도
알 수 있듯이 百濟王이 氏姓이라면 餘라는 원래의 姓은 필요가 없는

---

43) ≪日本書紀≫ 天武 朱鳥 元年 九月 甲子平旦, "諸僧尼發哭於殯庭乃退之 是
日 肇進奠卽誄之 第一大海宿祢蒲 誄壬生事 次淨大肆伊勢王 誄諸王事 次直大
參縣犬養宿祢大伴 總誄宮內事 次淨廣肆河內王 誄左右大舍人事 次直大參當
麻眞人國見 誄左右兵衛事 次直大肆采女朝臣竺羅 誄內命婦事 次直廣肆紀朝
臣眞人 誄膳職事 乙丑 諸僧尼亦哭於殯庭 是日 直大參布勢朝臣御主人 誄大政
官事 次直廣參石上朝臣麻呂 誄法官事 次直大肆大三輪朝臣高市麻呂 誄理官
事 次直廣參大伴宿祢安麻呂 誄大藏事 次直大肆藤原朝臣大嶋 誄兵政官事 丙
寅 僧尼亦發哀 是日 直廣肆阿倍久努朝臣麻呂 誄刑官事 次直廣肆紀朝臣弓張
誄民官事 次直廣肆穗積朝臣蟲麻呂 誄諸國司事 次大隅·阿多隼人 及倭·河內
馬飼部造 各誄之 丁卯 僧尼發哀之 是日 百濟王良虞 代百濟王善光而誄之 次
國國造等 隨參赴各誄之 仍奏種種歌"
44) ≪日本書紀≫ 持統 五年 春正月 己卯, "賜公卿飮食衣裳 優賜正廣肆百濟王餘
禪廣·直大肆遠寶·良虞與南典 各有差"
45) 天智期의 백제왕이라는 칭호에 대하여, 실질적으로 백제의 왕으로 인정하고
백제 망명정권이 수립되었다고 보는 견해(利光三津夫, 1967 <百濟亡命政權
考> ≪律令制とその周邊≫)와 예우의 차원에서 사용하였다는 견해(박윤선,
<앞 논문>)도 제기되어 있다. 그러나 백제왕이라는 용어가 백제왕을 뜻한다
고 보는 것과 백제 망명정권의 수립을 인정하는 것은 별개의 논의라고 할 수
있다.
46) ≪日本書紀≫ 持統 五年 春正月 己卯, "賜公卿飮食衣裳 優賜正廣肆百濟王餘
禪廣·直大肆遠寶·良虞與南典 各有差"

셈이다.

따라서 비록 일본의 관위를 가지고 있다고 하더라도 餘善光은 691년 단계까지는 백제의 왕으로 인정받고 있었던 셈이다. 무엇보다 결정적인 근거로는 百濟王 敬福의 薨傳에서 百濟王이라는 姓을 받은 것이 持統 때라고 하였으므로, 天智·天武期의 百濟王이라는 칭호가 의미 그대로 百濟의 王을 지칭하는 것임을 확인할 수 있다. 그러나 百濟王 餘善光이라고 한 직후에 百濟王善光이라는 기록이 나타나는 것으로 보아 持統期에 들어서도 百濟王이라는 칭호가 백제의 왕이라는 의미와 善光 일족을 가리키는 氏姓的인 의미 사이에서 동요하고 있었던 생각된다.[47] 이러한 동요과정을 거치면서 점차로 百濟王이 氏姓的인 의미로 고정된다고 하겠다.

따라서 百濟王善光王이라는 기사에서 善光王의 王을 衍文 혹은 수식으로 보는 의견도 있으나,[48] 이 시기에는 백제왕으로서 선광왕이라는 인식이 존재하고 있었기 때문에 이러한 표현이 사용된 것으로 보아야 할 것이다. 의자왕·풍장왕·선광왕으로 이어지는 백제의 왕통을 최소한 백제유민들은 의식하고 있었을 것이다. 이를 보강할 수 있는 사료로는 百濟王敬福의 薨傳을 들 수 있다.[49] 이 기사에서도 豊璋과 善光을 각각

---

47) ≪日本書紀≫ 持統 五年 正月 乙酉, "增封 皇子高市二千戶 通前三千戶 淨廣 貳皇子穗積五百戶 淨大參皇子川嶋百戶 通前五百戶 正廣參右大臣丹比嶋眞人 三百戶 通前五百戶 正廣肆百濟王禪廣百戶 通前二百戶 直大壹布勢御主人朝 臣與大伴御行宿祢八十戶 通前三百戶 其餘增封 各有差"

48) 1998 ≪新編日本古典文學全集 3(日本書紀)≫ (小學館) 264 頭註 19

49) ≪續日本紀≫ 天平神護 二年 六月 乙酉朔, "壬子 刑部卿從三位百濟王敬福薨 其先者出自百濟國義慈王 高市岡本宮馭宇天皇御世 義慈王遣其子豊璋王及禪 廣王入侍 于後岡本朝廷 義慈王兵敗降唐 其臣佐平福信剋復社稷 遠迎豊璋 紹 興絶統 豊璋纂基之後 以譖橫殺福信 唐兵聞之復攻州柔 豊璋與我救兵拒之 救 軍不利 豊璋駕船遁于高麗 禪廣因不歸國 藤原朝廷賜號曰百濟王 卒贈正廣參 子百濟王昌成 幼年隨父歸朝 先父而卒 飛鳥淨御原朝世贈小紫 子郎虞 奈良朝 廷從四位下攝津亮 敬福者卽其第三子也 放縱不拘 頗好酒色 感神聖武皇帝殊

豊璋王과 善光王이라고 하여 이름 뒤에 왕을 붙이고 있다.

다만 이때 문제가 되는 것은 昌成과 良虞[50) 등 善光의 아들들에 대해서도 百濟王이라는 호칭을 사용한 점이다. 앞에서도 언급한 것처럼 昌成은 善光의 뒤를 이를 왕자였으므로, 아직 百濟王이 姓으로 확정되지 않은 단계, 즉 善光이 百濟王 善光王으로 불리는 단계에서 昌成에게 어울리는 호칭은 百濟王子이다. 豊璋이 일본에 체류하고 있을 때 백제 왕자로 불린 것과 마찬가지다. 이들에 대해서 百濟王을 쓴 것은 百濟王이 氏姓으로 고정되고 난 이후의 관념에 입각하여 일괄적으로 百濟王을 追記한 것으로 보고자 한다. 善光에 대한 호칭에 있어서는 善光王, 餘善光 百濟王善光 등 여러 가지 호칭으로 나타나 동요를 보이고 있으나, 그의 일족에 대해서는 획일적으로 백제왕으로 되어 있는 점에서 이러한 추측이 가능하리라 본다.[51)

이들 백제왕 일족은 豊璋이 백제 부흥에 실패하고 고구려로 도피한 직후에 難波에 거주하게 되었다. 이들이 難波地域에 있었을 당시에는 百濟郡이 설정되어 있었다. 百濟郡은 東部 西部 南部 등 백제의 五部五方制에 유래한 것으로 보이는 鄕이 설치되어 있었고, 독자적인 條里 명칭이 없었으며, 거주한 씨족들의 분포를 조사해보면 대부분이 백제계의 도래씨족이라는 점 등으로 미루어,[52) 百濟王氏를 정점으로 한 백

加寵遇 賞賜優厚 時有士庶來告淸貧 每假他物 望外輿之 由是 頻歷外任 家无 餘財 然性了辨 有政事之量 天平年中 仕至從五位上陸奧守 時聖武皇帝造盧舍 那銅像 冶鑄云畢 塗金不足 而陸奧國馳驛 貢小田郡所出黃金九百兩 我國家黃 金從此始出焉 聖武皇帝甚以嘉尙 授從三位 遷宮內卿 俄加河內守 勝寶四年拜 常陸守 遷左大辯 頻歷出雲·讚岐·伊豫等國守 神護初 任刑部卿 薨時年六十九"

50) ≪日本書紀≫ 天武 朱鳥 元年 九月 丁卯, "僧尼發哀之 是日 百濟王良虞 代百 濟王善光而誄之 次國國造等 隨參赴各誄之 仍奏種種歌"

51) ≪日本書紀≫에서 획일적인 追記 등의 사례로는 國郡制가 성립되기 전에 존 재하였던 評을 모두 郡으로 기록한 예 등이 있다.

52) 吉田晶, 1982 ≪古代の難波≫ (敎育社) 1982

제유민의 자치구적인 성격을 가졌던 것으로 추측된다. 이러한 百濟郡
이 설치된 시기는 분명하지 않으나, 長屋王木簡 중에 '百濟郡 南里'라
는 내용이 있는 것으로 715년 이전에 존재하고 있었던 것으로 보인다.
664년에 善光王이 難波에 거주하게 된 사실이나, 691년에 百濟王 일족
에 대한 賞賜 등으로 미루어, 7세기 후반에 이미 설치되었을 가능성이
있으나 확증은 없는 상태다.[53]

백제왕씨의 이러한 동향을 볼 때, 676년에 신라와 당의 전쟁이 일단
락된 뒤, 백제의 부흥 가능성이 완전히 사라진 상황에서, 백제왕으로
불리던 의자왕의 후손들은 더 이상 '백제의 왕'일 수 없는 상황에 이르
렀다. 그래서 百濟王이라는 姓氏를 가진 일본 고대국가의 신료로 그
입장이 바뀐다. 즉 일본의 천황을 정점으로 하는 일본 중심의 질서에
편입된 것이다. ≪일본서기≫에 인용된 ≪百濟本記≫는 백제왕씨의
입장에서 자기 가문의 '本記'로서 제출된 것일 가능성이 있다. 따라서
그 내용이 자신들이 일본에 臣屬해 있는 것처럼, 과거의 백제가 일본
에 臣屬했었던 것처럼 기술할 수밖에 없는 상황이 된 것이다.

---

53) 大阪市文化財協會, ≪細工谷遺跡發掘調査報告≫ Ⅰ, 제4절 百濟王氏と<百濟
尼寺> 142

Three Books of Baekje and the Status of Baekje Drifters

Lee, Keun-Woo

The contents of the Records of Baekje (百濟記), one of the three books of Baekje (百濟三書), shows that this book describes primarily the deeds of Mokragunja(木羅斤資) and Mokmanchi(木滿致). The time range of this book also corresponds with the period when two people exerted themselves in Korean peninsula. Of the two people, the latter had the close relationship with Wa(倭). He had the similar name with Soganomachi(蘇我滿智). For that reason, there is the opinion that Soganomachi is the same person with Mokmanchi. We can't completely rule out the possibility that the Records of Baekje was compiled by the Mokmanchi's descendent clan.

New History of Baekje(百濟新撰) must be treated carefully to divide the content from the body of the Chronicle of Japan(Nihonshoki) and that from the inserted notes. The text of the Chronicle of Japan(Nihonshoki) describes that Konji(昆支) was King of Baekje and he gave birth to five children in Japan, but New History of Paeckche quoted in the inserted notes seems to describe the chronological history of Baekje . For that reason, New History of Baekje has the possibility to maintain the original form of Baekje 's historiography.

The original material of History of Baekje(百濟本記) seems to be the historiography of Baekje treating the history until the middle of 6C. It cannot be the special document only dealing with the relationship between Baekje and Japan. But it includes the special terms, like Japan(日本),

emperor(Tennou, 天皇), kasikokiguni(貴國). These terms reflect the thought of inner Japan during the end of 7C and the early stage of 8C. Therefore, History of Baekje was regarded to lose the original form. There is a possibility that Kudaranokonikisi(百濟王氏), the descendent clan of Baekje king, revised the original document and submit to the editors of the Chronicle of Japan(Nihonshoki). Because they were already retainer to the court of Japan, they had to revise the original document according to the Japanese thought of the beginning of 8C.

Key words: Records of Paekcche(百濟記), Mokmanchi(木滿致), New History of Baekje (百濟新撰), Konji(昆支), History of Baekje (百濟本記), Kudaranokonikisi(百濟王氏), Chronicle of Jpan(Nihonshoki, 日本書紀), Wa(倭), Japan(日本), emperor(Tennou, 天皇)

「百済三書」と百済系流民の位相

李根雨

百済三書のひとつ「百済記」の内容は、木羅斤資と木満致の行跡を記述することを目的としている。この書物に含まれる時期は、二人が朝鮮半島で活動した時期と一致している。後者は倭と密接な関係を持っていた。彼は蘇我満智と類似している。そのため、蘇我満智を木満致と同じ人物とする見解もある。「百済記」が木満致の後裔氏族により編纂された可能性を完全に排除することはできない。

「百済新撰」は、日本書紀の本文と、注釈として引用された部分に分けて取り扱う必要がある。日本書紀の本文では、昆支百済の王であり、日本で五人の子女をもうけたとされている。しかし、注釈に引用された「百済新撰」では、百済の年代期を記述しているものと考えられる。従って、「百済新撰」は百済の歴史記録の原型を維持している可能性がある。

「百済本記」の元史料は、6世紀中葉までの百済の歴史を扱う歴史的記録として考えられている。当文献は百済と日本の関係だけを扱う文献ではない。しかし、当文献は日本、天皇、貴国のような特別な用語を盛り込んでいる。このような用語は7世紀末及び8世紀初期の日本国内の思考を反映している。そのため、「百済本記」は文献の原型を失ったと思われる。百済王の後裔氏族である百済王氏が元史料を修正し、「日本書記」の編纂者に提出した可能性がある。百済王氏達は既に日本朝廷の臣下の身分であったため、彼らは8世紀初の日本の観念に基づき元史料を修正しなければならなかったはずである。

主題語：百済記、百済新撰、百済本記、木羅氏、昆支、百済王氏

7~9세기 신라와 일본의 불교교류에 대한 연구동향 검토

최 연 식*

Ⅰ. 머리말

7세기 후반에서 9세기 말 사이에 한국과 일본은 매우 활발하고 생산적인 문화교류를 행하였다. 7세기 후반 백제와 고구려를 멸망시키고 동아시아의 유력한 정치세력으로 등장한 통일신라와 역시 7세기 후반 다이카(大化)개신을 통해 강력한 중앙집권적 국가체제를 형성한 일본은 새롭게 형성된 唐나라 중심의 세계 질서 안에서 스스로의 위상을 확보하고 국가적 안정성을 유지하기 위하여 긴밀하게 교류하면서 많은 영향을 주고받았던 것이다. 특히 당나라의 선진 문화 수용을 통해 국

─────────────────
* 목포대학교 역사문화학부 조교수

가체제를 보다 안정적으로 운영하고자 했던 일본은 신라를 통한 당나라의 문화 수용에 적극적이었고, 그 과정에서 신라의 문화도 폭넓게 수용하게 되었다.

당시 문화 전반에서 차지하는 불교의 위상이나 당나라에 못지않게 높은 수준을 보였던 통일신라 불교학의 수준을 고려할 때, 불교 분야의 교류는 통일신라와 일본 사이의 문화교류 중에서도 가장 중요한 내용이었을 것으로 생각된다. 더욱이 일본의 불교는 백제를 비롯한 한반도 고대국가들의 영향 하에 기초가 마련되었으므로, 삼국의 불교를 계승한 통일신라의 불교는 별다른 이질감 없이 기존의 불교 수용의 연장선상에서 자연스럽게 일본에 수용되었을 것이다. 하지만 이 시기 통일신라와 일본의 불교 교류의 실상은 그다지 명확하게 알려져 있지 않다. 문헌자료에 승려들의 교류, 특히 일본 승려의 신라 유학 사례가 적지 않게 보이고 있지만 그들의 이름과 유학 시기만 알려져 있을 뿐, 그들이 신라에서 어떠한 불교를 수학하였으며 그것이 일본에 어떻게 수용되었는지에 관한 구체적인 자료들은 전해지고 있지 않다. 또한 당시 일본의 寫經 기록들에는 적지 않은 신라 승려들의 저술이 일본 승려들에 의해 필사되어 읽혔던 모습이 나타나고 있지만 이 책을 읽었던 일본 승려들의 저술이 거의 남아 있지 않기 때문에 신라의 불교 사상이 일본 승려들에게 구체적으로 어떤 영향을 미쳤는지 제대로 알기 어렵다.

이처럼 구체적인 자료의 부족으로 7~9세기 신라와 일본의 불교교류에 대해서는 많은 내용을 알 수 없지만 그런 가운데에도 1970년대 이후 제한된 자료를 통하여 당시 두 나라 사이의 불교교류의 모습을 추적하는 선구적 연구들이 제시되고 있으며, 이를 통하여 신라와 일본의 불교교류 실상, 나아가 당시 두 나라 불교계의 구체적 동향들이 조금씩 밝혀지고 있다. 특히 근래에는 역사학자 이외에 불교학 전공자들이 참여하여 당시의 불교 저술들을 새롭게 발굴하고 거기에 나타난 사

상적 교류의 실상을 밝혀내는 등 연구의 내용이 점차 심화되어 가고
있다. 당시의 활발한 불교교류를 고려할 때 현재까지의 연구는 아직
초보적 단계에 불과하다고 할 수 있지만 점차 많은 연구자들이 참여하
고 있으므로 보다 구체적인 내용을 밝히는 단계로 발전될 수 있을 것
으로 기대되는 것도 사실이다. 이 글에서는 먼저 7~9세기 신라와 일
본의 불교교류에 대한 기존의 연구를 검토하여 현재까지 알려진 역사
적 사실들을 정리하고,[1] 이러한 연구 성과들이 한국과 일본의 역사 개
설서 및 교과서들에는 어느 정도 표현되고 있는지 살펴보고자 한다.
그리고 나아가 이 분야 연구의 앞으로의 과제와 당시 한국과 일본의
불교교류가 두 나라 불교의 전개 과정에서 어떠한 의미를 갖고 있었는
지에 대하여도 생각해 보고자 한다.

Ⅱ. 7~9세기 신라와 일본의 불교교류
관련 연구의 현황

7세기 후반 이후 신라와 일본의 불교교류가 활발하였음은 일본의
史書에 전하는 일본 승려들의 활발한 신라 유학 및 일본 고대의 寫經
문서에 보이는 신라 승려들의 저술에 대한 빈번한 筆寫 사실에서 확인
된다. 신라에 유학한 승려들은 '新羅學問僧'으로 불렸는데,[2] 연대기 자

---

1) 통일신라와 일본 사이의 불교교류에 관한 주요한 역사적 사실 및 그에 관한
   기존의 연구들에 대해서는 정병삼, 2002 <고대 한국과 일본의 불교교류>
   ≪한국고대사연구≫ 27에 종합적으로 정리된 바 있다. 이 글에서는 연구의
   발전과정에 중점을 두고 검토하고자 한다.
2) '新羅學問僧'에 대해서는 신라 출신으로 일본에 건너온 승려를 가리킨다는 견
   해와 일본 출신으로 신라에 유학하였던 승려를 가리킨다는 견해가 제기되었
   지만, 여러 문헌자료의 사용례로 볼 때 후자의 견해가 타당한 것으로 생각되

료인 ≪日本書紀≫와 ≪續日本記≫에는 모두 14명의 新羅學問僧이 보이고 있다. 이들은 공식적으로 국가에 의하여 파견된 경우이고 그밖에 확인되지 않았거나 私的으로 유학한 승려들의 수는 더욱 많았을 것으로 추정된다.[3] 또한 唐으로 유학한 승려들의 경우에도 대부분은 入唐 혹은 歸國 길에 신라를 경유하면서 일정 정도 신라 불교에 접하였을 것으로 추정되므로,[4] 이들을 포함하면 신라에서 불교를 공부하거나 신라 불교를 접한 승려들의 수는 상당한 숫자에 이르렀다고 볼 수 있다. 한편 일본의 8세기 奈良時代의 寫經 기록에 의하면 신라 승려의 저술 140여 종이 180여 회에 걸쳐 필사되었으며,[5] 이는 900여 회에 이르는 중국 승려의 저술에 대한 필사회수의 20% 정도에 해당하고 있다.

이와 같이 적지 않은 일본 승려들이 신라에 유학하여 불교를 공부하였고, 많은 신라 승려들의 저술이 일본에서 필사되었다는 사실은 당시 신라와 일본의 불교교류가 활발하였고 일본 불교계가 신라 불교로부터 적지 않은 영향을 받았음을 보여주는 것이라고 할 수 있다. 하지만 현재 전해지는 자료들은 승려의 이름과 저술 제목이 대부분이고, 구체적으로 그들의 신라와 일본에서의 행적이나 해당 저술들의 일본 불교계

고 있다.

3) 11세기에 편찬된 佛書목록인 ≪東域傳燈目錄≫에도 ≪瑜伽論料簡≫의 撰者로 '新羅學問僧 行達'이 보이고 있다(大正藏 55책, 1157a).

4) 隋나 唐에 유학한 승려들 중 惠濟·惠光(623년 귀국), 惠隱·惠雲(639년 귀국), 請安(640년 귀국), 智通·智達(658년 출국), 智宗·淨願(690년 귀국) 등이 출국 혹은 귀국할 때 新羅船을 이용하였으며, 이들은 도중 신라에 일정 기간 체재하였을 것으로 생각되고 있다.

5) 石田茂作, 1930 <奈良朝現在一切經疏目錄>(≪寫經より見たる奈良朝佛教の硏究≫ 附錄, 東京 東洋文庫)에 의함. 승려별로 구분하면 元曉의 저술이 60종 83회로 가장 많으며, 義寂 14종 22회, 憬興 14종 20회, 圓測 16종 19회, 玄一 7종 10회, 勝莊 5종 7회, 道證 3종 5회, 智仁 4종 4회, 太賢 3종 4회, 大衍 2종 4회, 義相 1종 3회, 슈因 2종 2회, 法安 1종 2회, 圓光 1종 2회, 기타 明皛·表員·遁倫·順憬·法位·神昉·道詮·義榮·道勝·審祥 등이 1종 1회씩이다.

에서의 유통 상황 및 일본 불교계에 미친 영향 등에 관한 사실은 거의
전해지지 않고 있다. 당시 신라와 일본 불교계가 긴밀한 관련을 맺었
다는 전체적 흐름만 알 수 있을 뿐 그 구체적 내용은 확인되지 않고
있는 것이다.

  이처럼 전체적인 흐름만 알 수 있을 뿐 구체적인 내용이 알려져 있지
않던 신라와 일본의 불교교류에 관한 구체적 연구는 1970년대 이후에
비로소 시작되었다. 이 분야의 선구자라고 할 수 있는 다무라 엔초(田村
圓澄)는[6] 1970년대 초에 일본 나라시대 불교학의 주류적 흐름이었던
唯識學이 신라를 통해 수용되었다는 견해를 제시하면서 일본 고대불교
사상에 미친 신라 불교의 영향을 재인식할 필요성을 제창하였다. 전통
적으로 일본의 유식학은 중국에 유학하여 玄奘과 그의 문도들이 수립한
新唯識의 法相宗을 수학하고 돌아온 승려들에 의해 전래되었다고 이해
되어 왔다. 하지만 다무라는 기존의 자료를 면밀하게 검토한 결과 일본
법상종의 初傳者로 알려진 道昭나 두 번째 전래자인 智通·智達 등은 중
국이 아닌 신라에 유학하였으며, 그들이 전래해 온 것은 당시 신라에서
성행하고 있던 舊唯識의 攝論宗이라고 주장하였다.[7] 그리고 실제로 법
상종이 전래된 것은 세 번째와 네 번째 전래자로 알려진 智鳳과 玄昉
등이 중국에 유학하고 돌아온 8세기 이후의 일이며 이때에 이르러 기존

---

6) 田村圓澄는 九州大學 교수로 재직하던 1960년대 후반 미국의 베트남 침공에
   반대하는 학생들의 항의 집회를 겪으면서 일본 고대불교사를 현실과 관련하
   여 연구할 필요성을 인식하였고 그것이 일본 불교와 한국 불교의 관계를 검
   토하는 계기가 되었다고 이야기하고 있는데, 이는 비슷한 시기에 일본 사회의
   反美 분위기 속에서 일본사를 동아시아사의 관점에서 이해할 것을 주장한 西
   嶋定生의 학문 경향과 상통하는 것이라고 볼 수 있다. 田村는 한편으로 1960
   년대말 미국 유학 중에 서구의 일본학 연구자들이 동아시아 전체의 흐름 속
   에서 일본을 연구하는 것을 통해서도 동아시아적 관점에서의 일본불교사를
   이해할 필요성을 인식하게 되었다고 이야기하고 있다.
7) 田村圓澄, 1970 <攝論宗の日本傳來について> ≪南都佛教≫ 25 ; 田村圓澄,
   1974 <攝論宗の日本傳來について(補說)> ≪南都佛教≫ 32

의 섭론종이 법상종에 포섭되었을 것으로 추정하였다.

섭론종은 중국에서 6세기 말에 등장하여 7세기 전반 경까지의 짧은 시기 동안 존재하였던 학파로서 종래 일본 고대불교의 학파들을 총칭하는 6宗에는 포함되지 않았다는 점에서 다무라의 연구는 일본 고대불교에 대한 전통적 이해를 재검토할 필요성을 제기한 것이라고 할 수 있다. 특히 그동안 무시되어 왔던 신라불교와의 관련성을 통하여 일본 고대불교를 재검토하려하였다는 점에서 중요한 의미를 갖는다고 평가할 수 있다.[8]

다무라는 이어서 일본에서의 쇼토쿠(聖德) 太子에 대한 신앙의 변화 과정을 추적하면서 그러한 인식 변화의 배경에 신라 불교의 영향이 있음을 지적하는 연구를 발표하였다.[9] 이에 의하면 쇼토쿠 태자의 사망 이후 그를 추모하기 위해 건립된 고류지(廣隆寺) 등의 사찰에는 신라 계통의 반가사유상들이 봉안되었는데, 이는 쇼토쿠 태자가 생전에 즉 신라 및 신라계 이주민과 긴밀한 관계를 맺고 있었고 그를 추모하는 사찰들이 대부분 신라계 이주민들에 의해 건립되었기 때문이었다. 그런데 신라의 경우 반가사유상은 미륵보살의 화신으로서 이 세상에 이상 세계를 가져오는 선구자적인 존재, 구체적으로는 花郞으로 여겨지고 있었으므로 쇼토쿠 태자도 일본에서 그와 같은 존재로 여겨지게 되었다. 한편 8세기 이후에는 반가사유상에 대신하여 호류지(法隆寺) 등에 봉안된 석가모니상이 쇼토쿠 태자를 상징하는 불상으로 널리 받들어지게 되었는데, 이 역시 신라 불교계의 변화를 반영하는 것이었다.

---

8) 나라시대의 불교 사상 중에 攝論學이 있었으며 그것은 아마도 신라로부터 전해져왔을 것이라는 견해는 일찍이 富貴原章信에 의해서도 제시된 바 있지만 (富貴原章信, 1944 ≪日本唯識思想史≫ 第二章 攝論宗の日本傳來), 그 구체적인 전래 시기나 전래자가 제시되지 않은 단순한 추정에 머물렀다.

9) 田村圓澄, 1975 <半跏思惟像と聖德太子信仰> ≪新羅と飛鳥·白鳳の仏敎文化≫ (吉川弘文館)

즉 삼국통일 이후 신라에서는 반가사유상에 대한 신앙이 쇠퇴하고 그
에 대신하여 중국의 불교와 구별되는 신라의 독자적인 불교에 대한 의
식이 고조되었으며, 중국 유학을 단념하고 독학으로 독자적인 불교사
상체계를 수립한 元曉는 그 상징적 인물로 받들어지게 되었다. 이러한
신라 불교의 영향 하에 일본에서도 일본의 불교를 상징하는 인물이 요
구되었고, 그에 따라 쇼토쿠 태자를 일본에 化現하였던 부처로서 일본
에서 불교사상체계를 수립하고 일본의 國家佛敎를 완성한 존재로 여기
는 인식이 형성되었다.

다무라는 이와 같은 쇼토쿠 태자에 대한 인식의 변화는 다이카(大
化)개신으로 중앙집권적 정치체제를 이루게 된 일본 왕실이 기존 귀족
층과 연결되어 있던 백제계 불교를 대신하기 위해 신라 불교를 적극적
으로 수용한 결과로써, 7세기 후반에서 9세기 초 헤이안(平安; 교토) 천
도 이전까지의 이른바 하쿠호(白鳳), 덴표(天平)시기의 문화는 신라 문
화 특히 신라 불교와 흐름을 같이하는 것으로 보았다.[10] 또한 倭로부
터 日本으로 국호의 변경에 나타나는 일본의 국가주의 역시 唐과의 대
립 속에서 국가의식을 성장시킨 신라 문화의 영향이라고 보았다.

다무라의 연구와 비슷한 시기에 일본의 문헌학과 미술사분야에서도
나라시대 불교와 신라 불교의 긴밀한 관련성을 제기하는 연구들이 등
장하였다. 특히 일본 고대 불교조각 연구자인 모리 히사시(毛利 久)는

---

10) 7세기 후반 신라와 일본에서 비슷한 시기에 등장하는 ≪金光明經≫ 신앙과
雙塔 가람 양식 사찰의 등장 등을 그 구체적 예로 들고 있다[田村圓澄, 1980
<飛鳥・白鳳仏敎の諸相> ≪古代朝鮮佛敎と日本佛敎≫ (吉川弘文館)]. 한편
中井眞孝 역시 遣唐使 中斷期에 신라를 통한 문화교류가 활발하였고 그 결과
7세기 후반에서 8세기에 걸쳐 일본의 불교가 신라 불교와 비슷한 양상을 보
였다고 이야기하고 있는데, 그는 그 구체적 사례로서 일본의 國大寺제도 및
造○○寺司제도와 신라의 成典寺院 제도의 유사성, 신라와 일본 왕실에서의
火葬의 등장, 慈藏과 僧旻의 정책 고문으로서의 위상 등을 들고 있다[中井眞
孝, 1994 ≪朝鮮と日本の古代佛敎≫ (東方出版)]

다무라와의 교류를 배경으로 신라와 고대일본의 불교조각을 비교하여 신라의 불교조각 양식이 일본의 불교조각에 반영되고 있음을 밝히는 연구를 진행하였다.11) 그는 7세기 이후 신라 석불에는 군위 삼존불에 나타나는 것과 같은 신체를 덩어리적으로 표현하는 양식과 金光寺 여래입상에 보이는 것과 같은 유려한 衣文표현의 양식 등 두 가지 양식이 나타나는데,12) 이 중 첫 번째 양식이 신라와 관련이 있는 當麻氏의 氏寺인 當麻寺 불상이나 한반도 출신 이주민들의 거주 지역인 狛坂의 마애불에 나타나고 있으며, 두 번째 양식은 7세기 후반 일본 하쿠호(白鳳) 불상들에 널리 나타나고 있다고 하였다.13)

종래 하쿠호 불상들은 당나라 불상 양식을 수용한 것으로 이해되고 있었는데, 모리는 7세기 후반 일본과 당나라의 교류가 실질적으로 단절되었던 사실에 입각하여 당나라 양식보다도 신라 불상양식과의 비교가 필요하다고 인식하였고, 이러한 인식을 토대로 하쿠호 불상에 반영된 신라의 불상양식을 확인하였던 것이다. 한편으로 그는 신라의 불상 양식은 중국의 양식을 수용하여 신라에 맞게 변화시킨 것이며, 하쿠호 시대 불상의 특성으로 나타나는 童顔形 모습 역시 신라의 양식을 수용하면서 일본에 맞게 변형된 것이라고 하였다.

그는 또한 고류지의 寶冠 반가사유상에 대한 검토를 통해 이 불상이 신라 양식이며, 이후 7세기 중엽 이후 제작된 일본의 반가사유상들에 이러한 신라의 양식이 계승되고 있음을 밝혔는데,14) 이는 일본에서의

---

11) 田村보다 1년 연상인 毛利 久는 京都大學 史學科 출신으로 京都博物館과 神戸大學, 奈良大學 등에서 근무하였고, 일본의 고대와 중세 불교조각에 대해 연구하였다.
12) 그는 이 두 가지 양식이 석굴암 본존불에서 종합화되어 표현되고 있다고 보고 있다.
13) 毛利 久, 1973 <當麻寺彌勒佛像と新羅樣式> ≪日本のなかの朝鮮文化≫ 20 ; 1975 <白鳳彫刻の新羅的要素> ≪新羅と飛鳥·白鳳の仏敎文化≫ (吉川弘文館)
14) 毛利 久, 1977 <廣隆寺寶冠彌勒像と新羅樣式の流入> ≪白初洪淳昶博士還曆

신라 불상 양식 수용이 하쿠호 시대 이전부터 있었던 것임을 보여주는 동시에[15] 고류지 보관 반가사유상이 쇼토쿠 태자를 추모하기 위해 신라에서 기증된 불상으로서 신라와 쇼토쿠 태자의 밀접한 관계를 보여주며, 이후 7세기 후반 일본 불교가 신라 불교와 긴밀하게 연결되는 계기가 되는 불상이라는 다무라의 견해를 보강한 것이라고 할 수 있다.[16]

한편 東大寺에 소장되어 있는 고문서들을 이용하여 동대사를 비롯한 나라 지역 사찰들의 역사를 종합적으로 검토해 온 호리이케 슌포(堀池春峰)는[17] 동대사에 남아 있는 나라시대의 寫經 관련 문서들을 토대로 8세기 중엽 동대사 창건과 화엄종 개창에 신라 불교의 영향이 지대하였음을 입증하는 논문을 발표하였다.[18] 역사 자료를 통하여 동대사 창건 과정을 검토한 호리이케는 동대사 창건에 한반도 출신 이주민들의 역할이 컸으며,[19] 그 중에서도 新羅學問僧 審祥의 ≪화엄경≫ 강설이 결정적 역할을 하였다고 평가하였다. 호리이케는 나아가 당시의 寫經 문서들에 나타난 기록을 면밀히 정리하여 심상과 관련된 문헌들의 행방을 추적하여 심상이 소장하였던 불교문헌의 목록을 재구성하였

紀念史學論叢≫

15) 이런 시각에서 그는 삼국시대의 불상양식과 일본 飛鳥시대 불상 양식을 비교하는 연구를 진행하기도 하였다[毛利 久, 1978 <三國彫刻と飛鳥彫刻> ≪百濟文化と飛鳥文化≫ (吉川弘文館)].

16) 田村나 毛利와 달리 廣隆寺 寶冠 반가사유상을 신라가 아닌 백제(계) 불상으로 보는 견해도 강력하게 제시되고 있다[岩崎和子, 1985 <廣隆寺寶冠彌勒に關する二・三の考察> ≪半跏思惟像の研究≫ (吉川弘文館)].

17) 堀池春峰은 京都大學 史學科 출신으로 奈良 지역을 중심으로 한 일본 고대 寺院에 대한 연구를 진행하였다.

18) 堀池春峰, 1973 <華嚴經講說より見た良弁と審詳> ≪南都佛敎≫ 31

19) 東大寺의 前身인 金鐘山寺를 창건하고, 동대사 개창을 주창하였던 良弁은 백제계 이주민의 후손이었고, 심상을 이어서 ≪화엄경≫ 강설을 담당하였던 慈訓과 慶俊 역시 백제계 이주민인 船氏와 葛井氏 출신이었다. 또한 자신을 따르는 많은 사람들과 함께 동대사 개창 공사에 적극적으로 참여한 行基 역시 한반도 이주민의 후손이었다.

다. <大安寺審詳師經錄>으로 명명된 이 목록에는 신라 승려의 저술들이 중국 승려의 저술에 못지않은 비중을 차지하고 있었으며,[20] 정창원에 남아 있는 동대사의 도서 대출 관련 기록이나 사경 문서 등을 통하여 심상의 사후 동대사에 보관되었던 이 문헌들이 나라시대 승려와 귀족들에 의해 중시되었음이 확인되었다.[21]

동대사 창건 직전 심상의 ≪화엄경≫ 강설은 이전부터 알려졌던 사실이었지만 종래에는 동대사 창건 및 화엄종 개창에 대하여 일본 왕실 혹은 천황의 정치적 지향 혹은 개인적 신앙과 관련하여 설명하는 것이 일반적이었고, 불교측에서도 일본 왕실과 긴밀한 관계를 맺고 있던 良辨이 중시되었을 뿐 심상의 역할은 그다지 주목되지 않았었다. 이런 점에서 호리이케의 연구는 고문서와 같은 구체적 자료를 통하여 심상의 역할을 재확인한 연구로서 의미있는 것이었다. 특히 심상이 소장하였던 문헌의 구성 및 그것이 이후 일본 불교계에 미친 영향을 실증적으로 검토함으로써 화엄종의 성립뿐 아니라 나라시대 불교학 전반에 신라 불교학이 큰 영향을 미쳤을 가능성을 제시한 연구로, 이후 신라 불교학의 영향을 보다 구체적으로 검토하는 연구들이 출현할 수 있는 기반을 제시한 것이었다고 평가할 수 있다. 실제로 호리이케의 연구에 기초하여 일본 화엄종과 신라 불교와의 관련성을 추적하는 연구들이

---

20) 신라 출신인 元曉의 저술이 32부 78권으로 가장 높은 비중을 차지하였고, 같은 신라 출신인 義寂의 저술 역시 8부 15권으로 높은 비중을 차지하였다. 중국 승려의 저술로는 慧遠(7부 30권), 法藏(7부 30권), 窺基(5부 20권) 등의 저술이 많은 편이었다.

21) 일본 나라시대의 寫經 대상 도서 중에 신라 승려의 저술들이 다수 포함되어 있고, 이로 볼 때 나라시대 불교계에서 신라 불교의 영향이 중요하였다는 사실은 나라시대의 寫經 기록에 대한 종합적 분석을 시도한 이시다 모사쿠의 선구적 연구에도 언급되었다(石田茂作, 1930 ≪앞 책≫). 하지만 寫經 대상이 된 신라의 문헌들이 언제 어떠한 상황에서 일본에 수용되었으며, 당시 일본 불교계에 어떠한 영향을 미쳤는지에 대한 구체적 설명은 시도되지 못하였다.

계속하여 진행되고 있다.22)

먼저 다무라는 호리이케의 연구를 계승하여 東大寺의 창건에 미친 신라 불교와 신라계 이주민들의 영향을 더욱 구체적으로 밝히고자 하였다. 그는 ≪日本書紀≫에 東大寺와 大佛 창건에 협조한 神으로 묘사된 宇佐의 八幡神에 대하여 본래 신라계 이주민들의 신으로서, 宇佐 八幡神을 앞세운 신라계 이주민들이 東大寺 건립에 적극적으로 관여하였으며,23) 동대사 창건에 민중들과 함께 참여한 行基의 민중적 불교는 신라 원효의 불교를 계승한 것이라고 하였다.24) 그는 또한 비로자나大佛 건립을 발원한 聖武天皇이 신라계 이주민들이 건립한 河內 知識寺에서 비로자나불을 참배한 사실을 들어 당시 신라계 이주민과 신라에 유학한 學問僧들을 통해 義相에 의해 형성된 신라의 화엄사상이 이미 전래되어 있었고, 그것이 東大寺와 비로자나대불 건설의 기초가 되었을 수 있다고 이해하였다.25)

한편으로 다무라는 동대사와 大佛의 건립이 그동안 유지되어 온 일본과 신라의 교류가 단절되는 전환점이 되었다고 설명하고 있다. 즉 聖武天皇의 비로자나불 건립은 일본의 부용국이기를 거부하는 신라를 ≪화엄경≫의 法界사상을 매개로 계속하여 일본의 天下에 편입시키려는 시도였지만 신라측의 거부로 인하여 이는 실현되지 못하였다고 해

---

22) 신라 촌락문서가 발견된 동대사 正倉院 소장의 ≪화엄경론≫ 經帙이 심상이 소장하였던 문헌에 포함되어 있었으므로 신라 촌락문서의 제작 연대 또한 심상의 활동 시기 이후로 내려올 수 없다는 최근의 연구 (尹善泰, 1999 <正倉院所藏 新羅村落文書의 作成年代－日本의 ≪華嚴經論≫ 流通狀況을 중심으로－> ≪震檀學報≫ 80) 또한 호리이케의 연구가 중요한 단서가 되었다고 볼 수 있다.

23) 田村圓澄, 1980 <東大寺創建を支えたもの> ≪古代朝鮮佛敎と日本佛敎≫ (吉川弘文館)

24) 田村圓澄, 1980 <行基と新羅佛敎> ≪위 책≫

25) 田村圓澄, 1999 <盧舍那佛造立と聖武天皇> ≪古代日本の國家と仏敎≫ (吉川弘文館)

석하고 있다.[26] 이러한 입장에서 다무라는 그동안 8세기 중반 동아시
아 국제질서의 변화 속에서 신라와 일본 사이의 새로운 관계 모색을
위한 사건으로 이해되어온 752년 신라 왕자 일행의 방문에 대해서도
일본측의 요구에 의해 신라국왕의 대리자로서 일본의 동대사 大佛의
낙성식에 참여하기 위한 것으로 파악하는 동시에 이러한 방문에도 불
구하고 신라가 일본측의 부용국 대우를 거부하여 양국의 관계는 단절
되게 되었다고 이야기하고 있다.[27]

　동대사 창건 및 비로자나 大佛 造立은 일본 고대사의 중요한 사건으
로서 이것이 갖는 역사적, 사상적 의미에 대해서는 다양한 해석이 이
루어져 왔다. 다무라의 이해는 그동안 주로 행해져 온 일본 국내의 정
치사 혹은 불교사적 이해를 지양하고 신라와의 관련성에서 그 의미를
파악하려 한 것으로서 기존과 다른 차원의 새로운 해석이라고 할 수
있다. 특히 동대사 창건에 관계된 여러 주체들을 종합적으로 고찰하여
그들과 신라와의 관계를 해명해 간 것은 동대사 창건 당시 일본과 신
라 불교와의 관련성을 종합적으로 이해하게 하였다는 점에서 적지 않
은 의미를 갖는다고 생각된다. 또한 기존 이해와 달리 동대사 창건을
계기로 화엄종이 수용된 것이 아니라 이미 그 이전에 신라 화엄종이
수용되어 있었기 때문에 동대사가 창건될 수 있었다는 이해는 양국의
불교교류 상황을 이해하는데 있어서 주목할 만한 견해라고 생각된다.
하지만 동대사 및 大佛의 건립을 통해 신라를 부용국으로 위치시키려
했다는 해석은 당시의 국제관계를 일본측의 시각에서만 해석한 것인
동시에 불교의 개념과 이론을 그대로 현실 정치에 투영시키려 한 과도
한 해석이라고 생각된다. 아울러 동대사 개창 당시 수용된 신라의 화
엄사상을 의상의 사상과 연결시키는 것은 당시 신라의 화엄사상이 다

---

26) 田村圓澄, 1999 <普天下の法界> ≪위 책≫
27) 田村圓澄, 1999 <新羅王子金泰廉の東大寺參拝> ≪위 책≫

양하였고 특히 8세기 당시 일본에 수용된 신라 화엄사상이 의상보다는 원효 계통이었다는 사실을 인식하지 못한 채 '신라화엄=의상'이라는 기존의 도식적인 이해를 따른 것이라고 할 수 있다.

　한편 1980년대 후반부터는 일본의 화엄학 문헌 내용에 대한 검토를 통하여 신라 불교사상이 일본 화엄학에 미친 영향을 구체적으로 검토하려는 연구들이 등장하였다. 먼저 요시즈 요시히데(吉津宜英)는 일본의 화엄종 문헌 중에 보이는 祖師系譜圖 중에 中國祖師와 日本祖師의 사이에 신라 승려인 元曉-太賢-表員-見登의 계보가 섞여 있고, 신라 화엄학 문헌인 ≪大乘起信論同異略集≫와 ≪大乘起信論內義略探記≫ 등에 원효와 법장의 사상이 함께 중시되고 있는 것을 실마리로 8세기 이후 신라에서 원효와 중국의 법장의 사상을 융합하는 화엄학이 등장하였고 이것이 일본에 전해졌을 가능성이 있다고 추정하였다.[28] 이는 신라의 화엄학을 의상의 사상과 동일시하던 기존의 이해와 달리 원효에서 태현으로 이어지는 사상적 흐름이 일본에 수용된 신라 화엄사상의 주류적 흐름이었음을 밝힌 연구로써 중요한 의미를 갖는 동시에, 본래 성격을 달리하는 원효와 법장의 사상이 하나로 통합되어 중국의 화엄학과 구별되는 신라만의 독자적인 사상 체계를 형성하였고 이것이 일본 고대 화엄사상의 기반이 되었다고 이해하였다는 점에서 비록 가설적인 것이기는 하지만 신라와 일본 화엄사상을 이해하는 새로운 틀을 제시한 것이라고 평가할 수 있다.[29]

---

28) 吉津宜英, 1986 <新羅の華嚴教學への一視點－元曉·法藏融合形態をめぐって－> ≪韓國佛教學SEMINAR≫ 2 ; 1993 <八世紀東アジア佛教研究への展望> ≪韓國佛教學SEMINAR≫ 5
29) 元曉의 사상은 다양한 대승불교의 사상체계가 본질적으로 대등하며 이를 모두 會通할 때 비로소 완전한 가르침이 드러날 수 있다는 입장인 반면 法藏의 사상은 다양한 대승불교의 사상체계 중에서 화엄사상만이 가장 우월하고 완전하며 그 안에 다른 모든 사상체계가 포섭되어 있다는 입장이다. 吉津宜英는 이러한 두 사상이 결합된 결과 모든 사상을 포괄하는 절대적으로 완전한

이러한 요시즈의 견해는 나라시대 일본의 화엄학자 壽靈의 ≪五敎
章指事≫를 검토한 다카하라 아츠히사(高原淳尙)의 연구에 의하여 계
승되었는데, 이에 의하면 ≪5교장지사≫는 형식적으로는 중국 화엄학
조사인 법장을 중시하면서도 기본적 입장은 원효의 사상에 입각하고
있으며 원효의 통합적 사상에 기초하여 법장의 화엄교학을 변형시키고
있다고 평가하고 있다.[30] 이런 점에서 ≪5교장지사≫는 요시즈가 제시
한 원효·법장 융합형태의 구체적 사례로 이해되었다. 한편 같은 ≪五
敎章指事≫를 검토한 이시이 고세이(石井公成)는 이 책에서 원효의 사
상이 중시되는 동시에 신라 의상계 화엄사상의 특징적 이론인 3乘極果
廻心說이 강력하게 비판되고 있는 점을 지적하고,[31] 이를 토대로 원효
의 사상만이 아니라 의상계 사상도 당시 일본 불교계에 일정하게 소개
되었을 가능성을 제시하였다.[32]

이처럼 일본 화엄학에 미친 신라 불교사상의 구체적 내용이 검토되
는 가운데 崔鈆植은 종래 신라의 화엄학 저술로 알려져 온 문헌들이
실제로는 일본에서 저술되었음을 밝히고, 이 문헌의 내용들을 통하여
나라시대 일본 화엄학의 동향 및 신라 불교와의 관련성을 분석하였다.
먼저 종래 신라 승려 見登의 저술로 알려졌던 ≪大乘起信論同異略集≫
이 실제로는 동대사 창건 주체인 良辨과 審祥에게 수학하였던 일본 승
려 智憬이 편찬한 사실을 밝히고, 이 책에 나타나는 법장과 원효, 태현
의 저술들을 토대로 당시 일본 화엄종의 기본 문헌으로 인식되던 ≪대

사상을 지향하는 절대주의적 사상이 형성되었다고 이야기하고 있다.
30) 高原淳尙, 1988 <壽靈 ≪五敎章指事≫ の敎學的性格について> ≪南都佛敎≫ 60
31) 三乘極果廻心說은 三乘의 가르침을 통해 成佛의 경지에 올랐다고 하여도 다
시 一乘인 ≪화엄경≫의 가르침에 의거하여야 비로소 진정한 깨달음에 도달
할 수 있다는 이론으로 중국의 화엄사상에는 보이지 않는 신라 의상계만의
독특한 이론이다.
32) 石井公成, 1987 <奈良朝華嚴學の硏究－壽靈 ≪五敎章指事≫ を中心として－>
≪華嚴學硏究≫ 創刊號

승기신론≫의 사상적 우월성을 선양하는 한편 일본에서 화엄종과 대
립관계에 있던 법상종의 이론적 토대가 되는 ≪成唯識論≫의 한계를
지적하는 경향이 8세기 후반 일본 화엄학의 주요한 사상적 특성임을
밝혔다.[33) 그리고 역시 신라 승려 견등의 저술로 알려져 온 ≪華嚴一
乘成佛妙義≫는 인용 문헌에 대한 호칭 및 서술 내용으로 볼 때 신라
가 아닌 일본에서 일본 화엄학의 동향을 고려하여 저술된 문헌임을 확
인하고, 이 책에 보이는 신라 의상계 화엄사상에 대한 중시는 신라 불
교계의 사상적 변화에 영향 받아 원효보다도 의상의 사상에 주목하던
9세기 이후 일본 화엄학계의 분위기를 반영하는 것으로 이해하였다.[34)
아울러 9세기 이후 일본의 화엄학 문헌에 ≪新羅記≫라는 이름으로
인용되고 있는 문헌의 逸文을 수집하여 이 책이 신라 의상계 화엄학자
인 珍嵩의 ≪孔目章記≫ 임을 확인하고, 이 문헌의 빈번한 인용은 신
라 의상계 화엄사상이 일본 화엄학계에 일정한 영향을 미쳤음을 보여
주는 것으로 이해하였다.[35)

이후 나라와 헤이안시대 일본 화엄학 문헌의 사상적 특징을 종합적
으로 비교·검토한 결과 일본의 화엄종이 처음 형성되던 8세기 후반에
는 중국 법장의 화엄사상과 함께 원효와 태현과 같은 신라 승려의 사
상이 일본의 화엄학에 많은 영향을 미쳤지만, 9세기 이후에는 신라 불
교의 영향이 전반적으로 축소되고 법장의 사상이 유일한 권위를 누리
는 가운데 기존에 보이지 않던 의상계 화엄사상의 영향이 새롭게 나타

---

33) 崔鈆植, 2001 <≪大乘起信論同異略集≫ の著者について> ≪駒澤短期大學佛
  教論集≫ 7. 이와 같은 ≪大乘起信論同異略集≫의 日本撰述說을 수용한 吉
  津宜英은 기존의 견해를 일부 수정하여 원효와 법장의 사상을 융합한 형태의
  화엄사상은 신라가 아닌 나라시대의 일본에서 등장하였으며, 이러한 사상체
  계가 이후 일본 불교사상의 기반을 이루었다고 이야기하였다[吉津宜英, 2003
  <法藏敎學の形成と展開> ≪論集 東大寺の歷史と敎學≫ (東大寺)].
34) 崔鈆植, 2001 <新羅 見登의 著述과 思想傾向> ≪韓國史硏究≫ 115
35) 崔鈆植, 2003 <珍嵩의 ≪孔目章記≫ 逸文에 대한 연구> ≪天台學硏究≫ 4

나는 것을 확인하였다.[36] 이러한 변화는 일본 화엄학계에서의 신라 불교의 수용 상황을 보여주는 동시에 신라 불교계 내에서의 사상적 변화를 반영하는 것으로 볼 수 있을 것이다.

한편 현존하는 일본 最古의 화엄학 문헌인 ≪大乘起信論同異略集≫의 저자 智憬과 관련하여서는 종래 元曉의 저술로 알려져 온 ≪遊心安樂道≫가 실제로는 원효의 저술이 아니라 智憬이 원효의 ≪無量壽經宗要≫에 대해 지은 주석서가 후대에 잘못 전해졌을 가능성이 높다는 견해가 제시되었는데,[37] 이 ≪遊心安樂道≫ 역시 원효와 중국 승려 道綽의 사상을 종합하여 저술되었다는 점에서 지경의 원효 사상에 대한 중시를 확인할 수 있다. 아울러 ≪大乘起信論同異略集≫에는 신라와 고려에만 유통되었던 경전을 인용하고 있어서 8세기 전반기에 신라에서 찬술된 문헌임이 확인된 ≪起信論一心二門大意≫의 문장을 그대로 인용하고 있는데, 이를 통해서도 智憬에 미친 신라 불교의 영향을 확인할 수 있다.[38]

이와 같이 고대일본 화엄학에 미친 신라 불교학의 영향에 대해서는 구체적 연구가 다양하게 진행되고 있지만, 화엄학 이외의 다른 학파와 신라 불교학의 관련성에 대해서는 별다른 연구가 진행되지 못하고 있다. 다만 최근에 다무라에 의해 섭론종을 수용한 인물로 지목된 智通·智達 등이 일찍부터 신라에서 공부하였고, 다무라에 의해 法相宗의 최초의 수용자로 간주된 智鳳 역시 중국이 아닌 신라에서 법상종을 수학하였으며, 9세기 이후 일본의 법상종 문헌에서 원측을 비롯한 신라의

---

36) 崔鈆植, 2003 <日本 古代華嚴과 新羅佛教 – 奈良·平安시대 華嚴學 문헌에 반영된 신라불교학 – > ≪韓國思想史學≫ 21

37) 愛宕邦康, 1994 <遊心安樂道の撰述者に關する一考察 – 東大寺華嚴僧智憬とその思想的關聯に着目して – > ≪南都佛教≫ 70

38) 최연식, 2006 <신라불교 문헌으로서의 ≪起信論一心二門大意≫> ≪불교학연구≫ 13

유식학자들이 중시되고 있는 것으로 볼 때 나라시대 일본 법상종에는 신라 유식학의 영향이 중국학자들 못지않았다는 견해가 제시되었다.[39] 아직 시론적인 연구라고 할 수 있지만 일본 법상종의 사상 내용을 중국만이 아닌 신라 유식학과의 관계 속에서 검토할 필요성을 제기한 주목할만한 연구라고 평가된다. 일본의 유식한 문헌에 대한 면밀한 검토를 통해 이와 관련된 구체적 사실들이 다양하게 밝혀질 수 있을 것으로 기대된다.

이상의 연구들 이외에 국내 학자들에 의해 일본의 불교문헌에 인용되고 있는 신라 승려들의 저술을 확인하고 수집하는 연구들이 적지 않게 이루어졌지만[40] 이 연구들은 자료의 수집에 중점이 두어져 신라의 불교사상이 구체적으로 어떠한 맥락에서 어떻게 일본 불교계에 수용되었고, 구체적으로 일본 불교계에 어떠한 영향을 미쳤는지에 대해서는 구체적으로 살피지 못하였다. 또한 다양한 문헌자료 및 유물자료에 대한 검토를 통하여 아스카시대는 물론 나라시대 일본의 불교문화가 전적으로 삼국과 통일신라의 불교문화에 의존한 것이라는 주장이 제시되고 있는데, 과거 일본학계의 식민사관적 이해 방식이나 한국 고대불교

39) 橘川智昭, 2002 <日本 法相宗의 形成과 新羅 唯識學> ≪한국불교학결집대회 논집≫ 1-上 ; 2002 <日本飛鳥・奈良時代における法相宗の特質について> ≪불교학연구≫ 6

40) 金相鉉, 1994 <元曉師逸書輯編－解題 및 資料> ≪新羅文化≫ 11 ; 1995 <元曉著述의 日本流通과 그 영향> ≪韓日文化의 相互役割을 위한 問題≫ 한국사상사학회 ; 2000 <輯逸金光明最勝王經憬興疏> ≪新羅文化≫ 17・18 ; 李萬, 1986 <日本 法相關係 諸疏에 인용된 太賢法師의 唯識思想> ≪佛敎學報≫ 23 ; 1990, 1991, 1992 <法相關係論疏와 新羅人의 撰述書 －散逸本을 중심으로－> ≪佛敎學報≫ 27, 28, 29; 1992 <新羅 唯識家들의 '眞性'에 관한 諸說－善珠의 '唯識分量決'을 중심으로－> ≪韓國佛敎文化思想史≫ (伽山李智冠스님 華甲紀念論叢) ; 1993 <新羅人 撰述의 成唯識論疏 散逸本 復元> ≪佛敎學報≫ 30 ; 1994 <百濟 義榮의 唯識思想－佛乘說을 중심으로－> ≪韓國佛敎學≫ 19 (이상의 논문들은 李萬, 2000 ≪한국유식사상사≫ (장경각)에 수록되어 있음)

의 영향을 무시하는 태도에 대한 반론으로서는 의미를 갖지만 새로운
자료의 발굴이나 역사적 맥락에 대한 종합적 검토 없이 일부 자료에만
의존한 해석이 많아서 학계에서 납득할 수 있는 연구로 받아들이기는
힘들다고 생각된다.

Ⅲ. 7~9세기 한일 불교교류에 대한
개설서 및 교과서 서술 현황

1. 일본의 개설서 및 교과서 서술 현황

일본의 일본사 및 한일관계사를 다루는 주요 개설서들을 검토한 결
과[41] 7~9세기의 일본 불교에 대한 언급이 적지 않지만 그 중에 한국
불교와의 교류나 한국불교의 영향 등을 이야기하고 있는 것은 극히 찾
아보기 힘들다. 7세기 초 이전의 문화에 대한 서술에서 百濟를 비롯한
한반도 3국과의 교류나 영향에 대해서는 비교적 자세하게 언급하고 있
지만 7세기 중반 이후의 문화 즉 하쿠호(白鳳), 덴표(天平) 문화에 대한
서술에 있어서는 당시 긴밀한 영향을 주고 받았던 신라 문화의 영향에
대한 언급은 매우 제한되어 있다. 특히 불교에 대한 언급은 거의 보이

---

41) 1984 ≪古代2(講座日本歷史2)≫ (東京大學出版會) ; 歷史學研究會·日本史研
    究會 編, 2004 ≪東アジアにおける國家の形成(日本史講座1)≫ (東京大學出版會) ;
    上同, ≪律令國家の展開(日本史講座2)≫ ; 佐々木潤之助 外編, 2000, ≪概論
    日本歷史≫ (吉川弘文館) ; 五味文彦 外編, 1998 ≪詳說日本史研究≫ (山川
    出版社) ; 武田幸男 編, 2005 ≪古代を考える 日本と朝鮮≫ (吉川弘文館) ; 歷史
    教育者協議會 編, 2004 ≪東アジア世界と日本 日本·朝鮮·中國關係史≫ (青木書
    店) ; 吉野誠 著, 2004 ≪東アジアのなかの日本と朝鮮-古代から近代まで-≫ (明
    石書店)

지 않고 있다. ≪概論日本歷史≫와 ≪詳說日本史硏究≫ ≪東アジア世界
と日本 日本·朝鮮·中國關係史≫ 등에서는 당시 신라 문화의 영향이 적
지 않았음을 언급하고 있지만 구체적 서술은 많지 않으며, 불교에 대
한 언급은 전혀 없다. 유일하게 ≪古代を考える 日本と朝鮮≫ 중의 <統
一新羅と日本>(李成市 집필)에 일본 하쿠호(白鳳)시기 불교문화의 형성
에 신라 불교의 영향이 적지 않았음을 언급하면서 몇 가지 구체적 사
실들을 언급하고 있는데,[42] 이는 이 시기 한국과 일본의 교류사를 전
공하고 있는 집필자의 관심이 크게 반영된 것으로 생각된다.

그리고 현재 일본에서 사용되고 있는 중·고등학교 교과서 20여 종
을 대상으로 7~9세기 즉 나라(奈良)시대에서 헤이안(平安)시대 초기까
지의 불교에 대한 서술 내용을 검토한 결과 이들 교과서들에는 대부분
하쿠호(白鳳), 덴표(天平) 문화에 대하여 중국 당(唐) 문화의 영향을 받
아 형성되었다고 서술하는데 그치고, 신라 문화의 영향에 대하여는 전
혀 언급하고 있지 않다.

그동안 신라와 일본의 불교교류에 대한 연구를 주로 일본 학계에서
주도하였고, 이러한 내용을 담고 있는 전문 연구서들이 적지 않게 출
판되었다는 점을 고려할 때 개설서와 교과서에는 이러한 학계의 연구
가 거의 반영되고 있지 않다고 할 수 있다.

2. 한국의 개설서 및 교과서 서술 현황

한국의 한국사 개설서들에서는 삼국시대의 일본과의 불교교류에 대

---

42) 新羅學問僧 12人이 확인되는 점과, 大安寺 審祥이 신라에 留學하고 돌아와
≪화엄경≫을 처음으로 강의한 사실, 淡海三船이 元曉를 사모하였다는 내용,
원효의 ≪判比量論≫을 光明皇后가 소장하였고 거기에 일본 角筆의 기원으
로 추정되는 신라의 角筆이 보이고 있다는 점 등을 언급하고 있다.

하여는 불교의 전파라는 입장에서 비교적 자세하게 언급하ㄱ 있지만
통일신라 시기의 일본과의 불교교류에 대하여는 거의 언급되고 있지
않다. ≪한국사9 통일신라≫ (1998년, 국사편찬위원회) 중의 <일본과
의 관계>나 <불교철학의 확립>에서도 이와 관련된 내용은 전혀 서
술되고 있지 않으며 다른 개설서들에도 마찬가지이다. 이는 이 주제에
관한 국내학계의 연구가 이제 시작되는 단계이기 때문으로 생각된다.
이 분야에 대한 전문 연구의 발전이 요구된다.

한편 현재 사용되는 국사 교과서를 검토한 결과 중학교 교과서에는
이에 관한 내용이 없지만, 고등학교 교과서에는 <일본에 건너간 통일
신라 문화>라는 부분에서 신라의 불교문화가 일본의 하쿠오 문화 발
전에 기여하였다는 내용과 일본 화엄종 성립에 신라 불교의 영향이 있
었다는 사실이 간략하게 소개되어 있다.[43] 그리고 교사용지도서에는
하쿠오 문화와 덴표 문화에 대한 간략한 소개가 부가되어 있다.[44] 이
러한 교과서 및 교사용지도서의 내용은 기존의 서술에서 볼 수 없는
새로운 내용으로 교과서 집필자의 이 분야에 대한 특별한 관심이 반영
된 것으로 생각된다.

전체적으로 한국의 한국사 개설서나 중고등학교 교과서에는 통일신

---

43) ≪국사≫ (고등학교교과서) 268, "삼국 문화에 뒤이어 통일신라 문화도 일본
에 전해졌다. 통일신라 문화의 전파는 일본에서 파견해 온 사신을 통해서 이
루어졌다. 원효, 강수, 설총이 발전시킨 불교와 유교문화는 일본 하쿠오 문화
의 성립에 기여하였다. 특히 심상에 의하여 전해진 화엄사상은 일본화엄종을
일으키는 데 많은 영향을 주었다. 그러나 8세기 말에 이르러 일본이 수도를
헤이안으로 옮긴 후 부터는 외국 문화의 영향에서 벗어나려는 움직임이 일어
났다"

44) ≪국사교사용지도서≫ (고등학교) 410, "하쿠오 문화 : 통일신라 문화의 영향
으로 7세기 후반기에 일어난 일본의 고대문화이다. 하쿠오 문화는 삼국문화
의 영향으로 일어난 덴포문화의 과도기에 일어난 것으로 특히, 불상, 가람배
치, 탑파와 율령 및 정치제도에서 불교와 유교의 영향을 크게 받았다. 이 시
대의 대표적인 유물로는 약사사의 삼중탑과 약사 삼존상, 성관음상이 있다"

라와 일본의 불교교류에 대한 서술이 거의 보이지 않는데, 이는 이 분야에 대한 국내학계의 관심과 연구가 적었기 때문으로 생각된다. 당시 한국과 일본 사회에서의 불교의 위상과 역할, 그리고 양국의 교류에서 불교 분야가 특별히 두드러진다는 점을 고려할 때 이 분야에 대한 더욱 많은 관심이 필요하다고 생각된다.

Ⅳ. 7~9세기 신라와 일본의 불교교류 연구의 방향과 과제

앞에서 살펴본 것처럼 7세기 이후 신라와 일본의 불교교류는 대단히 밀접하였을 것으로 추정되지만 그 구체적 모습은 아직 충분히 밝혀지지 못하고 있다. 이는 무엇보다도 자료의 부족을 가장 큰 원인으로 꼽을 수 있지만, 그에 못지않게 이 분야에 대한 연구자들의 관심 부족도 중요한 원인이었다고 생각된다. 그동안 한국과 일본의 고대 불교 연구자들은 중국불교와의 관련성 특히 중국의 불교사상을 어떻게 수용하였는지에 대해서는 많은 관심을 가지고 있었던 반면 한국과 일본 불교의 관련성에 대해서는 그다지 관심을 갖지 않았었다. 한국과 일본 모두 自國 불교사상의 원류로서 중국의 불교사상이 어떠한 내용을 가졌으며 그것이 自國의 승려들에 의해 어떻게 이해되었는지에 대해서는 적지 않은 관심을 가지고 연구하였고, 그 결과 중국의 華嚴, 法相, 天台, 禪 등의 사상이 전래되는 과정 및 중국의 불교사상과 구별되는 自國 불교사상의 특징이 무엇인지에 대해서는 많은 논의들이 제시되었다. 하지만 한국과 일본 모두 상대방의 불교에 대하여는 중국불교의 亞流에 불과하다는 생각을 가지고 있었고 따라서 그에 대한 별다른 관심을 갖지 않았다. 역사적으로 두 나라의 불교가 긴밀한 교류를 가졌다는 사실은 알고 있었지만 한국과 일본 모두 상대방의 불교사상과 자신들의 불교사상을 비교하거나 상호 영향관계를 파악하려는 시도는 많지 않았다.

이처럼 한국과 일본의 불교계 그리고 불교 연구자들이 상대방의 불교에 대하여 무관심한 것은 전통시대 이래의 흐름을 계승하는 것이었다. 전통적으로 한국에서는 일본이 한국으로부터 불교를 전해 받은 사상적 후진국으로서 주목할 만한 사상가를 배출하지도 못하였고, 역사적으로 한국불교에 영향을 미치지 못하였다는 사실 때문에 관심을 갖지 않았다. 한편 일본의 경우에는 고대의 불교가 한국을 통하여 수용되었다는 사실 자체는 알고 있었지만 한국불교는 중국불교의 단순한 전달자로만 간주되었고 중국불교와 구별되는 한국불교의 독자성 및 그러한 한국불교의 특성이 일본에 전래되었을 가능성은 전혀 고려되지 않았다.

긴밀하게 교류하였던 한국과 일본의 불교가 이와 같이 상대방에 대하여 무관심하게 된 것은 9세기 이후 두 나라의 불교가 서로 다른 길을 걷게 된 것과 관련되는 것으로 생각된다. 6세기 이래 한국은 중국의 불교사상을 적극적으로 수용하는 한편 이를 일본에 전해주면서 긴밀한 관계를 유지하였다. 그 결과 6세기부터 8세기까지 중국과 한국, 일본의 불교계는 동일한 불교사상을 공유하면서 활발하게 교류하였다. 하지만 8세기 후반 이후 중국의 사회적 혼란과 경제적 쇠퇴를 배경으로 동아시아 지역의 대외 교류가 위축되었고, 그에 따라 불교교류도 크게 위축되었다. 특히 국제 교역과 도시 문화의 쇠퇴 속에 도시를 배경으로 발전하였던 불교 교학에 대한 연구가 급속히 쇠퇴하면서, 동아시아 지역의 불교교류 필요성도 크게 감소되었다. 이러한 교학불교의 위축 속에 중국은 물론 한국과 일본에서도 기존의 불교와 구별되는 독자적인 실천적 불교들이 대두하게 되었다.[45]

이처럼 고대 불교교류의 중심을 이루었던 교학불교가 쇠퇴하고 새로운 실천적 불교들이 발전하면서 과거 불교의 전통은 단절되었고, 그에 따라 과거 교학 불교의 내용들도 망각되어 갔다. 실천적 불교 속에서도 일부 교학불교에 대한 관심이 지속되기는 하였지만 과거 불교의 전통이 단절됨에 따라 이전에 발전되었던 교학불교의 다양한 사상적 흐름은 무시되고, 오직 후대에 정통으로 인정된 조사들의 사상만이 유일한 사상체계로서 존중되었다. 이 과정에서 중국과 구별되는 한국과 일본의 교학불교의 내용은 물론 중국의 교학불교 중에서도 정통으로 인정받지 못한 사상체계들은 무시되고 잊혀지게 되었다. 이후 한국과 일본에서 自國의 불교사에 대한 이해는 중국의 정통적 불교사상이 언제 누구에 의해서 수용되었는지에 대한 이해로 축소되었고 그러한 인식이 19세기까지 계승되었다.[46] 20세기 이후 자국 불교의 독자성을 파악하려는 연구들이 등장하였지만 이 역시 자국에 수용된 중국의 정통적 사상이 어떻게 변화되었는지에만 관심이 있었을 뿐 과거의 다양한 사상들을 종합적으로 이해하려는 인식은 결여되어 있었다. 이런 흐름 속에서 한국과 일본의 불교 연구자들은 중국의 불교와 자국의 불교의 관계에만 관심을 가질 뿐 한국과 일본의 불교교류나 상호 영향에 대해서는 별다른 관심을 갖지 않았던 것이다.

한국과 일본의 불교교류에 대한 연구가 활성화되기 위해서는 무엇보다도 이러한 전통적인 불교사 이해방식에서 벗어날 필요가 있다. 8

---

45) 최연식, 2005 <8세기 신라불교의 동향 및 동아시아 불교계> ≪불교학연구≫ 12

46) 일본의 경우 중세 이후 인도에서 시작된 불교는 중국을 거처 일본에 전해졌다는 '三國佛敎史觀'이 확립되었고, 이를 통해 일본 불교와 관계하였던 한국 불교는 인멸되게 되었다. 일본에서의 '三國佛敎史觀'의 형성 과정 및 그 배경이 되는 당시 일본 사상계의 의식에 대해서는 市川浩史, 1999 ≪日本中世の光と影 <內なる三國の思想>≫ (ぺりかん社) 및 市川浩史, 2005 ≪日本中世の歴史意識 三國・末法・日本≫ (法藏館) 참조.

세기까지의 동아시아 불교는 서로 긴밀하게 교류하면서 전개되었고, 그 과정 속에서 각국의 불교 사상은 서로 영향을 주고받으며 다양하게 발전하였다. 중국의 正統的 교학사상이 한국과 일본의 불교계에 일방적으로 전해진 것이 아니라 중국, 한국, 일본의 학자들이 긴밀히 교류하면서 다양한 사상체계를 형성하였고, 이들이 다시 서로 영향을 미치면서 각국의 상황에 맞는 여러 사상체계들을 형성해 갔던 것이다. 특히 한국과 일본의 불교는 중국 불교와의 교류 이상으로 서로 밀접하게 교류하였으므로 양국의 불교를 이해하기 위해서는 상대방의 불교에 대한 이해를 빠뜨릴 수 없다. 고대일본의 불교는 중국불교보다도 한국의 불교와 더 긴밀한 관계를 맺으며 발전하였으므로 일본 고대불교에 대한 이해를 위해서는 한국의 고대불교에 대한 이해가 필수적이라고 할 수 있다. 한편으로 일본의 고대불교는 한국의 불교에 영향 받은 것으로서 거기에는 한국 고대불교의 모습이 적지 않게 반영되고 있다. 한국의 자료에는 보이지 않는 한국 고대불교의 사상적 흐름들이 나타날 뿐 아니라 한국의 불교사상에 대한 종래와는 다른 해석 가능성도 제시되고 있으므로 일본 고대불교에 대한 깊이 있는 이해는 한국 고대불교 자체에 대한 이해의 폭을 넓혀줄 수 있다.

이처럼 한국과 일본의 고대불교는 서로 긴밀하게 관련을 맺고 있었으며, 따라서 양국의 불교교류에 대한 연구는 단순히 교류만이 아닌 양국의 고대불교 자체를 이해하는데 중요한 의미를 갖는다. 실제로 70년대 이후 진행된 한국과 일본의 고대불교 교류에 대한 연구는 양국의 교류 자체보다도 각기 자국의 불교적 흐름을 이해하기 위한 시도로써 진행되었으며 그 결과 한국과 일본의 고대불교 이해의 폭을 넓히는데 적지 않게 기여하고 있다. 이러한 연구태도를 더욱 발전시키는 한편 여기에서 더 나아가 한국과 일본의 고대불교를 서로 연결된 흐름으로 파악하고 양국 불교계의 동향을 서로 연결지어 이해하려는 연구시각도

필요하다고 생각된다. 즉 한국과 일본 불교계가 긴밀하게 교류하는 상황에서 한 나라 불교계에서 발생한 변화는 해당 국가만이 아니라 두 나라 전체 불교계의 변화와 관련될 수 있으므로 하나의 사건을 해당 국가만이 아니라 한국과 일본 전체 불교계와 관련하여 이해하면 보다 폭넓은 이해가 가능할 것으로 생각된다. 이러한 시각은 단순히 양국 불교의 유사점을 찾거나 어느 한쪽이 다른 쪽에 미친 영향을 찾는 연구를 탈피하여 양국 불교의 상호작용을 종합적으로 이해하게 할 수 있을 것이다.

이와 같이 고대 한국과 일본의 불교계 동향을 서로 연결지어 이해하면 두 나라 불교계의 밀접한 관련성을 더욱 명확하게 할 수 있을 뿐 아니라 해당 국가의 불교 사상의 변화 요인에 대해서도 보다 구체적인 이해가 가능할 것이다. 이러한 시각에서 7세기 이후 신라와 일본의 불교계의 흐름을 살펴보고 두 나라의 불교교류의 구체적 모습을 밝히기 위하여 어떠한 문제들이 해명되어야 하는지 생각해 보도록 하자.

7세기 중반 신라가 삼국을 통일할 때까지 신라와 일본 불교계의 주된 흐름은 三論學(宗)과 攝論學(宗)이었다. 삼론학(종)과 섭론학(종)은 大乘佛敎의 두 가지 흐름인 中觀사상과 唯識·如來藏사상의 중국적 형태로써[47] 6세기 말 이후 한반도 3국에 전래되었고, 곧 3국을 통해 일본에도 전래되었다. 특히 고구려와 백제에는 삼론학이 발전하였고, 신라에는 섭론학의 영향이 강하였던 것으로 추정되며,[48] 일본에서는 삼

---

47) 三論學(宗)과 攝論學(宗)은 6세기 후반 중국의 江南 지방에서 체계화되었으며, 隋나라에서 唐나라 초기에 걸쳐 가장 유력한 사상 체계로 발전하였다. 唯識 사상과 如來藏사상은 본래 서로 다른 사상체계였지만 6세기 중국불교계에는 양자가 서로 결합된 것으로 이해되었다. 7세기 중반 인도에 유학하고 돌아온 玄奘에 의하여 양자의 이질성이 강조되었고, 이후 양자의 이질성을 강조하는 현장의 唯識學은 양자를 결합하여 이해하는 기존의 유식학(舊唯識)과 구분되어 새로운 유식학(新唯識)으로 불리게 되었다.

48) 6세기말 이후 일본에 건너간 고구려와 백제의 승려들은 대부분 三論學의 대

론학의 흐름이 더 강하였던 것으로 나타나고 있다.

　이처럼 7세기 중반에는 신라와 일본 모두 삼론학과 섭론학이 불교 사상의 주된 흐름이었지만 7세기 후반 이후에는 신라에서 양자가 쇠퇴 한 것과 달리 일본에서는 계속하여 삼론학과 섭론학 특히 그 중에서도 삼론학이 주된 흐름을 이루었다. 신라에서 삼론학과 섭론학이 쇠퇴한 것은 양자를 포괄하는 새로운 사상체계의 등장을 배경으로 하였다. 본 래 사상계통을 달리하는 삼론학과 섭론학은 불교의 가르침에 대한 이 해에 차이가 있어 적지 않은 논쟁을 벌이고 있었는데,[49] 통일 직후 신 라 불교계에서는 양자의 대립이 해소되고 양자를 포괄하는 사상이 등 장하고 있는 것이다. 즉 통일초 불교계를 대표하는 元曉와 義相의 사 상에는 두 사상을 통합하여 이해하려는 모습들이 보이고 있으며[50] 특 히 원효의 和諍사상에는 두 사상의 이론을 수용하여 발전시키면서 양 자의 갈등을 해소하는 모습이 잘 나타나고 있다.[51]

　이처럼 신라에서 삼론학과 섭론학을 통합의 통합이 시도되면서 삼 론학과 섭론학이 쇠퇴한 것과 달리 일본에서는 7세기 후반에도 여전히

　　가로 나타나고 있으며, 6세기말 이후 신라 불교계의 중심 인물이었던 圓光과 慈藏은 모두 중국에서 攝論學을 수학하고 돌아와 선양하였다.

49) 최근 百濟의 문헌으로 확인된 ≪大乘四論玄義記≫에는 삼론학의 입장에서 섭론학에 대한 비판이 여러 곳에 보이고 있다.(최연식, 2007 <백제 찬술문헌 으로서의 ≪大乘四論玄義記≫> ≪한국사연구≫ 136 참조)

50) 義相이 수용한 중국 華嚴學(宗)은 攝論學의 전통에서 새롭게 수용된 新唯識의 사상을 포괄한 것으로서 의상의 사상에도 섭론사상가로서의 성격이 강하게 나타나고 있다[大竹 晉, 2007 ≪唯識説)を中心とした初期華嚴教學の研究 智儼・ 義湘から法藏へ≫ (大藏出版社)] 동시에 의상의 사상 내용 중에는 중국 화엄사 상가들에 보이지 않는 中觀思想的 성격이 강하게 나타나고 있어 화엄사상가 로서 독자적인 모습을 보여주고 있다.(佐藤厚, 1996 <義湘の中道義> ≪東洋大 學大學院紀要≫ 32 ; 1999 <義湘系華嚴思想に於ける無住> ≪印度學佛教學研 究≫ 47-2)

51) 원효는 三論學者들의 논리를 활용하여 和諍을 주장하고 있지만 和諍의 근거 를 眞如의 마음에서 찾는 것은 섭론학자들의 사상과 통한다.

삼론학과 섭론학이 공존하였고 특히 삼론학은 8세기 이후에도 계속 세력을 유지하여 南都 6宗 중 하나로서 헤이안시대 이후까지도 지속되었다. 신라와 달리 일본에서 삼론학과 섭론학이 늦게까지 지속되고 특히 삼론학이 후대까지 세력을 유지한 것은 두 나라 불교계 동향에 차이가 있었음을 보여준다.[52] 한국의 경우 삼론학과 섭론학이 일찍 사라져서 삼국시대와 통일신라 초기 두 학파의 사상적 내용을 파악하기 힘들지만 일본은 삼론종의 경우 후대까지 지속되었으므로 그 사상적 내용이 비교적 자세하게 알려져 있다. 고대 일본 삼론학에 대한 연구는 한국의 삼국시대 및 통일신라 초기 불교계의 동향을 이해하는데 중요한 실마리가 될 것으로 생각된다.

7세기 말 이후 신라와 일본에는 중국 불교의 新唯識 사상이 큰 영향을 미치게 되었다. 중국 황실의 후원 하에 크게 발전하고 있던 玄奘 문하의 신유식 사상은 당시 동아시아 불교의 最新의 사상으로서 중국은 물론 신라와 일본에도 널리 수용되고 있었다. 신라의 경우 중국에서 현장의 문하에 직접 수학하였던 義寂을 비롯하여 道證, 憬興 등이 신유식 사상을 널리 선양하였고, 이는 곧 일본에도 전해져 많은 영향을 미쳤다. 그런데 신라의 신유식 사상가들은 如來藏사상을 비롯한 기존의 불교 사상에 대하여 비판적이었던 중국의 신유식 사상가들과 달리 기존의 불교 사상에 대하여 통합적인 태도를 보였다.[53] 이는 통일기에 형성된 원효의 화쟁적 사상이 이후 신라 불교의 사상적 기반을 형성하였기 때문으로 생각된다. 즉 신라의 신유식 사상가들은 당시 신라불교의 주류적 흐름을 이루고 있던 원효의 사상과 신유식 사상을 다 같이

---

52) 일본에서 삼론학에 비해 섭론학의 세력이 약했던 것은 일본 불교계가 신라 보다는 고구려나 백제 불교의 영향을 강하게 받았음을 반영하는 것으로 볼 수 있으며, 섭론학의 세력이 강하지 못하였기 때문에 양자의 갈등 및 이를 해소하기 위한 노력이 상대적으로 약하였을 수 있다고 생각된다.

53) 최연식, 2003 <義寂의 思想傾向과 海東法相宗에서의 위상> ≪불교학연구≫ 6

존중하고 있었으며, 그로 인해 중국의 신유식 사상과는 다른 경향을 띠게 되었다.[54] 일본의 신유식 사상은 처음 신라를 통하여 수용된 것이었으므로 사상적 경향에 있어서 신라와 비슷하였다. 8세기와 9세기의 일본의 신유식 사상가들은 중국의 정통적 신유식 조사들의 사상만을 중시한 후대의 법상종 학자들과 달리 신라의 신유식 사상가들의 저술도 중시하였고,[55] 여래장사상을 비롯한 다른 사상체계도 포괄적으로 수용하였다.[56] 당시 신라와 일본의 신유식 사상의 구체적 내용을 전하는 자료는 거의 전해지지 않고 있지만 9세기 이후 일본의 신유식 문헌에 인용된 자료들을 세밀히 검토하면 신라와 나라시대 일본 신유식 사상의 내용을 일정정도 복원할 수 있을 것으로 기대된다.

　8세기 중반에 들어와 신라와 일본에는 다 같이 화엄학(종)이 크게 대두되었다. 신라의 경우 통일 초에 활동한 의상이 중국에서 화엄학(종)을 수용하였지만 원효와 신유식 사상이 주류를 이루던 8세기 전반까지의 불교계에서 그 영향력은 제한되어 있었다. 의상 자신이 수도인 경주에서 멀리 떨어진 지역에서 수행하였고, 그의 제자들도 경주와 같은 도시가 아닌 깊은 산속을 수행의 근거지로 삼았다. 신라에서 화엄종이 대두되는 것은 8세기 중엽 경덕왕 때부터로 나타나고 있으며 이후 왕실과 귀족들의 후원을 받으며 빠른 시기에 불교계의 중심적 흐름으로 등장하였다. 신라와 비슷한 시기에 일본에서도 화엄종이 대두하였다. 740년대 천황의 발원으로 東大寺와 비로자나 大佛이 造立되고 이를 배경으로 화엄종이 개창되었다. 비슷한 시기에 화엄종이 대두하

---

54) 신라의 新唯識 학자들은 如來藏사상을 선양한 ≪大乘起信論≫을 중시하였는데, 이 역시 ≪대승기신론≫을 중시한 원효 사상의 영향이라고 할 수 있다.

55) 橘川智昭, 2002 <日本 法相宗의 形成과 新羅 唯識學> ≪한국불교학결집대회논집≫ 1-上 ; 2002 <日本飛鳥·奈良時代における法相宗の特質について> ≪불교학연구≫ 6

56) 일본의 華嚴宗 개창을 주도하였던 승려들은 대부분 法相宗에 속하는 신유식 학자들로 나타나고 있다.

였고, 일본 화엄종 개창에 新羅學問僧 審祥이 관여하였던 것으로 보아 신라 불교의 영향하에 일본의 화엄종이 형성되었던 것으로 생각되지만, 당시 신라와 일본의 화엄종은 사상적으로 적지 않은 차이가 있었다. 신라의 화엄종의 주류가 의상의 사상을 따르고 있던 것과 달리 일본의 화엄종은 원효와 중국의 法藏의 사상을 중시한 반면 의상 사상의 영향은 거의 나타나지 않고 있다.[57] 일본의 경우 왕권 강화와 중앙집권 확립을 위하여 신라를 모델로 화엄종을 개창하였지만 저술과 대외적 포교에 소극적이었던 의상계의 사상이 일본에 거의 전해지지 않은 상황에서 중국의 화엄종 조사인 法藏과 이전부터 널리 존중되고 있던 원효의 사상에 의거하여 화엄종의 사상적 토대를 형성하였다고 생각된다. 그런데 이처럼 원효와 법장의 사상을 토대로 ≪華嚴經≫ 및 ≪大乘起信論≫ 등의 사상을 이해하는 모습은 8세기 중엽 신라 불교계 일부에서 나타났던 것으로서 이러한 사상이 일본 화엄종의 사상적 기반이 되었던 것으로 볼 수 있다.[58] 이들 의상계가 아닌 신라의 ≪화엄경≫ (및 ≪대승기신론≫) 연구의 사상적 흐름과 그러한 흐름이 일본에 전해지는 과정에 대해서는 거의 알려져 있지 않은데, 이에 대한 검토는 8세기 전반기 신라와 일본 불교계의 동향을 이해하는데 중요한 문제라고 할 수 있다. 이 주제와 관련되는 8세기 전반 신라에서 찬술된 ≪화엄

---

57) 사상적으로 신라의 의상계 화엄종이 ≪大乘起信論≫에 대하여 비판적이었던 것과 달리 일본의 화엄종에서 ≪大乘起信論≫은 주요한 所依 經論의 하나로 존중되었다.

58) 8세기 전반에 찬술된 것으로 추정되는 皇龍寺 表員의 ≪華嚴經文義要決問答≫은 화엄학의 주요 개념들을 法藏과 元曉의 저술들을 인용하여 설명하고 있다. 한편 智異山 華嚴寺의 개창자로 전해지는 緣起의 저술들은 전해지지 않고 있지만 저술 제목이나 후대의 그에 대한 평가 등으로 볼 때 ≪화엄경≫과 ≪대승기신론≫을 함께 중시한 인물로 여겨지고 있다. 신라와 고려초기 화엄학 문헌들의 인용 상황으로 볼 때 이들 表員과 緣起는 신라 화엄종의 주류였던 의상계와는 일정한 거리가 있던 인물들로 생각된다.

경문의요결문답≫ 과 8세기 후반에 일본의 화엄학 문헌들에 대힌 면밀한 분석이 요구된다.

8세기 말 이후 신라와 일본의 불교는 이질적인 모습을 심화시키며 서로 다른 모습을 보여주고 있다. 다만 이 시기에 일부이지만 신라 의상계의 화엄사상이 일본 불교계에 수용된 흔적이 보이고 있어 주목된다. 9세기 후반 이후 일본의 화엄학 문헌들에 사상 계통이 명확하지 않은 문헌으로 지목되어 왔던 ≪華嚴經問答≫ 과 見登·珍嵩 등의 저술은 모두 신라 의상계 사상을 전하는 문헌으로 확인되었는데,[59] 이들은 9세기 초 전후에 일본에 수용된 것으로 파악되고 있다.[60] 당시 신라와 일본의 교류가 거의 단절되었고 일본 불교계에서 신라불교에 대해 별다른 관심을 갖지 않았던 것을 고려하면 이러한 의상계 문헌의 수용은 대단히 예외적인 현상이라고 할 수 있다. 이들 문헌이 전래 당시부터 의상계 문헌임을 드러내지 않은 것도 당시의 상황을 반영하는 것이라고 생각된다. 아직 제대로 구명되지 못한 이들 문헌의 전래 과정에 대한 검토는 9세기 신라와 일본 불교계의 동향을 이해하는데 있어 적지 않은 사실을 밝혀줄 수 있을 것으로 기대된다.

한편 9세기 이후 일본 불교계의 주요한 흐름으로 자리잡은 眞言宗에서는 ≪釋摩訶衍論≫이라는 문헌을 중시하고 있는데, 이 책은 신라 원효와 의상의 사상을 종합하려한 것으로서 8세기 후반 신라에서 찬술되었을 것이라는 견해가 제시되었다.[61] 신라불교 사상의 두 축이라고 할 수 있는 원효와 의상의 사상을 종합하려는 시도는 충분히 상정할 수

---

59) ≪華嚴經問答≫은 종래 法藏의 저술로 알려져 왔지만 최근에 義相의 문도들이 기록한 강의록 중 하나로 확인되었고, 見登의 저술은 신라에서 의상계 화엄을 수학한 승려에 의해 일본에서 찬술된 것으로 밝혀졌다.

60) 崔鈆植, 2001 <新羅 見登의 著述과 思想傾向> ≪韓國史硏究≫ 115

61) 石井公成, 1988 <≪釋摩訶衍論≫の成立事情> ≪鎌田茂雄博士還曆記念論集 中國の佛敎と文化≫

있는 것이며, 실제로 그러한 성격을 띤 문헌이 9세기 말경 신라에서 찬술되었던 사례가 확인되고 있다.[62] ≪석마하연론≫의 성립 및 일본에서의 수용 과정에 대한 면밀한 검토는 8세기 후반 이후 신라와 일본 불교계의 흐름에 관한 중요한 내용을 밝힐 수 있을 것이다.

이상과 같은 사상적 주제들 이외에 신라와 일본에서 거의 비슷한 시기에 등장한 불교유물들에 대한 검토도 당시 두 나라의 불교계 동향과 상호 교류 관계를 밝히는데 있어 중요한 연구들이다. 특히 7세기 중반의 반가사유상과 7세기 후반의 雙塔 가람, 8세기 중반 佛國寺와 東大寺 같은 華嚴寺刹의 건립 등은 두 나라 불교계가 서로 긴밀한 영향을 주고받았음을 보여주는 대표적 유물들이라고 할 수 있다. 이들에 대한 관심과 연구는 이미 오래전부터 제시되고 있지만 보다 폭넓은 해석이 여전히 요구되고 있다.

V. 맺음말

지금까지 7~9세기 신라와 일본의 불교교류에 관한 기존의 연구 내용들을 검토하고 앞으로의 연구 방향과 과제에 대해서 살펴보았다. 7~8세기 신라와 일본은 이후 시기에는 볼 수 없을 정도로 매우 긴밀한 불교교류를 진행하였지만 이에 관한 구체적 사실들은 제대로 밝혀지지 않고 있다. 자료의 부족과 함께 오랫동안 두 나라의 불교를 별개의 것으로 인식해온 전통의 영향으로 두 나라의 불교교류에 대한 연구가 활발하지 못하였던 결과이다. 다행히 1970년대 이후 일부 선구적 연구자들의 노력을 통해 당시 교류의 구체적 실상들이 조금씩 드러나

---

62) 崔鈆植, 2004 <≪健拏標訶一乘修行者秘密義記≫와 羅末麗初 華嚴學의 一動向> ≪韓國史研究≫ 126

고 있기는 하지만 아직도 당시 불교교류의 전모를 알기에는 극히 부족한 상황이다. 그리고 그나마 밝혀진 사실들도 소수의 전문 연구자를 제외한 다른 분야의 역사연구자나 일반 대중들에게는 거의 알려져 있지 않고 있다.

이처럼 신라와 일본의 불교교류에 관한 관심과 연구는 아직 미약하지만 양국의 불교교류에 관한 연구는 그 동안 명확하지 않았던 양국 고대 불교의 실상을 확인할 수 있는 중요한 연구로써 중시될 필요가 있다. 단순한 교류에 관한 사실 확인에 그치는 것이 아니라 자료가 부족한 두 나라 불교계의 동향을 밝혀주는 구체적 사실들을 확인할 수 있기 때문이다. 특히 신라와 일본 불교계의 동향을 서로 연결지어 고찰하면 한 나라의 불교 자료에 대한 검토만으로는 알 수 없었던 많은 새로운 사실들을 확인할 수 있다. 이런 점에서 신라와 일본의 고대불교에 대한 연구는 두 나라의 불교교류에 대한 연구를 포괄하는 통합적인 연구가 되어야 한다고 생각된다.

신라와 일본의 불교교류에 관한 주요한 자료들은 한국에 비해 고대의 문헌과 유물이 비교적 풍부하게 남아 있는 일본에 대부분 전해지고 있다. 이 자료들에는 당시 두 나라 사이의 불교교류의 구체적 상황을 전하는 귀중한 내용이 담겨져 있지만, 그동안 한국학계에서는 크게 주목되지 못하였다. 일본 고대불교의 자료로 생각되었기 때문이다. 하지만 신라와 일본의 불교가 긴밀하게 연결되어 있었으므로 일본의 자료들에도 신라 불교의 모습이 반영되어 있으며, 따라서 이들 자료에 대한 보다 면밀한 검토가 필요하다. 특히 일본에 전해지는 일부 옛 불교 문헌들 중에는 한국에서 찬술되었거나 한국에서 수학한 사람에 의하여 찬술되는 등 직간접적으로 한국 고대 불교와 관련되는 것들이 적지 않다. 이들 자료에 대한 면밀한 검토는 한국과 일본의 불교교류는 물론 자료가 부족한 한국 고대불교의 실상을 이해하는데 큰 도움을 줄 수 있을 것이다.

　한편 한국과 일본 두 나라의 역사 개설서와 교과서 등에는 기존의 연구에서 밝혀진 내용들도 제대로 소개되고 있지 않다. 이는 두 나라의 연구자와 대중들이 상대방의 불교에 대하여 별다른 관심이 없기 때문으로 생각된다. 그동안 한국과 일본의 불교에 대한 연구에서는 인도에서 성립된 불교가 중국을 거쳐 自國에 어떻게 수용, 발전되었는지에 주된 관심을 두었다. 따라서 이웃 국가로서 서로 긴밀한 영향을 주고받았던 일본 혹은 한국의 불교에 대하여는 별다른 관심을 갖지 않았다. 특히 일본에서는 불교가 한국을 통하여 전래되었음을 무시하는 三國(인도 - 중국 - 일본) 佛敎史觀의 전통이 오랫동안 유지되었다. 이러한 인식은 이상적이고 정통적인 불교사상을 상정하는 이념적 - 종파적 이해방법으로서 실제 역사상에서 전개되었던 구체적 불교의 내용을 파악하려는 실증적 - 사상사적 연구라고 할 수 없다. 실제 존재하였던 역사적 불교를 이해하기 위해서는 긴밀한 관계를 맺고 있던 한국과 일본 상대방의 불교에 대한 관심이 보다 더 증대될 필요가 있다. 이런 점에서 양국의 불교교류에 대한 연구가 활성화되어야 함은 물론 그러한 연구성과들을 개설서와 교과서에 충실히 반영하려는 노력도 아울러 제고될 필요가 있다.

A Survey of the Studies on Korean–Japanese Buddhist Exchanges from the 7th~9^{th}century

Choe, Yeon-Shik

Though Buddhist exchanges between Silla and Japan were very vigorous, notably during the 7th and 8^{th}centuries, much of the details have not yet been studied exhaustively. This is not only due to the paucity of historical records, but also to a certain lack of interest in the topic.

However, already during the 1970s, the contours of the relation between Silla and early Japanese Buddhism began to emerge. Thus, during this period it became clear that the collection of treatises had been transmitted by monks who had studied in Silla, and a more general interest in the general impact of Silla Buddhism on Japanese Buddhism arose.

Afterwards, research was conducted on the process of changes concerning the belief in Shotoku Taishi and other topics, such as the formation of a body of scriptures and developments in the production of statues, all under the influence of Silla Buddhism. Furthermore, through the study of manuscript documents it was found that the establishment of Todaiji and the formation of the Avatamsaka sect(Hwaŏmjong) tradition in the middle of the 8th century likewise occurred under the influence of Silla Buddhism. In the 1980s, studies appeared which, based on ancient Japanese materials, shed light on the details of the relation between Silla Buddhism and Japanese Kegon. As a result, it became clear that during the latter half of the 8th century. Japanese Avatamsaka was influenced by Wŏnhyo and

Taehyŏn as much as by the Chinese monk Fazang and that in the 9th century also Uisang's thought was received.

On the other hand, although it has been pointed out that also other Nara traditions, notably the Dharmalaksana tradition, had a close relation with Silla Consciousness-only thought, no substantial research on this phenomenon has been done. Given the importance of Consciousness-only thought in both countries, these currents should be given more attention.

Although already quite a few substantial studies on the Buddhist exchanges between the two countries have appeared, the results have not yet found their way into historical works for a general audience and school textbooks.

Both countries still understand Buddhist history from the angle of their own traditions. However, as the pertaining materials are very limited this approach likewise has clear limitations. The comparison of Silla and Nara Buddhism will be very instrumental for advancing the understanding of the individual traditions in both countries.

Key words : Nara period Buddhism, Silla Buddhism, Wŏnhyo, Avatamsaka Thought, Consciousness-only Thought, Tamura Encho

7~9世紀における新羅と日本の仏教交流に対する
研究動向検討

崔鈆植

7世紀から8世紀にかけて、新羅と日本の仏教交流は大変活発だったが、そのような交流の具体的内容はまだ具体的に知られていない。これは史料の不足もあるが、一方では両国の仏教を関連させて検討しようとする関心の不足ともいえる。幸い1970年代以後、新羅と日本の仏教を結びつけて検討しようとした先駆的研究者達により、当時の両国の仏教交流の具体的実態が少しずつ明かされている。

1970年代初、日本の摂論宗は、新羅に留学していた僧侶により日本へ伝わったという研究を通じて、奈良時代の仏教界の主流だった唯識学が新羅仏教と密接な関連を持っていたという事実が注目されるようになった。以後、日本古代の仏教思想に影響を及ぼした新羅仏教に対する再認識の必要性が提起され、新羅と日本の仏教交流に対する研究が本格的に行われるようになった。

以後、日本の聖徳太子信仰の変遷過程に新羅仏教界の影響があったことを解明した研究、それから日本古代の仏教文献と仏教彫刻などに及ぼした新羅仏教の影響を指摘した重要な研究が提示された。同時に、奈良時代の写経文書に関する検討を通じ、8世紀中葉の東大寺創建と日本華厳宗改創に新羅仏教が重要な影響を与えたことを指摘した研究が行われた。

1980年代後半以後には、日本古代の華厳学文献等を検討し、日本華厳学に及ぼした新羅仏教の影響を具体的に明かす研究が現れた。その結果、8世紀以後、日本の華厳学には、元暁の影響が強く現れており、さらに義湘の思想も影響を与えていたことが明かになった。最近では、奈良時代の華厳学文献達に関する総合的検討を通じ、日本の華厳宗が形成された8世紀後半には、中国の華厳学者である法蔵の思想と共に、元暁や太賢のような新羅仏教学者達の思想が大きな影響を及ぼしており、9世紀以後は新羅仏教の影響が縮小される中、義相系の華厳思想も一部伝えられていることが具体的に明かされた。

　華厳宗以外の学派に及んだ新羅仏教の影響については、奈良時代の法相宗に新羅唯識学の影響が中国仏教の影響に劣れていなかったことと、時論的見解達が提示されたものの、まだ本格的な研究としては発展されていない。7世紀から9世紀の新羅と日本の仏教界において最も大きな影響力を与えていた唯識学の交流に対する研究は、両国の仏教交流の様子を明かすのに、特に重要な問題として今後一層本格的に研究される必要がある。

　このように、7~9世紀の新羅と日本の仏教交流について、少なくない研究成果があるとはいえ、このような研究成果達が両国の歴史概説書や教科書にはまだきちんと紹介されていないのが現実である。韓国と日本の全ての古代仏教史を自国の僧侶等の活動と仏教界の動向にのみ焦点を合わせて理解している。新羅と日本の仏教交流に関する研究は、単に交流史に関する理解だけではなく、両国の古代文化と思想を理解するにおいて役立つといえる。古代仏教に関する資料が限られ、より具体的に理解できるからである。こうした点から、新羅と日本の古代仏教史に関する研究は、相互交流の問題も視野に入れて一層幅広く研究される必要がある。

主題語：奈良時代仏教、新羅仏教、元暁、華厳学、唯識学、三国仏教史観の克
　　　服、田村圓澄

7~9세기 신라와 일본의 율령에 대한 연구동향 고찰

한 영 화*

Ⅰ. 머리말

수·당의 등장과 세력 확장, 고구려·백제의 멸망과 신라의 백제 통합, 그리고 발해의 건국 등 7세기를 거치면서 동아시아의 역학관계는 새롭게 재편되어 갔다. 7세기 국제전을 거치면서 일본(왜) 또한 예외가 될 수 없었다. 이러한 과정 속에서 중국의 역사적 경험이 농축된, 수·당의 율령을 중심으로 한 통치체제는 한반도와 일본으로 확산되었고, 이는 동아시아 사회를 관통하는 하나의 통치질서로 자리잡게 되었다.

중국의 율령은 처음에 律과 令 두 가지로 출발하였지만, 후에 格·式

─────────────────

* 성균관대학교 사학과 강사

이 추가되어 律令格式의 네 가지가 하나의 조직된 법체게를 이루게 된
다. 중국 초기 율령에서의 율은 항구적인 법전, 영은 필요에 따른 敎勅
이었지만, 이후 대체로 율은 刑法典, 영은 비형벌적인 民政法典으로 이
루어지게 된다.1) 율과 영의 완전한 분리는 晉의 율령에서부터였으며
당에 이르러서야 율령격식이 갖추어져, 당대 율령격식은 이후 하나의
전범이 되어왔다.

신라의 경우 이미 6세기 경 율령을 반포하였지만, 그 구체적인 실체
가 드러나지 않았었다. 그러나 율령의 편목 복원이라든지 금석문 발견
에 따른 율령 반포의 사실 확인 작업으로 그 의미를 찾게 되었고, 기존
의 고유한 관습법을 확대·체계화한 성문 율령의 존재를 확인하기도 했
다. 이후 640년대 이래로 활발해진 대당관계로 수, 당의 율령을 적극적
으로 수용했을 가능성을 논하기도 하였다.

한편, 일본의 율령은 7세기 후반에서 8세기 중반에 걸쳐 편찬되고
시행되었다. '近江令' '淨御原律令'을 비롯하여 '大寶律令' '養老律令'
이 그것이다. 이 율령들은 그 제정과 시행에 대해 논란이 있지만 대체
적으로 대보율령(701)을 율령법의 완성태로 보고 있다. 일본의 율령제
에 대한 평가는 당의 율령을 母法으로 한 점을 중시하는 견해와 그것
을 변화·개정한 점을 중시하는 견해로 나눠지기도 한다.

일본에서는 율령을 도입한 이 무렵의 7세기대부터를 율령국가의 시
기로 간주한다.2) 율령국가나 율령시대라는 용어는 고분시대를 벗어나

---

1) 曾我部靜雄, 1971 ≪中國律令史の研究≫ (吉川弘文館, 東京) 1~2
2) 이노우에 미쓰사다(井上光貞)는 율령제국가에 관해 1)씨족적이고 분권적인 지
   방지배에서 중앙집권적 군현제로의 이행 2)족제적 관인체제에서 選擧的 관인
   법에 의한 관료제도로의 이행 3)족제적인 신분질서에서 중국적인 양천제에
   입각한 신분질서로의 이행 4)지배층의 私的領土, 人民領有에서 국가적 토지
   소유, 그리고 관료의 封祿制, 지방인에 대한 均田法, 租庸調, 籍帳制 등의 총
   체적 매카니즘으로의 이행 5)지배층의 私兵制에서 율령제적 徵兵制로의 이행
   으로 그 잣대를 대고 있다[井上光貞, 1971 <律令國家群の形成> ≪古代6(世

중국의 율령을 기초로 한 중앙집권적 국가체제를 구축하고 완성한, 일
본의 특정한 시기의 국가체제를 지칭할 때 흔히 사용되는 용어로 실제
율령이 창시된 중국에서는 사용되지 않는 말이다.[3] 중국의 율령은 전
국시대 이래 형성되기 시작하여 수당대에 완성되고 이후에도 지속된
법적 지배질서 전체를 의미한다고도 볼 수 있으므로 율령제라는 용어
로 시대를 특징짓거나 구분짓기는 힘들다. 그러므로 중국의 율령을 거
의 완전하게 도입하고 발전시킨 일본에 비해 그 수용 시기나 내용이
분명치 않은 한반도 각국의 상황에 이 개념을 적용시키는 것은 문제가
있다고 할 수 있다.[4]

　율령국가, 율령시대라는 개념과 개념의 적용 문제뿐만 아니라 신라
나 일본에서 행해지는 율령의 성격, 편찬, 시행 등에 관해서 아직도 논
란이 많다. 이는 사료의 부족이라는 상황도 있겠지만, 각국 학자들의
기본적인 역사인식과도 관련이 있는 것으로 보인다. 그러므로 이 연구

界歷史 6)≫ (岩波書店, 東京) 41~42].
3) 중국에서 율령국가나 율령시대라는 용어를 사용하지 않는 이유로서는 중국에
　서는 이른 시기에 창시된 율령의 일부가 그 후 많은 시대를 거치면서 발전되
　어 왔기 때문에 특정한 시대를 구분하는 용어로서 사용하기가 적절하지 않다
　는 점, 중국의 국제에는 율령 외에 예제라는 큰 비중을 차지하는 요소가 있었
　다는 점 등을 들 수 있을 것이다[李根雨, 1996 <日本 古代 律令國家論－연
　구사와 논점을 중심으로－> ≪日本學≫ 15 (동국대 일본학연구소, 서울) 36 ;
　山本孝文, 2005 ≪韓國 古代 律令의 考古學的 硏究≫ (부산대학교 박사학위
　논문) 36].
4) 야마모토 다카후미(山本孝文)는 율령창시국가-율령국가-율령형국가라는 세 가
　지의 국가유형을 상정하였다. 율령창시국가는 중국으로 문헌사료로서 율령의
　편목이나 조문이 확인되는 정치체를 말하며, 율령국가는 율령창시국가의 영
　향을 받아 체계적인 법전인 율령을 계수, 시행하였고 편목이나 조문 등 문헌
　사학적으로 율령의 확실한 존재를 확인할 수 있는 국가로 일본이 그 예이다.
　율령형국가는 편목이나 조문 등 문헌사료상에서 율령의 확실한 존재를 확인
　할 수 없으나, 주변국가와 대비함으로써 율령의 시행을 상정할 수 있는 정치체
　로 고구려, 백제, 신라, 발해 등을 꼽고 있다(山本孝文, 2005 <위 논문> 37).

는 한국과 일본 학계에서 신라·일본의 7~9세기 율령과 관련한 연구를 검토함으로써 그 인식에서 드러나는 공통점과 차이점을 드러내고, 서로 다른 부분을 어떻게 이해하고 합의해나갈 것인지에 대한 가장 기본적인 작업이 될 것이라 생각된다.

II. 율령의 반포와 시행을 둘러싼 제논의

1. 신라의 율령 반포와 그 시행

≪三國史記≫에 의하면 율령의 반포는 고구려에서는 불교의 공인, 태학의 성립(372)과 함께 소수림왕 3년(373)에 이루어졌으며 신라에서는 법흥왕 7년(520) 백관의 공복과 그 秩이 정해지는 것과 함께 이루어진다. 백제의 경우 구체적으로 율령 반포 기사가 보이지는 않아 그 반포시기에 대해서는 의견이 분분하다.[5] ≪삼국사기≫에 기록된 율령과 관련된 기사는 단편적이며 그 양도 적기 때문에 그 실체나 내용을 그려내기가 쉽지 않다. 그리하여 대부분의 연구는 사료가 상대적으로 많은 신라에 집중되어 있고 고구려나 백제에 대한 연구는 적은 편이다. 그리고 신라 율령에 관해서도 그 실재성과 성립시기에 연구가 집중되어 있다.

신라 율령의 성립시기에 대해서는 '중고기성립설' '중대성립설' '신라율령부재설'로 구분할 수 있다.[6] 먼저 '중고기성립설'을 살펴보면,

---

5) 고이왕대 16관등의 제정과 함께 이루어진 것으로 보기도 하고[李鍾旭, 1978 <百濟의 佐平> ≪震檀學報≫ 45 (震檀學會, 서울) 30~32], 근초고왕~근구수왕대 어느 시기로 설정하기도 하였다[盧重國, 1986 <百濟律令에 대하여> ≪百濟硏究≫ 17 (충남대 백제연구소, 대전) 57~59].

6) 洪承佑, 2004 <新羅律의 基本性格－刑罰體系를 중심으로> ≪韓國史論≫

이는 법흥왕대 율령 반포를 그 성립시기로 하는 것으로, 신라 중고기에 晉의 泰始律令이나 北魏의 太和律令, 梁의 天監律令을 도입하여 신라율령을 성립시켰다는 주장이다. 즉 진의 태시율령-고구려-신라의 계통으로 신라의 율령을 이해하여 법흥왕 7년의 신라 율령이 고구려 율령을 받아들인 것이며 태종무열왕대부터 당의 율령격식을 직접 본받게되어 문무왕대에 율령격식이 완성되었다고 하거나,[7] 이와 달리 그 계통을 북위의 태화율령으로 파악하는 견해와[8] <蔚珍鳳坪碑>의 杖刑을 근거로 북위율이나 양률을 신라 율령의 모법으로 볼 수 있다는 가능성을 제시하기도 하였다.[9]

또한 법흥왕대 반포한 율령은 종전에 있었던 잡다한 율령들을 일원화한 체제로 정리하여 典籍으로 간행하여 이를 널리 유포하고자 했던것이고 이후 국가적으로 확충하고 수찬해가는 과정에서 율령의 개정내용을 파악해야 한다는 지적도 있었으며,[10] 중고기 이전에 이미 중국적

---

50 (서울대 국사학과, 서울)

7) 田鳳德, 1956 <新羅律令攷> ≪서울大學校論文集(人文・社會科學)≫ 4 [1968 ≪韓國法制史研究≫ (서울大出版部, 서울)] 전봉덕은 신라 율령의 내용을 律을 刑과 罪로 구분하고, 슈을 13편목으로 복원하였다. 노중국 또한 전봉덕의 논리에 의거하여 고구려와 백제의 율령을 복원하는 작업을 하였다. 그리하여 고구려의 율령 편목에 관해서는 형 7개・죄 8개, 영에 관해서는 8개의 편목으로 나누었으며, 백제의 율령에 관해서는 형 7개・죄 8개, 영에 관해서는 8개의 항목을 제시하였다[盧重國, 1979 <高句麗律令에 關한 一試論> ≪東方學誌≫ 21 (연세대 동방학연구소, 서울) ; 1986 <앞 논문>].

8) 李仁哲, 1994 <新羅律令의 篇目과 그 內容> ≪精神文化研究≫ 54 (한국정신문화연구원, 성남). 이인철은 이전까지 율의 편목 복원이 이루어지지 않은 것을 지적하여 신라의 율의 편목을 12편목으로 복원하고 영 또한 당률을 기준으로 전봉덕이 복원한 영에 12개를 추가하여 25편목으로 복원하였다. 또한 여기에 덧붙여 신라의 율령이 북위의 율령을 계수하고 수당의 영향을 받았으나 독창적인 내용이 많음을 강조하였다.

9) 朱甫暾, 1989 <蔚珍鳳坪新羅碑와 法興王代 律令> ≪韓國古代史研究≫ 2 (한국고대사연구회, 서울)

10) 盧鏞弼, 2002 <新羅時代 律令의 擴充과 修撰> ≪洪景萬教授停年紀念 韓國

인 율령이 신라에 들어왔다고 보는 견해도 있었다.[11]

  이에 반해 중대성립설은 율령의 완성이라고 할 수 있는 수당대의 율
령 혹은 그에 준하는 율령에 의하여 사회제도가 갖추어지고 운영되어
가는 것, 다시 말해 율령체제를 염두해 둔 것이다. 그러므로 중대성립
설은 중고기에 신라의 정치·사회제도의 상황으로 보아 중국적인 특성
을 살린 율령제의 시행은 불가능하고, 태종무열왕 이후에 가서야 당
율령을 받아들이면서 율령제가 성립했다고 하였다.[12] 이는 대체로 일
본의 '율령국가'의 성립과 궤를 같이하여 한국의 고대사를 파악하려는
의도에서 나온 것으로 보인다. 그러나 금석문의 발견에 따라 신라 법

    史學論叢≫ (韓國史學論叢刊行委員會, 서울)
11) 이근우, 2002 <赦免記事를 通해 본 韓日 律令制 수용문제> ≪淸溪史學≫
    16·17 (한국정신문화연구원 청계사학회, 성남)
12) 林紀昭, 1967 <新羅律令に關する二三問題> ≪法制史研究≫ 17 (法制史學會,
    東京) ; 井上秀雄, 1974 <朝鮮·日本における國家の成立> ≪世界歷史≫ 6 (岩
    波書店, 東京) ; 武田幸男, 1974 <新羅法興王代の律令と衣官制> ≪古代朝鮮
    と日本≫ (龍溪書舍, 東京) ; 石上英日, 1979 <律令法國家(1)> ≪歷史研究≫
    222·223 (歷史研究會, 東京) ; 北村秀人, 1982 <朝鮮における律令制の變質>
    ≪東アジア世界における日本古代史講座7 東アジアの變貌と日本律令國家≫ (學生
    社, 東京)
    하야시 노리아키(林紀昭)는 전봉덕의 연구성과에 나타난 문제점을 지적하면
    서 신라율령을 전면적으로 재검토하였다. 그는 법흥왕 7년의 율령반포에 대
    한 기록을 극히 부정적으로 평가하였다. 율령을 반포했지만 여전히 神判制度
    와 같은 고유법적인 성격이 농후한 형벌법규가 존속되었고, 행정법규 또한 官
    位衣服制·喪服制를 기본으로 하는 행정관직이나 지방관직, 관인 주거의 기본
    이 되는 條坊制 등 주로 관인을 대상으로 하는 법제에 한정되었다고 한다. 율
    령의 기능이 분화하기 이전 중국법의 영향을 받은 것이라 하였다. 그리하여
    태종무열왕대의 율령을 복원한 내용을 보면, 율에 대해서는 앞선 전봉덕의 연
    구와 다르지 않고 영에 대해서는 7개의 편목을 추가하였다.
    다케다 유키오(武田幸男)는 7세기 후반의 율령 개정과 관련해서 '律令編纂 第
    二期'로 표현하여[武田幸男, 1971 <朝鮮の律令制> ≪古代6(岩波講座 世界
    歷史6)≫ (岩波書店, 東京) 68] 법흥왕대의 법령으로 인식되는 법제가 시행되
    었음을 인정하는 듯하였지만, 이후 이를 부정하였다.

흥왕대 율령 반포의 사실이 뒷받침되기에 이르렀는데, 특히 <울진 봉평비>의 발견으로 '前時王大敎法'을 비롯하여 '奴人法' '杖六十' '杖百' 등의 구절이 확인되면서, 법흥왕대에 반포된 율령을 刑罰法으로서의 율과 敎令法으로서의 영의 형식을 갖춘 성문법으로 인정하게 되었다.[13]

신라율령부재설은 중대 이후에도 신라의 지배체제나 국제관계로 보아 중국적인 율령이 시행되기 어려웠고, 신라의 법제는 고유법적인 성격이 강하였으므로 율령제 국가라고 볼 수 없는 것으로 이를 신라사회의 독특한 독자성으로 파악한 것이다.[14]

율령의 반포는 그 사회가 성문법 체계로 들어섰음을 의미한다. 성문의 법전 편찬이란 이전까지의 관습법체제를 포괄하면서도 그것을 초월하여 국가전체에 작용하는 일원적인 공법체계의 성립으로 설명할 수 있다.[15] 그렇기 때문에 고대의 율령 도입은 중요한 문제로 여겨져 연구가 진행되었으나 신라의 경우 사료가 거의 없기 때문에 중국이나 일본 율령과 같이 구체적인 사례를 통한 연구가 활발히 이루어지기 힘들었다. 그럼에도 율령의 성립시기나 율령의 복원에 대한 연구들이 축적되면서 좀더 진전된 연구가 이루어졌다. 연좌제나 사면, 형벌체계 등을 통해서 신라율의 성격을 구체적으로 규명하려는 연구들이 그것이다.

---

13) 李基東, 1978 <新羅 官等制度의 成立年代 問題와 赤城碑의 發見> ≪歷史學報≫ 78 (歷史學會, 서울) ; 金龍善, 1982 <新羅 法興王代의 律令頒布를 둘러싼 몇 가지 問題> ≪加羅文化≫ 1 (경남대 가라문화연구소, 마산) ; 朱甫暾, 1989 <앞 논문>
14) 李佑成, 1989 <高麗 土地·課役關係 判·制에 끼친 唐令의 影響－新羅 律令國家說의 檢討를 兼하여－> ≪大東文化硏究≫ 23 (성균관대 대동문화연구원, 서울)
15) 노중국은 중앙집권력의 성장에 따라 율령이 반포되고 그것에 의해 국가정치가 행해졌을 때 이것을 '율령적 지배체제'로 부를 수 있을 것이라 하였다(盧重國, 1979 <앞 논문> 93).

이 연구들은 연좌제를 통해서 시대에 따른 신라율의 변화와 특징을
밝혀내고, 당률과 구별되는 신라율의 특징을 추적하였으며,[16] 사면기
사를 토대로 일본과 비교함으로써 내물왕대 이미 죄인에 대한 사면 관
념이 성립되어 소지왕·지증왕대를 거쳐 보다 구체적인 율의 적용이 이
루어졌음을 증명하기도 하였다.[17] 또한 고려 형률의 원형을 신라의 것
으로 보고 삼국과 7세기 이후 신라의 형률을 재구성하기도 하였다.[18]
이를 토대로 율령 반포에서 신라 중대까지 신라율의 성격과 특징에 대
해 형벌체계를 중심으로 중국의 그것과 비교한 연구가 있었다.[19] 이
연구는 신라의 중고기 율이 중국의 율을 그대로 받아들인 것이 아닌,
이전의 전통적인 율을 계승한 것이며 중대 이래의 율 또한 실제 당 율
령의 영향이 컸을 것이지만 당률을 그대로 사용한 것이 아님을 입증하
고 있다. 다시 말해 신라의 율령은 전통법 내지는 삼국의 율령을 바탕
으로 하였으며 여기에 당률을 보완하기도 하였다는 것이다.

그러나 중대 신라 율의 계통성을 좀더 명확히 밝히고자 했던 연구도
눈여겨 볼 필요가 있다. 문무왕 9년(669)의 사면교서를 검토함으로써
신라 형률의 문제는 남북조시대의 율령까지 소급해서 그 연관성을 밝
혀야한다는 연구가 제기되었던 것이다.[20] 이 연구는 신라 형률 내에
관인의 奪爵, 도적에 대한 배상, 책문에서 일정 정도의 율의 존재를 밝
혔다. 또한 율령체제만을 동아시아 고대 국가의 '참고체계'로 설정하는

---

16) 朱甫暾, 1984 <新羅時代의 連坐制> ≪大丘史學≫ 25 (대구사학회, 대구)
17) 이근우, 2002 <앞 논문>
18) 韓容根, 1991 <三國時代의 刑律硏究> ≪韓國史의 理解-古代考古編≫ (신서
    원, 서울)
19) 洪承佑, 2004 <앞 논문>
20) 尹善泰, 1998 <新羅의 力祿과 職田-祿邑硏究의 進展을 위한 提言-> ≪韓
    國古代史硏究≫ 13 (한국고대사학회, 서울) ; 尹善泰, 2003 <新羅 中代의 刑
    律-中國律令 受容의 新羅的 特質과 관련하여> ≪강좌한국고대사≫ 3 (가
    락국사적개발연구원, 서울)

것은 당대 이전에 이미 형성된 고대국가의 전통과 그 특성을 간과할 우려가 있다고 지적하였다. 그리고 율령의 취사와 변용이 각 국에 의해 주체적으로 선택되었다고 하더라도 그러한 선택 역시 율령법의 전파와 수용이라는 국제적 계기가 전제된 것이기에 율령법의 범주 속에서 다루어져야 한다고 강조하였다. 한편 신라의 형률, 특히 중대 이래의 형률에 대해 당과 일본 율의 비교를 통해 실질적인 운용이라는 측면에서 접근한 연구도 있다.[21] 이 연구는 당률과 일본률의 사례 검토를 통해 각국이 형률의 형식적인 측면보다는 실질적인 운용면에서 여러 다양성을 드러내고 있음을 지적하였다. 동아시아 각국에서의 형률은 公法的 법규로서 국가나 군주의 안녕과 이를 통한 지배층의 질서유지라는 궁극적 목표를 추구한다는 면에서 어느 정도 동질성을 가지고 있지만, 이전 사회와의 연관성 혹은 현 사회의 상황에 따라서 변용이 나타나고 있음을 강조하였다.

이들 연구는 신라 중대의 율을 중심으로 동시기의 당과 일본의 율이라든지 전후 시기의 삼국과 고려의 비교를 통해 신라율의 성격을 규명하려는 시도였다고 할 수 있다. 또한 그 성격을 단순히 '고유한' 혹은 '외래의'라는 고정된 의미로만 한정하는 것이 아니라 좀더 유연하게 그 시기와 맞물려 다양한 해석을 꾀할 수 있는 토대를 마련해주었다고 볼 수 있다.

이 밖에도 묘제, 器物, 복식·장신구, 도성 등 유물, 유적의 고고학적 성과를 통해 신라와 백제에서의 율령 수용과 율령 시행의 문제를 풀어보려고 시도한 연구가 있으며,[22] ≪삼국사기≫ <직관지>(상)의 전거 자료를 관서의 연혁과 소속 관직 및 관원구성을 함께 기록한 職員令과

---

21) 한영화, 2006 <7~8세기 신라의 형률과 그 운용 - 君臣關係에 관한 형률 적용 사례를 중심으로 -> ≪韓國古代史硏究≫ 44 (한국고대사학회, 서울)
22) 山本孝文, 2005 <앞 논문>

같은 令集類의 자료로 추정하는 연구가 진행되기도 하였다.[23]

2. 일본의 율령 편찬과 시행문제

일본은 7세기 후반에서 8세기 전반에 걸쳐 율령법의 편찬이 이루어졌다. 일본에서 율령 편찬의 역사는 그대로 율령국가의 성립과정과 연결된다. 율령 및 그 편찬의 과정에 관해서는 광범위한 연구의 축적이 있지만 대부분 율령 편찬과정의 해명에 관한 논의들이었다고 볼 수 있다.

율령 편찬과정과 관련해서 근강령의 경우, 통설로는 근강령의 부분적 시행에 대해서 대체적으로 인정하고 있는 것으로 보인다.[24] 근강령의 시행은 令法典을 朝廷의 필요에 따라 부분적으로 單行法令에 의해 전달, 시행되었을 것이라 추정하였다.[25] 이러한 통설에 관해 부정적인 견해에서는 체계적 법전으로서의 근강령의 존재를 부정할 뿐만 아니라 율 또한 대보율 이전 체계적인 율의 편찬을 인정하지 않는다.[26] 이 부정론의 제기는 단순히 법전편찬의 연혁이라는 문제에 그치지 않고 율령국가의 성립과정이라는 견지에서 天智朝에 근강령과 같은 체계적인 법전의 편찬이 가능했는가라는 기본적인 문제를 제기한 것으로 평가받

---

23) 李文基, 2006 <≪三國史記≫ 雜志의 構成과 典據資料의 性格> ≪韓國古代史研究≫ 43 (한국고대사학회, 서울)

24) 中田薰, 1926 <唐令と日本令との比較研究> ≪法制史論集≫ 1 (岩波書店, 東京) ; 三浦周行, 1925 ≪續法制史の研究≫ (岩波書店, 東京) ; 瀧川政次郎, 1931 ≪律令の研究≫ (刀江書院, 東京) ; 坂本太郎, 1938 ≪大化改新の研究≫ (至文堂, 東京) ; 坂本太郎, 1954 <飛鳥淨御原律令考> ≪法制史研究≫ 4 (法制史學會, 東京) [1964 ≪日本古代史の基礎的研究≫ 下 (東京大出版會, 東京)] ; 岩橋小彌太, 1958 <律令新考> ≪上代史籍の研究≫ 下 (吉川弘文館, 東京)

25) 井上光貞, 1976 <日本律令の成立とその注釋書> ≪律令≫ (岩波書店, 東京)

26) 靑木和夫, 1954 <淨御原令と古代官僚制> ≪古代學≫ 3-2 (古代學協會, 大阪)

는다. 이후 田積法의 연혁사를 통해 근강령의 편찬, 시행에 의문을 제기하거나,[27] 천지조에서의 정치단계는 체계적인 법전의 편찬이 곤란한 시기로 근강령의 관제인 천지 10년(671) 태정대신 이하의 임명도 영법전을 전제로 하지 않은 단행법으로 봄으로써 근강령을 부정하였으며,[28] 令制 太政官의 성립과정을 논하면서 천지 10년에 설치된 관직을 근강령의 관제로 하는 것에 대해 의문을 표명하는 등[29] 제도사적 연구 안에서 근강령의 존재를 부정하는 견해들이 이어졌다.

정어원율령의 편찬과 관련해서는 율의 존재를 둘러싼 논의가 활발하게 이루어졌다. 일본에서의 체계적인 율의 편찬은 정어원률의 편찬 후 일부 시행되었다는 것이 통설이다. 이러한 통설에 대해 부정적인 견해를 보인 연구도 있다.[30] 이 연구는 일본에서의 체계적인 율의 편찬·시행은 대보율로 보고 이 시기에 보이는 율이나 영이라는 용어를 광의의 단순한 법령 일반을 지칭하는 것으로 보았다. 그러나 天武·持統朝에 당률의 代用이 이루어지고 있음을 주장하는 견해나,[31] 이 시기 율을 최초로 당률을 체계적으로 채용한 것으로 파악하는 등[32] 당률과

27) 虎尾俊哉, 1961 ≪班田收授制の研究≫ (吉川弘文館, 東京)
28) 石母田正, 1971 ≪日本の古代國家≫ (岩波書店, 東京)
29) 早川庄八, 1972 <律令太政官制の成立> ≪續日本古代史論叢≫ 上 (吉川弘文館, 東京)
30) 靑木和夫, 1954 <앞 논문>
31) 石尾芳久, 1959 <律令の編纂> ≪日本古代法の研究≫ (法律文化社, 東京). 이에 대해 리코 미쓰오(利光三津夫)는 당률 대용설에 부정적인 견해를 보였다 [利光三津夫, 1961 <最近における律研究の動向> ≪律の研究≫ (明治書院, 東京)].
32) 林紀昭, 1973 <飛鳥淨御原律令に關する諸問題> ≪律令國家(論集日本歷史2)≫ (有精堂出版, 東京). 근강령, 정어원율령 등의 법전 편찬의 문제를 법제사적 측면에서 검토한 하야시 노리아키(林紀昭)는 법의 계수라는 관점에서 정어원율령의 편찬, 시행을 제기하고 7세기 후반 긴박했던 동아시아 정세 하에서 통일신라 성립에 자극받은 일본이 율령체제의 강화를 급선무로 하여 체계적 법전으로 정어원율령을 편찬하였다고 했다.

고유법의 조화를 통해 율을 체계화한 것이 정어원률의 초안으로 파악
하는 견해들이 제기되기도 하였다.[33]

　대보율령의 편찬과 시행에 관해서는 ≪續日本紀≫에 관련기사가 남아
있기 때문에 비교적 용이하게 가늠할 수 있다. ≪속일본기≫ 기사를 토대
로 대보율령은 文武 4년(700) 3월 편찬착수, 대보 원년(701) 8월 완성,
대보 원년(701) 3월 新令에 의한 官名位號의 개정을 시작으로 순차적으
로 시행, 대보 2년(702) 10월 전체적인 시행의 과정을 거친다고 보는 것
이 대체적인 통설로 받아들여져 왔다.[34] 대보율령이 대보 원년 8월에
완성되었다는 것에 대해서는 대체로 일치되어 있지만, 대보 원년 이전
으로 보는 견해도 존재하였다.[35] 대보율령 편찬, 제정의 의의에 대해서
는 후지와라노 후히토(藤原不比等)를 중심으로 하는 문무파에 의해 추
진되었다라는 정치사적 이해로 파악하거나,[36] 신라와의 긴장 관계 속에
서 율령이 정비되었던 신라에 대항하기 위해, 국가체제를 강화하기 위
해 문무의 즉위해인 697년에 편찬이 개시되었다고 보기도 한다.[37]

　정어원율령에 대해서는 그 편찬과 시행을 부정적으로 보더라도[38]
대체로 정어원령과 대보령의 기본적인 유사성은 인정하고 있다.[39] 그

33) 小林宏, 1980 <日本律の成立に關する一考察> ≪日本法制史論集≫ (思文閣,
　　京都)
34) 瀧川政次郎, 1931 ≪앞 책≫ ; 石尾芳久, 1959 <律令の編纂> ≪日本古代法の
　　研究≫ (法律文化社, 東京) ; 宮本救, 1957 <大寶令の施行について－特に大寶二
　　年造籍との關連において－> ≪續日本紀研究≫ 4~11 (續日本紀研究會, 奈良)
35) 直木孝次郎, 1960 ≪持統天皇≫ (吉川弘文館, 東京) ; 押部佳周, 1972 <大寶
　　律令の成立> ≪ヒストリア≫ 60 (大阪歷史學會, 京都)[1981 ≪日本律令成立の
　　研究≫ (塙書房, 東京)] ; 井上光貞, 1976 <앞 논문>
36) 直木孝次郎, 1960 ≪위 책≫
37) 押部佳周, 1972 <앞 논문>
38) 中田薫, 1951 <古法雜觀> ≪法制史研究≫ 1 (法制史學會, 東京)[1964 ≪法
　　制史論集≫ 4(岩波書店, 東京)] ; 石尾芳久, 1959 ≪日本古代法の研究≫ (法
　　律文化社, 東京)
39) 坂本太郎, 1954 <앞 논문>

러나 이 연속성 혹은 유사성에 대해서 ≪속일본기≫에서 언급되는 정
어원율령과 대보율령 관련 기사의 사료적 가치를 의심하는 견해가 제
기되었다.[40] 하지만 이에 ≪속일본기≫ 정어원율령과 대보율령 관련
기사는 작성자가 정어원령과 대보령의 사이에 일정 관련을 염두에 두
고 썼음은 부정할 수 없음을 재론하기도 하였다.[41] 어찌되었든 ≪속일
본기≫의 기사에서 두 영의 내용적 동일성을 도출해내기는 어렵지만
법전편찬이라는 율령제도 확립을 위한 가장 근본적인 국가사업에 관해
서 천무·지통조의 연속성을 인정하는 것은 가능한 것으로 보인다.[42]
또한 양로율령에 관해서도 양로 2년(718) 성립설에 대한 의문이 제기
된 이래[43] 그 편찬 사업을 둘러싸고 지금까지 논의가 진행되고 있다.
이러한 율령의 편찬에 관해서 여러 설이 대립되고 있는 것도 결국은
율령이 현재 전해지지 않은 것이 주된 원인이다. 이로 인해 율령의 복
원작업은 꾸준하게 시도되고 있다.

  율령의 복원과 관련해서는 근강령같은 경우 그 존재를 인정한다 하
더라도 戶令이나 官位令과 같은 몇몇 편이 등장한 것에 불과하다고 보
는 경향이 강하다. 근강령이나 정어원령이 존재하면서[44] 일정한 기능

---

40) 東野治之, 1986 <≪續日本紀≫の≪大略以淨御原朝廷爲準正≫> ≪日本歷
    史≫ 453 (日本歷史學會, 東京)
41) 荊木美行, 1986 <大寶律令の編纂と淨御原令－東野治之氏の所論にふれて－>
    ≪日本歷史≫ 463 (日本歷史學會, 東京) ; 荊木美行, 1988 <≪大寶律令の編
    纂と淨御原律令≫ 補考> ≪日本歷史≫ 480 (日本歷史學會, 東京)
42) 대체로 천무·지통조의 입법의 노력은 당률을 기본으로 해서 이루어진 것이고,
    대보율령의 편찬은 지통과 후지와라노 후히토(藤原不比等)에 의한 문무정권
    의 강화뿐만 아니라 중국왕조에서의 법 사상의 영향하에 천황을 대신하는 황
    권의 상징으로 설명하고 있는 것으로 보인다[長谷山彰, 1991 <律令の編纂>
    ≪論爭日本古代史≫ (河出書房新社, 東京) 104].
43) 坂本太郎, 1936 <養老律令の施行について> ≪史學雜誌≫ 47~8 (東京大史學
    會, 東京)
44) 坂本太郎, 1954 <앞 논문> ; 林紀昭, 1971 <飛鳥淨御原律令に關する諸問
    題> ≪史林≫ 53-1 (京都大 史學硏究會, 京都)

을 수행했더라도 國制의 핵심으로서 각별한 중요성을 띠는 것은 대보율령이라고 할 수 있다. 대보율령 편찬의 직접적 근거가 당의 永徽律疏(653)와 永徽令(651)이라는 점은 학계의 통설이다. 지금까지 남아있는 율은 당률 502조에 대해 잔존하는 일본률 158조이다. 영은 ≪令義解≫(833)나 ≪令集解≫의 형태로 주석서가 남아 있어서 倉庫令과 醫疾令을 제외한 양로령의 조문을 알 수 있다. 창고령과 의질령도 에도(江戸)시대 이래로 逸文을 모아 창고령은 22조 중 16조를, 의질령은 27조 중 26조가 복원되었다.45) 또한 북송 天聖令 10권의 발견으로46) 동아시아 율령의 비교연구와 당령의 복원연구는 새로운 단계로 진입하게 되었다.

앞서 살펴본 대로 일본의 율령편찬과 그 시행에 관해서는 무수히 많은 논의가 진행되어 왔다. 대체로 당의 율령을 계수하여 대보율령이라는 완전한 율령법전으로 완성하는 과정 속에서 율령체계를 성립시킨 것으로 정리할 수 있다. 그렇다 하더라도 일본에서의 여러 차례에 걸친 율령 편찬의 과정 가운데 실제로 그 편찬된 율령이 어떤 계통인지를 명확히 밝히는 것은 필요하다. 이 계통에 대해서 신라의 촌락문서나 고대 일본의 美濃國 호적의 호구파악방식이 당령에 영향을 받아 성립된 것이 아니라 북위－고구려－신라－고대일본으로 이어지는 율령의 계보관계를 상정한 견해가 제출된 바 있다.47) 또한 고대 일본의 호

---

45) 瀧川政次郎, 1931 ≪앞 책≫ ; 律令研究會 編, 1975 ≪譯註日本律令≫ 2·3 律本文篇上下 (東京堂出版, 東京) ; 國學院大學日本文化研究所 編, 1984 ≪日本律復元の研究≫ (國書刊行會, 東京) ; 井上光貞 외, 1976 ≪律令(日本思想大系3)≫ (岩波書店, 東京)

46) 따이 첸꿔(戴建國)는 寧波 天一閣에 소장된 관품령에 대해 고증을 진행하면서 이 책이 宋代 天聖令임을 확인했으며, 거기에 보존된 '개원25년령'이 당령의 연구와 복원작업에 매우 중요한 의의가 있음을 지적하고 있다[戴建國, 1999 <天一閣藏明抄本 '官品令'考> ≪歷史研究≫ 259 (中國社會科學院, 北京)].

47) 尹善泰, 2003 <新羅村落文書研究の現況> ≪美濃國戸籍の綜合的研究≫ (東

적기재양식이 8세기 초 대보령을 분수령으로 하여 미농국 호적 양식에서 西海道 호적 양식으로 변모했다는 점에 주목하는데, 전자는 신라의 촌락문서와 유사하고 후자는 西魏의 호적양식과 유사하다는 점을 들어[48] 이는 대보령에서 시작된 서위 계열의 서해도 호적 기재양식이 7세기 말 망명한 백제계 귀화인들에 의해 고대 일본에 전파되었을 가능성을 상정한다. 결국 고대 일본에는 북위–고구려로 연결되는 신라에서 전래된 율령과 서위–북주–수당으로 연결되는 백제에서 전래된 율령이 시기를 달리하면서 도입, 착종되었던 것으로 일본 율령의 그 계통성을 밝히고 있다.

또한 신라와의 관계 속에서 설명될 필요도 있을 것으로 보인다. 일본에 당의 永徽律令에 대한 기본적인 자료가 입수되었다 하더라도[49] 신라 율령의 내용, 구체적인 운용방법 등을 참고했을 가능성이 있기 때문이다.[50] 일본에서의 遣唐使가 669년 이후 702년까지 33년간 단절되어 있었던 것에 비해 遣新羅使는 675년부터 700년까지 8회에 걸쳐 파견되었다. 이러한 사실들은 이 시기 신라와 일본간의 교섭·통교를 단순히 당의 율령·문화 수용의 매개적 역할에 그치는 것으로 봤던 통설에 대해 재검토의 필요성을 제기하였다.[51] 또한 630년대 일본의 학

京堂出版, 東京) 403. 신라와 고대일본이 家戶를 <광개토왕비>처럼 '烟'으로 표기하였던 점, 촌락문서의 計烟 계산법이 균전제 실시 이전의 북위의 세제와 유사하였던 점, 촌락문서와 미농국 호적의 호구기재양식이 거의 동일하였던 점 등을 그 근거로 들고 있다.

48) 曾我部靜雄, 1968 <西涼及び兩魏の戶籍と我が古代戶籍との關係> 《律令を中心とした日中關係史の硏究》 (吉川弘文館, 東京)

49) 瀧川政次郎, 1931 《앞 책》

50) 延敏洙, 2003 <統一期 新羅와 日本關係> 《강좌한국고대사》 4 (가락국사적개발연구원, 서울) 223

51) 關晃, 1955 <遣新羅使の文化史的意義> 《山梨大學學藝學部硏究報告》 6 (山梨大, 山梨) ; 鈴木靖民, 1970 <日羅關係と遣唐使> 《朝鮮史硏究會論文集》 7 (朝鮮史硏究會, 東京) ; 鈴木靖民, 1982 <日本律令國家と新羅·渤海> 《東ア

문승이 당에서 귀국할 때 신라의 귀국선에 편승하여 신리에 도착·제류하기도 하였고 신라에서 일본으로 귀국할 때 신라 送使가 파견되는 등 일본과 신라의 불교적 접촉이 이루어졌으며 천무조부터 시작되는 이른바 하쿠호(白鳳)시대 일본 불교계의 지도자가 된 사람들이 대개 신라 유학 경험을 가진 학문승으로서 일본 불교가 신라 불교와 직결되는 형태가 되었다는 견해도 있기 때문이다.52)

   앞선 논의들이 주로 율령 편찬과 시행여부에 초점을 맞추어 진행되었다면, 구체적으로 사회적 구조와 관련해서 좀더 살펴볼 필요가 있을 것이다. 율령체제 하에서 시행된 관료제와 신분제에 대한 연구들을 살펴봄으로써 그 사회적 성격을 가늠해보고자 한다.

Ⅲ. 관료제와 신분제를 통해본
율령의 운영

1. 신라의 관료제와 일본의 태정관제

   율령에 기반한 통치구조는 사실상 국가체제의 모든 면을 포괄한다.

ジア世界における日本古代史講座≫ 6 (學生社, 東京)[1985 ≪古代對外關係史の 硏究≫ (吉川弘文館, 東京)]

52) 田村圓證, 1979 <新羅送使考> ≪朝鮮學報≫ 90 (朝鮮學會, 奈良) 73~80 ; 申瑩植, 1994 <統一新羅의 對日關係> ≪講座韓日關係史≫ (현음사, 서울) 110~145

   신라 금석문에서 확인되는 借字表記法인 '之'(문장종결어조사)의 용례가 일본의 고대 문헌에서 많이 확인되는데, 이는 7세기 후반 일본에서 유학한 신라 학문승을 통해서 일본에 전파된 것일 가능성이 있다고 하였다[李宇泰, 2006 <新羅 金石文과 高句麗 金石文의 借字表記-그 起源과 影響을 중심으로> ≪고구려의 역사와 대외관계≫ (서경, 서울)].

영의 성문화된 법적 근거에 따라 국가의 통치를 위한 조직과 그 조직의 인적 구성과 운영 방침이 규정한 것이 율령관제인 셈이고, 당의 경우 三省六部制라고 일컫는다. 그리고 국가 구성원의 지위를 최고통치자로서의 왕과 왕을 보좌하여 국가 운영을 담당하는 지배계층, 즉 귀족·官人과 국가의 보호 대상이면서 재정을 비롯한 각종 부담을 지는 良人 계층에 대한 신분상의 구분을 명문화하여 규정한 것이 신분제라고 할 수 있다. 또한 양인으로부터의 수취 방식 등 국가 운영을 위한 제규정도 결국 율령에 기반하고 있는 것이다. 따라서 율령의 연구는 사실상 해당 시대 모든 부문의 사회상을 포괄하고 있다고 해도 과언이 아니다. 특히 일본의 율령 연구는 일본 고대사회가 율령에 기반하여 통치구조를 확립하고 있음을 율령에 대한 실증적 작업을 통하여 규명하는 데 초점을 맞추어 왔다. 그에 비해 신라의 경우는 율령의 조문이 남아 있지 않은데다 복원할 만한 사료 자체가 부족하여 일정한 한계를 지니고 있다. 이러한 사정을 바탕으로 영과 관련한 연구성과를 행정관료조직과 신분제 부문을 중심으로 살펴보고자 한다.

　신라의 관료조직에 관한 연구는 그 사회성격에 대한 규정을 전제로[53] 관료제의 성격 문제와 각 중앙행정조직의 구성과 성격에 관한 부

---

53) 신라 중하대 사회의 성격에 관해서는 일반적으로 신라의 중대를 중심으로 왕권 또는 정치적 성격을 전제왕권 또는 전제정치로, 하대를 귀족연립체제로 이해해왔다[李基白, 1958 <新羅 惠恭王代의 政治的 變革> ≪社會科學≫ 2 [1974, ≪新羅政治社會史硏究≫ (一潮閣, 서울)] ; 井上秀雄, 1961 <新羅政治體制の變遷過程－門閥貴族の集團支配と專制王權> ≪古代史講座≫ 4 (學生社, 東京)]. 그러나 근래 이에 대한 비판적 시각 또한 상당한데 특히 '전제왕권'이라는 개념적용의 모호함으로 인해 다양한 견해들이 제출되고 있다[李晶淑, 1986 <新羅眞平王代의 政治的 性格－所謂 專制王權의 成立과 關聯하여> ≪韓國史硏究≫ 52 (한국사연구회, 서울) ; 申瀅植, 1990 <新羅 中代 專制王權의 展開過程> ≪汕耘史學≫ 4 (산운학술문화재단, 서울) ; 申瀅植, 1990 <新羅 中代 專制王權의 特質> ≪國史館論叢≫ 20 (국사편찬위원회, 과천)]. 이후 중하대 정치적 성격에 대해서 전제왕권 대신에 신라 중대의 권

분으로 진행되었다.

신라 중대의 정치적 성격을 전제왕권, 전제정치로 바라보는 시각에서는 執事部의 성격에 대해 주목하였다. 상대등이 왕권을 중심으로 한 중앙집권적 귀족국가의 완성기인 중고기를 특징짓던 것에 대해 집사부는 전제주의의 완성기인 중대를 특징지어주는 존재로 파악하여 주로 왕권의 강화와 연관되어 연구되어 왔던 것이다.[54] 그리하여 이 집사부를 신라의 최고관부로 보고 그 長인 中侍를 수상으로 파악했다. 그러나 집사부나 중시(시중)의 역할을 왕권의 전제화에 기여하는 최고의 관부로 보는 것에 문제를 제기하면서 왕명출납·기밀사무·서경 등의 직장을 가진 관부로 파악하는 견해가 제시되기도 하였다.[55]

또한 신라 관료제는 비진골 출신 유학자·관료를 중심으로 성립되어 중대의 전제왕권에 기생하면서 성장, 점차 지배체제의 근간으로 발전했다는 전제 하에 신라 관료제의 특징인 장관직의 복수제와 겸직제,

---

력구조를 '국왕 중심의 집권적 관료체제'로 규정하는 연구도 있으며, [姜鳳龍, 1992 <6~7世紀 新羅 政治體制의 再編過程과 그 限界> ≪新羅文化≫ 9 (동국대 신라문화연구소, 경주) ; 姜鳳龍, 1994 <신라 통일기의 지배체제> ≪역사와 현실≫ 14 (한국역사연구회, 서울)] 중고와 중대를 동질적인 사회로 파악하는 것에 대한 비판적 시각과 함께 중고기 대왕전제체제에 대해, 중대는 '중앙집권적 골품귀족관료체제'가 성립된 중세사회라는 관점도 제기되었다 [金瑛河, 2000 <韓國 古代國家의 政治體制發展論 - '部體制' 論爭에 대한 소견을 대신하여> ≪韓國古代史研究≫ 17 (한국고대사연구, 서울) ; 金瑛河, 2004 <新羅 中代王權의 기반과 지향> ≪韓國史學報≫ 16 (고려대 사학회, 서울)].

54) 李基白, 1964 <新羅 執事部의 成立> ≪震檀學報≫ 25·26·27 (震檀學會, 서울) ; 1974, ≪新羅政治社會史研究≫ (一潮閣, 서울)

55) 李仁哲, 1993 ≪新羅政治制度史研究≫ (一志社, 서울). 이영호도 집사부는 왕정의 업무를 분장한 관부의 하나로 총무, 비서기관, 외교, 정책의 기획의 활동을 제시하고, 신라 중대가 전후시기에 비해 상대적으로 왕권이 강화되었다하더라도 '골품제하 군주정치'의 틀을 벗어나지 못했다고 하여 전제왕권론을 비판하고 있다[李泳鎬, 1996 <新羅 執事部의 設置와 中侍> ≪國史館論叢≫ 69 (國史編纂委員會, 과천)].

그리고 소수 진골귀족의 합의제 등은 귀족세력의 이익을 담보하는 제
도적 장치로 파악하기도 하였다.[56] 그리고 특정기관의 월권을 방지하
기 위한 모든 관부와 왕의 직결, 각 기관의 상호견제와 균형, 장·차관
의 복수제와 고위직의 광범위한 겸직제, 궁정관제의 광범하고 다양한
직능 등으로 미루어 전제왕권을 신라의 관료제 틀 안에서 유지되고 그
권능을 보호받았다고 설명하기도 하였다.[57] 하지만 신라의 관료제가
전제왕권을 보장하는 장치로써 기능한다는 것에 대한 비판적 시각에서
는 행정업무 대부분이 복수의 장관들에 의해 합의로 결정되었고, 집사
부가 어떠한 정책을 결정할 권한도 없이 왕의 명령을 수행하는 기관에
불과하므로 전제왕권으로 파악하는 것은 무리이며 결국 신라의 율령
관제는 진골귀족과 국왕의 합의에 의한 지배체제의 운영을 그 특색으
로 하고 있는 진골중심의 지배체제라고 반박하였다.[58] 물론 중대왕권
이 율령에 입각하여 골품귀족의 관료화를 통해 중앙집권체제를 수립하
였지만, 제한된 범주에서 당의 율령을 변용했을 뿐 전면적 시행이 유
보된 점이 한계였다고 지적하기도 하였다.[59] 또한 독서삼품과·국학·위
화부 등에 대한 이해를 중심으로 신라의 관료제를 설명함으로써 '신라
의 율령 관제'가 신라 고유적인 특성이 농후하게 있었음을 하나의 특
질로 꼽기도 하였다.[60]

---

56) 李基東, 1980 <新羅 中代의 官僚制와 骨品制> ≪震檀學報≫ 50 (震檀學會,
   서울)[1984, ≪新羅骨品制社會와 花郎徒≫ (一潮閣, 서울)]. 이기동은 전제왕
   권이 매우 유용한 개념이지만, 상대적·제한적 의미로 사용하지 않으면 오해
   를 불러일으킬 소지가 있으며, 중대왕권은 앞선 시대와 비교하면 확실히 강력
   한 군주이기는 하지만, 결국 전제적이지 않았고 화백회의체를 조종하려 했을
   뿐 무력화시킨 것은 아니었다고 하여 전제왕권에 대해 신중한 태도를 보였다
   [李基東, 1991 <新羅 興德王代의 政治와 社會> ≪國史館論叢≫ 21 (국사편
   찬위원회, 과천)].
57) 申瀅植, 1990 <앞 논문>
58) 李仁哲, 1993 ≪앞 책≫
59) 金瑛河, 2004 <앞 논문>

신라 관료제의 성격에 대해서 내체적으로 율령에 입각한 관제로 파악하고 있지만, 율령체제의 실태를 거의 알 수 없기 때문에 제한적 의미에서의 율령 관제로 설명하고 있고, 그 사회성격에 대해서는 이미 성립된 고대국가의 변화·해체과정, 혹은 중세적 성격의 노정과정으로 보고 있다고 할 수 있다.

신라의 중앙관부는 법흥왕 4년(517) 병부를 설치한 이래로, 진흥·진평왕대를 거치며 순차적으로 성립되었다. ≪삼국사기≫ 직관지에는 44개의 신라의 중앙관부가 기록되어 있으나 사료가 극히 제한적일 뿐 아니라 이들 관부의 고유한 직무가 뚜렷하지 않아 각 관부의 상하 통속관계도 명확히 알 수 없다. 이에 대해 신라는 전통적으로 대등회의에서 중요한 정책이 논의·결정되었고, 중앙관부가 정비된 이래로 필요한 업무의 조정이나 개별관부의 차원을 넘어서는 사안들이 각 관부 장관인 진골귀족들의 회의체에서 처리되었기 때문에 여러 중앙관부를 총관하는 상급 관부가 별도로 존재하지 않고 주요 관부들이 각기 병렬적으로 존재했던 것으로 파악하기도 하였다.[61] 법흥왕대 이래로 설치된 관부는 당의 6전조직에 준하는 행정체계로 일단 완성되었고,[62] 이는 엄밀한 의미에서 전형적인 6전조직과 차이가 나지만 의도적으로 당의 6전제 확립을 목표로 하고 있다고 하였다.[63] 또한 당제의 의식적 도입이 중앙 행정관서의 관원 조직에 반영되어 있음을 지적하여, 신문왕대 행정관서의 관원조직을 종전의 4단계 조직에서 5단계 조직으로, 즉 部

---

60) 木村誠, 1982 <統一新羅の官僚制> ≪日本律令國家と東アジア(東アジア世界における日本古代史講座6)≫ (學生社, 東京)
61) 李基東, 1980 <앞 논문>
62) 이기동은 신라의 율령 관제가 680년대 완성된 것으로 보았다[李基東, 2001 <新羅의 國制改革과 骨品制的 權力構造의 諸問題> ≪東國史學≫ 34 (동국대 사학회, 서울) 8].
63) 그러나 당의 6부를 그대로 채택하지 않고 대담하게 사무중점주의를 취했다는 견해도 있다(田鳳德, 1956 <앞 논문> 336).

와 府는 모두 令-卿-大舍-舍知-史의 5등급 또는 그에 준하는 관원으로 구성되어 있음에 주목하기도 하였음.[64]

율령을 바탕으로 국가를 통치하는 데에 있어서 중요한 수단은 문서행정의 확립이라고 할 수 있다. 문무왕대를 중심으로 국왕이 발한 왕명문서를 분석하여 신라의 공식령에 의한 왕명문서 양식을 복원한 연구는 주목할 만하다.[65] 공시적, 통시적인 비교작업을 통해 재구성한 신라의 왕명문서 양식은 중국이나 일본과는 약간의 차이를 보였는데 이는 신라의 국왕이 행한 고도의 정치적 행위의 결과로 봄으로써, 동일한 율령의 편목이라 할지라도 해당국가가 처한 상황에 따라 그 내용이 달라졌음을 밝혔다. 또한 최근 연구가 활발하게 진행되고 있는 목간과 관련한 연구성과는 이 분야에 대한 연구를 가속화시키고 있다. 1975년 경주 안압지에서 목간이 출토된 이래로 15개 유적에서(안압지 포함) 목간이 출토되었고,[66] 최근까지도 지속적으로 출토되고 있어 이 분야 연구에 활기를 주고 있다.[67] 물론 중국이나 일본에서 발굴된 목간에 비하면 적은 숫자이지만[68] 향후 계속적으로 출토될 가능성이 있어 수

---

64) 이 조직은 5단계로 이루어졌는데, 당의 6전조직에서 상서 – 시랑 – 낭중 – 원외 랑 – 주사의 5단계 조직을 모범으로 하여 실제적 필요에 맞추어져 이루어진 것이라고 한다. 그러나 단순히 당제의 형식주의적 측면만 채용한 결과가 아니라 어디까지나 중대 관료조직의 확장이라는 정치적, 사회적 현실에 대응하는 실제적인 조치였다고 보았다(李基東, 1980 <앞 논문> 41~43).

65) 양정석, 1999 <新羅 公式令의 王命文書樣式 考察> ≪韓國古代史研究≫ 15 (한국고대사학회, 서울)

66) 국립가야문화재연구소, 2007 ≪함안 성산산성 제12차 발굴조사 현장설명회자료집≫ (가야문화재연구소, 창원) 15

67) 창원문화재연구소에서 간행한 ≪韓國의 古代木簡≫ (2004)은 1992년 함안 성산산성 출토를 계기로 모든 출토 목간이 집대성되어 사진, 적외선사진, 실측도의 도판, 釋文이 수록되어 현재의 출토 목간의 전모를 알기 위한 기초 자료가 되고 있다.

68) 중국과 일본은 목간이 각각 50만점, 30만점 이상 출토된 것에 대해[윤선태, 2004 <한국고대목간의 출토현황과 전망> ≪韓國의 古代木簡≫ (창원문화

취문제라든지 문서행정과 관련한 연구의 전망을 밝게 하고 있다. 또한 한국의 목간은 일본의 것과 시기적으로 가까운 6~8세기의 것들이라 두 학계 모두 주목하는 바이며,[69] 특히 함안 성산산성에서 발굴된 題籤軸은 고대일본의 제첨축과 형태가 유사하며 시기가 빠르다는 점에서 제첨축의 제작방법이 신라에서 일본으로 전파되었을 가능성이 있어, 고대 동아시아 세계의 목간 전파과정과 관련해서도 매우 중요한 위치를 차지한다고 할 수 있다.[70]

한편 야마토 정권에서의 관인제가 한반도 삼국과 밀접한 관련이 있음은 이미 많은 지적이 있어왔다. 야마토 조정의 관인제는 우선 5세기 말 혹은 6세기 초에 신라의 제도를 채택한 人制, 백제의 제도를 채용한 部制의 형태로 하급호족의 출신자를 관인으로 조직하는 것을 시작으로 6세기를 거쳐 하급관인의 長인 伴造=중급호족 출신 계층의 관인화를 추진하고 6세기 말 推古朝에는 상급호족인 오미(臣), 무라지(連)도 관인화하였다.[71] 쇼토쿠(聖德) 태자와 소가노 우마코(蘇我馬子)에 의해 관위

재연구소, 창원) 359] 한국은 2007년 11월을 기준으로 459개(묵서는 351개)가 출토되었다[국립가야문화재연구소, 2007 ≪앞 책≫ 15].

69) 한국 고대목간에 관해서 이성시가 1996년 목간학회에서 <韓國出土の木簡について>[1997 ≪木簡研究≫ 19 (木簡學會, 東京)]를 보고했던 것을 계기로 일본의 고대사 연구자들의 관심을 불러일으켰다. 또한 일본의 고대목간과 중국, 한국의 고대목간의 비교를 시도한 히라카와 미나미(平川南)의 <屋代遺跡群木簡のひろがり>[2003 ≪古代地方木簡の研究≫ (吉川弘文館, 東京)]이 있다. 이 논문은 이 유적에서 출토된 7세기 후반~8세기 전반의 목간들 중에 중국이나 한국의 문자자료와 공통하는 요소가 있음을 지적했다. 그 후 성산산성에서 출토된 대량의 목간이 공표되면서 일본 고대목간과의 비교가 행해졌다. 그리고 2004년 창원문화재연구소의 ≪韓國の古代木簡≫이 간행되어 일본에서도 현단계에서의 한국 고대목간의 사진과 釋文이 소개되었다[三上喜孝, 2006 <日韓木簡學の現狀とその整理狀況> ≪唐代史研究≫ 9 (唐代史研究會, 東京)].

70) 윤선태, 2004 <앞 논문>364

71) 直木孝次郎, 1982 <官人制の展開> ≪隋唐帝國の出現と日本(東アジア世界にお

12계가 제정된 것은 바로 이러한 관인제의 진행 결과이며, 이 관위는
≪隋書≫에 나타나고 있는 고구려의 제도와 유사하고, 백제의 16등의
관 중 達率 이하 武督까지 12등인 것도 유사하다고 볼 수 있다는 것이
다.72)

　일본 천무조의 중앙관제 조직에서 신라적 요소에 대해 서술한 연구
도 주목할 만하다.73) 먼저 율령 관제가 이념상 당제를 모방한 것이라
하더라도 실제로 신라적 요소가 많이 보인다는 점을 지적하고 있다.
천황의 가정 기관으로서의 宮內官(뒤의 궁내성)이 독립하여 일반 행정
관아로서의 6관(뒤의 6성)과 병렬되어 있는 것은 신라 중앙관부 조직
에서 內省(뒤의 전중성)의 것과 비슷하며, 또한 천황의 비서관적인 업
무를 맡은 중무성이 궁내성 및 6성과 더불어 8성을 구성하고 있으면서
중무·궁내성이 이른바 內廷으로서 대보령제의 태정관 기구에 흡수되
지 않은 것도 신라에서의 집사부와 비슷하다고 설명했다.74) 일본 율령
제하의 각급 주요 관아에서의 관원 조직이 4등관으로 되어 있는 것과
천무 2년의 舍人(도네리)제도 신라의 영향으로 보기도 하였다.75)

　けゐ日本古代史講座5)≫ (學生社, 東京)
72) 直木孝次郎, 1982 <위 논문> 60. 이노우에 미쓰사다(井上光貞)는 일본의 관
　　위제가 백제의 제도를 중심으로 하고 고구려의 제도를 참조하여 성립되었다
　　고 하였고[井上光貞, 1965 <官位12階とその史的意義> ≪日本古代國家の硏
　　究≫ (岩波書店, 東京)], 미야자키 이치사다(宮崎市定)도 교섭사라는 시야에서
　　중국, 삼국, 일본의 위계제를 상호 연관되는 것으로 파악하여, 삼국의 관등제
　　도는 중국 품계제의 영향하에 성립한 고구려 관등제도가 최초의 것이고 이것
　　이 백제나 신라에 직접 영향을 주었고 나아가 일본 관위제도, 위계제도 성립
　　도 이러한 흐름 속에서 찾을 수 있다고 하였다[宮崎市定, 1956 <三韓時代の
　　位階制について> ≪朝鮮學報≫ 14 (朝鮮學會, 奈良) 215~218].
73) 李基東, 1978 <羅末麗初 近侍機構와 文翰機構의 擴張 - 中世的 側近政治의
　　志向 - > ≪歷史學報≫ 77 (歷史學會, 서울)
74) 李基東, 1982 <新羅의 骨品制度와 日本의 氏姓制度> ≪歷史學報≫ 94·95
　　(歷史學會, 서울)
75) 李基東, 1982 <위 논문>. 스즈키 야스타미(鈴木靖民)에 의해서도 신라 율령

일본의 율령 관제와 관련된 연구들의 특징은 천시조에서 문무조까지 율령의 편찬·시행을 염두에 두면서 태정관제의 성격을 논의의 중심으로 설정했다는 점이다. 태정관제는 율령국가 정무의 근간인 행정기구이다. 따라서 태정관제에 대한 연구는 일본 고대국가의 본질을 해명하는 것이며, 특질을 밝히는 하나의 방법이기도 하다.

백강구전투 패전 이후 야마토 조정은 당의 외교적 압력에 대응하는 한편, 정치·군사적 대응으로 체제의 전환을 모색하였다. 군사에서 방어시설의 증설과 더불어 정치에서는 천지 3년(664) '甲子의 宣'이라는 정책의 제시가 있었다. 그 내용은 관위 26계제, 氏上의 결정과 각각에 대응하는 무기의 사여, 民部·家部의 설정이었다. 그리고 668년 고구려 멸망의 사실이 669년 신라사에 의해 전해짐으로써 야마토 조정이 느낀 위기감과 그 대응책으로 천지 10년(671)의 國制 개혁이 이루어졌다.[76] 천지 10년 국제의 변화는 태정관의 성립이다.

태정관 성립의 근거와 천지 10년 정월에 임명되고 있는 3인의 御史大夫의 성격에 대해서 여러 견해가 제기되었다. 이는 주로 근강령의 시행여부와 관련해서 설명되었다. 천지 10년 태정대신, 어사대부의 임명은 근강령에 기반한 태정관제의 존재를 보여주는 것이며[77] 어사대부에 관해서는 율령 이전의 의정관인 대부에서 유래한 것으로 추정하거나,[78] 大納言의 원류로 보기도 하였다.[79] 그 성격에 관해서는 文飾으

관제의 특색인 영-경-대사-사의 4등관제는 일본관제와 공통점이 있고, 학제, 상장제도 신라의 것과 동일 내용이 규정되고 있음이 지적되고 있다[鈴木靖民, 1985 <日本律令制の成立·展開と對外關係> ≪古代對外關係史の研究≫ (吉川弘文館, 東京)].

76) 鄭孝雲, 1991 <七世紀代의 韓日關係의 研究(下)-<白江口戰>에의 倭軍派遣 動機를 中心으로-> ≪考古歷史學志≫ 7 (동아대박물관, 부산) 237

77) 井上光貞, 1967 <太政官成立過程における唐制と固有法の交涉> ≪前近代アジアの法と社會≫ (勁草書房, 東京)

78) 井上光貞, 1967 <위 논문> ; 早川庄八, 1972 <앞 논문>

로 해석하는 경우도 있으나,[80] 國政參議官과 侍奉官의 두 가지 성질을 띠고 있다고 보기도 하며[81] 관료의 규찰기능이 있었던 것으로 추정하기도 하였다.[82] 6관의 성립에 관해서도 근강령 부정론에서는 천무조로 추정하지만,[83] 근강령 긍정론에서는 천무조 역시 근강령이 시행된 시기로 6관의 성립은 근강령에 입각한 것으로 보며,[84] 이후 천지조로 소급시키는 견해도 제출되었다.[85] 그러나 대체적으로 천지조 6관의 성립은 그 근거가 존재하지 않고 천지 10년 체제 또한 체계적인 관제의 정비로 보기도 어려우므로, 당의 상서성 6부의 본격적인 계수를 의미하는 6관제의 성립은 壬申의 난(672) 이후의 권력에 의해서 이루어졌다고 볼 수 있을 것이다.[86]

임신의 난 이후 성립되었던 천무조는 율령제 국가의 건설이 급속하게 진전되었던 시기였다. ≪日本書紀≫ 천무기에는 그 이전보다 많은 관직, 관사와 관련된 기사가 보인다.[87] 먼저 천무조 태정관은 納言이라

79) 坂本太郎, 1938 ≪앞 책≫
80) 津田左右吉, 1933 <大化改新の研究> ≪上代日本の社會及び思想≫ (岩波書店, 東京)
81) 井上光貞, 1967 <앞 논문>
82) 武光誠, 1984 <律令太政官制の形成> ≪日本古代國家と律令制≫ (吉川弘文館, 東京) ; 押部佳周, 1981 <天智朝の官制> ≪日本律令成立の研究≫ (塙書房, 東京) ; 野田嶺志, 1976 <律令制と中納言> ≪日本史研究≫ 172 (日本史研究會, 京都)
83) 靑木和夫, 1954 <앞 논문> ; 佐藤宗諄, 1975 <律令太政官制と天皇> ≪大系日本國家史≫ 1 (東京大出版會, 東京) ; 鬼頭淸明, 1978 <日本の律令官制の成立と百濟の官制> ≪日本古代の社會と經濟≫ 上 (吉川弘文館, 東京)
84) 坂本太郎, 1938 ≪앞 책≫ ; 井上光貞, 1967 <앞 논문>
85) 森田悌, 1979 <太政官制の成立> ≪日本古代律令法史の研究≫ (文獻出版, 東京) ; 武光誠, 1984 <앞 논문> ; 大山誠一, 1988 ≪古代國家と大化改新≫ (吉川弘文館, 東京)
86) 倉本一宏, 1991 <太政官制の成立> ≪論爭日本古代史≫ (河出書房新社, 東京) 64
87) 천무조의 관제가 이전 천지 10년 체제와 연속성이 있음을 표명한 견해는 사

는 단일한 관직으로 구성되었고, 이는 천지조의 어사대부가 천무조의 대납언으로 변경된 것으로 이를 시봉관이라 파악하기도 하였다.[88] 또한 천무조의 납언을 北周에서 기원한 대납언·소납언이 천지조 이래로 도입된 것으로 보기도 하였다.[89] 大弁官에 대해서는 당의 左右丞·左右司郎中을 모범으로 태정대신·좌우대신·어사대부 등 국정심의관 밑에 위치한 국정 운영상의 사무관이고, 이 대변관의 출현과 6관의 정비에 의해서 諸官을 유기적으로 배열, 종합하여 관료조직으로서의 면모를 갖추게 되었다고 하였다.[90] 즉 대체로 태정대신, 좌우대신, 어사대부 등의 태정관과 그 아래 국정운영상의 사무관인 대변관, 그리고 6관이라는 태정관－대변관－6관의 統屬관계로 이해하고 있다.[91] 이와는 달리 대변관과 태정관이 병존,[92] 혹은 대치하는[93] 것으로 파악하는 견해가 있기도 하였다.

정어원령의 단계에서는 태정대신·좌대신·우대신의 3대신이 실질적인 기구로 성립되었고, 천무조의 납언이 대·중·소의 관직으로 분할되었다. 그리고 천무조의 대변관이 대변·중변·소변으로 분할되어 각각

카모토 다로(坂本太郎)와 이노우에 미쓰사다(井上光貞) 등이다. 두 사람은 모두 천무조의 관명은 근강령에 입각한 것으로 보고 있다[坂本太郎, 1938 ≪앞 책≫ ; 井上光貞, 1962 <律令體制の成立> ≪日本古代國家の研究≫ (岩波書店, 東京) ; 井上光貞, 1967 <앞 논문> ; 森田悌, 1979 <앞 논문> ; 大山誠一, 1988 ≪앞 책≫].

88) 早川庄八, 1972 <앞 논문>
89) 東野治之, 1984 <大寶令前の官職をめぐる二三の問題> ≪日本古代の都城と國家≫ (塙書房, 東京)
90) 井上光貞, 1967 <앞 논문>
91) 野村忠夫, 1972 <大弁官の成立と展開> ≪日本歴史≫ 290 (日本歴史學會, 東京) ; 森田悌, 1979 <앞 논문> ; 吉川眞司, 1988 <律令太政官制と合議制> ≪日本史研究≫ 309 (日本史研究會, 京都)
92) 八木充, 1968 <太政官制の成立> ≪律令國家成立過程の研究≫ (塙書房, 東京)
93) 早川庄八, 1972 <앞 논문>

좌우로 나누어졌다. 그러나 정어원령이 태정관제 성립의 큰 획기이지만 각 관사의 성격이나 상하관계가 정해지지 않는 미숙함이 남아있었으며, 완전한 체제의 태정관제 성립은 대보령의 완성부터라고 할 수 있다.

이렇게 성립된 태정관제는 중서성, 문하성, 상서성을 병립시킨 당제와는 확실히 다른 성격을 가지고 있었으며 이는 일본 고대사회의 특성과94) 관련하여 연구되어 왔다. 태정관제에서 귀족제적 요소를 중시하

---

94) 일본의 율령체제의 성격에 관해서는 크게 전제왕권론, 기내귀족정권론과 재지수장제론으로 대별된다. 일본학계는 확실한 실증을 제시하지 못한 채 대화개신 이후 천황의 권력이 절대화하였다는, 일본의 고대국가=동양적 전제국가라는 통념이 존재하고 있었다. 이러한 전제왕권론에 대한 반론이 기내귀족정권론이었다. 기내귀족정권론의 대표적 인물은 세키 아키라(關晃)로 이후 하야가와 쇼하치(早川庄八), 아오키 가즈오(靑木和夫), 나가야마 야스타카(長山泰孝), 오쓰 도루(大津透) 등에게 이어졌다. 이는 일본 고대국가를 기내의 여러 호족이 연합하여 그 밖의 기외세력을 지배하는 국가로 이해하는 것이다. 따라서 대화개신 이전의 기내귀족이 거의 그대로 율령귀족으로 전환했다는 점을 중시하였다[關晃, 1952 <律令支配の成立と構造> ≪新日本史大系2 古代社會≫ (朝倉書店, 東京) ; 關晃, 1954 <畿內制の成立> ≪山梨大學學藝學部硏究報告≫ 5 (山梨大, 山梨) ; 關晃, 1959 <大化改新と天皇權力> ≪歷史學硏究≫ 228 (歷史學硏究會, 東京) ; 關晃, 1976 <律令貴族論> ≪岩波講座 日本歷史≫ 3 (岩波書店, 東京) ; 早川庄八, 1976 <律令制と天皇> ≪史學雜誌≫ 85-3 (東京大史學會, 東京) ; 靑木和夫, 1976 <律令國家と權力構造> ≪古代3(岩波講座 日本歷史)≫ (岩波書店, 東京) ; 早川庄八, 1986 <大寶令制太政官の成立をめぐって> ≪日本古代官僚制の硏究≫ (岩波書店, 東京) ; 長山泰孝, 1994 <國家と豪族> ≪古代2(岩波講座 日本通史 3≫ (岩波書店, 東京) ; 大津透, 1994 <古代天皇制論> ≪古代3(岩波講座 日本通史4≫ (岩波書店, 東京)].
재지수장제론은 기내귀족정권론과 전제국가론의 절충론이라고 할 수 있는데, 이시모다 쇼오(石母田正)가 대표적이다. 그는 인민에 대한 국가로서 그 지배기구의 내부에 합의제적인 부분을 포함하기도 하지만, 율령국가를 동양적인 전제국가의 한 형태로 간주하고 있다. 또한 수장과 공동체 성원의 관계라고 하는 재지사회에서의 모순, 대립을 기초로 하여 고대국가가 성립하였다는 시각, 즉 국가는 생산관계를 총괄한다는 관점을 제시하였다. 천황과 공민의 지배·예속관계도 재지수장층과 公民의 관계를 전제로 하여 존재할 수 있다고 하

는 입장에서는 태정관이 최고 기관인 합의체이며 태정관을 주재하는 태정대신은 천황의 대리 기관 자격으로 통치의 권한을 가지고 있어, 당과 비교하여 일본 태정관의 귀족제적 요소를 강조하였다.[95] 또한 일본 율령국가의 권력구조에서 귀족제적 측면이 강하게 존재하는 것은 이전 야마토를 중심으로 하는 지역적 권력 내부에서의 왕권의 존재양식을 율령국가가 계승하고 있는 것을 보여주며, 율령제 하에서 천황은 율령국가 통치권의 總攬者로서의 측면과 지배계급 전체의 이해를 대표하는 정치적 수장으로서의 측면 두 가지를 가지고 있는 것으로 파악하였다. 이러한 견해의 근저에는 천황을 포함한 기내를 중심으로 하는 지배자 집단의 내부에 귀족제가 강고하게 존재했다는 해석이 깔려있다.[96]

한편 태정관제의 연구에 있어 귀족적인 측면이 아닌 천황의 전제적 성격을 강조하는 입장에서는 일본의 태정관과 당의 3성을 비교하여 황제 하에 3성이 분리된 당보다 태정관으로 일체화된 일본 쪽이 관인귀족층의 지위가 상대적으로 높지만 율령제 국가에서의 천황은 관리임명권, 군사권, 형벌권, 외교와 왕위계승에 관한 대권 등 그 자신이 독자적인 정치권력을 보유하고 있다는 점을 지적하고 있다.[97] 또한 태정관제에서의 합의제적 요소를 율령제 성립기까지 단순히 敷衍된 것으로 파악하고, 단순하게 당의 3성제와 일본의 태정관제를 비교하여 귀족제를 운운하는 것에 대해 비판하는 등 '귀족제'의 개념을 재검토하고 제도와 실태의 양면에서 문제를 해결하려고 하였다.[98] 그리고 합의제에

는 수장제의 생산관계에 기초한 시각으로 재지수장제의 모순이 중앙단계에서의 수장(대왕·천황제)을 낳게 되었다고 설명하였다(石母田正, 1971 ≪앞 책≫).

95) 石尾芳久, 1962 ≪日本古代の天皇制と太政官制度≫ (有斐閣, 東京)

96) 早川庄八, 1986 <앞 논문>

97) 石母田正, 1971 <國家機構と古代官僚制の成立> ≪日本の古代國家≫ (岩波書店, 東京)

98) 佐藤宗諄, 1975 <앞 논문>

관해서도 군주제와 대립하는 것이 아니라 오히려 군주권의 일부를 이루는 것으로 평가하기도 하였다.[99]

결국 이러한 논의는 율령국가의 천황과 귀족을 둘러싼 권력구조의 문제로 태정관제의 성격을 규명하는 과정에서 귀족제적 요소가 중요시되는 것인지 천황권력의 전제적 성격이 중요시되는 것인지를 가늠하고 이에 따라 그 해석과 평가가 다르게 되는 것이다.

2. 신라의 골품제와 일본의 씨성제

율령과 관련한 신라사회의 신분제에 대한 연구는 기본적으로 골품제에서 출발하였다. 골품제는 성골, 진골과 6두품에서 1두품에 이르는 8등급의 신분층으로 이루어져 있었는데, 왕족을 대상으로 한 골제와 일반 귀족을 대상으로 한 두품제가 결합된 것이다.[100] 기본적으로 법흥왕 7년(520) 반포된 율령에는 17관등, 백관의 공복, 골품제도 등에 대한 규정이 포함되어 있었을 것으로 보고 있다.[101] 즉 골품제는 율령의 법제적 보장에 의해 비로소 만들어질 수 있다는 전제 하에, 법흥왕 7년(520)의 율령반포 때 관등제, 공복제와 함께 법제화된 것으로 이해하는 것이 일반적이다.[102]

---

99) 吉川眞司, 1988 <앞 논문>

100) 이기백은 골품제가 원래 성골과 진골, 그리고 6두품에서 1두품까지 8등급으로 나누어져 있었으나, 후에 성골이 소멸되고 3두품에서 1두품은 평인 또는 백성이 됨으로써, 진골·6두품·5두품·4두품·평인의 5등급으로 정리된다고 하였다[李基白, 1967 ≪韓國史新論≫ (一潮閣, 서울]. 다케다 유키오(武田幸男)는 골은 왕족의 신분이고 거기에 속하지 않는 왕경인은 골에서 배제되었다고 하며, 두품제는 2~6계층으로 분화하고 시대가 내려오면서 세분화되는 경향이 있다고 설명했다[武田幸男, 1975 <新羅骨品制の再檢討> ≪東洋文化研究所紀要≫ 67 (東京大 東洋文化研究所, 東京)].

101) 李基白, 1967 ≪위 책≫

그 성립에 대해서는 골제나 두품제 모두 혈연저 원리에 입각하였으며 골품제로서 결합, 성립된 시기를 6세기 경으로 파악하기도 하며,[103] 국왕 중심의 지배체제가 급속히 강화되고 불교가 적극적으로 활용되는 진평왕대로 보거나[104] 진덕왕대 의관제의 개정 등을 통해 7세기 중엽에 확립되었다고 보는 견해도 있다.[105] 이러한 견해들과는 달리 신라 중대 정치사회사를 기본적으로 율령제라는 테두리로 파악하면서 율령제가 몰락한 하대 9세기 전반에 이르러 골제와 두품제라는 이질적인 원리에 입각해 있던 두 계통의 신분제가 비로소 국가권력에 의해 통합되어 골품제가 성립되었다고 파악하는 견해도 있다.[106] 그러나 9세기 성립설에 대해서는 골제와 두품제 모두 최초 왕경인을 대상으로 하여 족적 편제의 기반 위에서 하나의 등급구분으로 성립된 것이며, 주변 소국가에 대한 정복활동과 삼국 항쟁이 치열해진 중고기에 들어서 그것이 왕경인뿐만 아니라 지방의 유력 족장층과 촌주층까지 포섭하는

---

102) 申東河, 1979 <新羅 骨品制의 形成過程> 《韓國史論》 5 (서울대 한국사학회, 서울) ; 李基東, 1982 <앞 논문> ; 李鍾旭, 1982 《新羅國家形成史研究》 (一潮閣, 서울).

103) 木村誠, 1976 <六世紀新羅における骨品制の成立> 《歷史學研究》 428 (歷史學研究會, 東京)

104) 朱甫暾, 1992 <三國時代의 貴族과 身分制> 《韓國社會發展史論》 (一潮閣, 서울)

105) 전덕재, 2000 <7세기 중반 관직에 대한 관등규정의 정비와 골품제의 확립> 《한국 고대의 신분제와 관등제》 (아카넷, 서울)

106) 井上秀雄, 1965 <新羅の骨品制度> 《歷史學研究》 304 (歷史學研究會, 東京) 320~324 ; 1974 《新羅史基礎研究》 (東出版, 東京) ; 井上秀雄, 1972 《古代朝鮮》 (日本放送出版協會, 東京) 218~231
  다케다 유키오(武田幸男)는 이에 비판적 견해를 보이는데 골품제의 계층구조는 시대를 내려가면서 세분화되는 경향이 있으며 6세기에 2, 3계층, 9세기에 7계층으로 골품제의 사적 전개를 구체적으로 언급하였다[武田幸男, 1975 <新羅骨品制の再檢討> 《東洋文化研究所紀要》 67 (東京大 東洋文化研究所, 東京)].

전국적인 체제로 확대된 것이기 때문에, 골제와 두품제라는 두 계통을
각기 혈연의식과 지연의식의 소산이라든지, 왕경인과 지방민의 신분제
로 이분법적으로 파악하는 것은 일반적인 연구성과와 크게 다르다는
점이 지적되기도 하였고,[107] 경덕왕 14년(755)에 제작된 ≪華嚴經≫
寫經 跋文에 관여한 '6두품'인 인물을 확인함으로써[108] 설득력을 잃게
되었다.

　신라 중대의 관료제는 골품제에 입각해 있다고 하는 것이 일반적인
견해이다. 기본적으로 중대왕권의 성격을 전제주의로 파악, 이를 바탕
으로 꾸준히 발전해 간 것으로서의 관료제를 상정하였고, 관직을 규제
하고 있는 관등이 골품제의 규정에 따라 그 상한선이 규제되어 있다는
점이 그 특징이라고 할 수 있다.[109] 중대 관료제는 주로 6두품 출신 관
료를 주축으로 하여 그 자체가 왕권에 기생하면서 성립, 발전한 것이
었다. 관료조직의 최상층에 위치하고 있는 제일급 관서의 장관직은 오
로지 진골귀족에 한정되어 있었으며,[110] 더욱이 이들에 의한 복수제와
상호 겸직제는 장관 합의제의 방식으로 정치가 운영된 것을 시사하고
있어 결국 정권의 결정권은 이들 수중에 있었던 것을 알 수 있다. 한편

---

107) 李基東, 1980 <앞 논문> 46
108) 李基東, 2003 <사회구조> ≪한국사≫ 7 (국사편찬위원회, 과천)
109) 관직에 대한 관등의 대응에 융통성이 많은 신라의 경우 행수법의 필요를 거
　　의 느끼지 않았는데 이는 필경 신라의 관직체계가 관등체계보다는 오히려
　　그것을 규제하는 신분체계에 의해 성립, 규제되었던 것을 의미한다고 한다
　　(李基東, 1980 <앞 논문> 48).
110) 이종욱은 진골신분을 가진 자 중 일부는 상대등, 대등, 令, 將軍, 軍主, 仕臣
　　등의 직을 차지하고, 6두품세력은 각 관부의 차관이거나 6두품의 장이 될 수
　　있는 관부의 장 또는 州助, 郡太守에 임명되었으며 5두품은 각 행정관서의
　　大舍직을 차지하였거나 典祀署와 같은 제3단계 관부의 장이 되었고, 지방관
　　으로서는 長史, 仕大舍, 少守 등의 직, 음악가와 같은 전문적인 일에 종사하
　　기도 하였으며, 4두품은 하급관리직이거나 일반기술자의 직을 차지, 중앙관
　　서의 舍知 또는 史 또는 <남산 신성비>에 나오는 기술자 집단이 이에 속한
　　다고 하였다(李鍾旭, 1983 <앞 논문> 59~60).

6두품 이하의 관료에 대한 특진제도로서의 중위제는 그 자체가 신분에 따라 규정된 관등, 관직상의 상한선을 초월할 수 없었으며, 다만 제한된 범위 안에서의 승진이 가능했을 뿐으로, 이러한 사실은 관료제가 처음부터 기존의 신분체제인 골품제의 기반 위에서 성립되어, 그와 마찰하지 않는 한계 내에서 운영, 전개되었던 것을 보여주는 것이었다.[111]

한편 일본의 야마토 정권은 통일기반이 확립되어 감에 따라서, 氏(ウジ)와 姓(カバネ)의 제도로 정비된 독특한 지배조직을 만들어 각 지역의 지배자인 호족을 이 제도에 편입하려 하였다. 씨는 소가(蘇我), 모노노베(物部), 오토모(大伴) 등의 호칭으로 불리며 야마토 왕권의 정치조직으로 일정의 직무를 분장한 동족집단을 말하며, 성은 씨족의 정치적 지위를 보여주기 위해 왕권이 씨에 부여한 것으로 오미(臣), 기미(君), 무라지(連), 아타이(直), 미야쓰코(造), 오비토(首) 등의 칭호이다. 성의 구체적 전개 시기에 관해서는 ≪古史記≫·≪日本書紀≫에 입각하여 5세기 이후에 성립되었고, 조정이 씨를 정치관계의 표현으로 부여하였다는 것이 통설이라 할 수 있다. 그러나 금석문 등에서 보이는 '아타이(費直)', '岐彌' 등의 성이 ≪고사기≫·≪일본서기≫에서 보이는 성과는 달리 조잡하다는 것을 논거로 大化代 성의 제도를 인정할 수 없다는 견해가 제출되기도 하였다.[112] 즉 씨성제도는 황친제 수립을 겨냥한 천무조의 정치적 씨족대책의 산물로서 八色姓(685)이 제정되기 이전까지는 무질서, 비체계성을 띠고 있었으며, 바로 이 8색성 제정이라

---

111) 李基東, 1980 <앞 논문> 54

112) 北村文治, 1972 <カバネの思想と姓の制度> ≪續日本古代史論集≫ 上 (吉川弘文館, 東京) ; 石母田正, 1973 <古代の身分秩序> ≪日本古代國家論≫ 제1부 (岩波書店, 東京). 이시모다 쇼(石母田正)는 율령제적 신분질서가 귀족제적 특징을 갖고 있는 것이라면 성(姓, カバネ)은 전제왕권적 특징을 갖는 것으로 보았다.

는 국가적인 定姓 사업의 결과 씨성의 존비가 명확한 형태의 신분질서
로 완성되었다는 것이다.

일찍이 일본에서는 법제사가들에 의해서 씨성과 골품제의 비교가
이루어졌다. 주로 양자의 언어학적인 유사성에 착안한 것이었다.[113]
특히 8색성과 골품제도의 8등급, 8색성을 정할 때 마히토(眞人)를 황족
에게 준 사실과 골품제에서 왕족에게 준 진골의 명칭상 유사성에 주목
하기도 하였다.[114] 이후 신라와 백제의 인명표기법이 일본의 씨성표기
법, 나아가 씨성제도 발달에 일정한 영향을 주었다는 견해가 제출되기
도 하였다.[115]

한편 신라의 골품제와 관료제를 일본의 씨성제·관료제와 비교, 고찰
한 연구가 주목된다.[116] 일본의 경우 골품제에 비하면 무질서와 비체
계성을 나타내고 있던 大化 前代의 씨성제가 율령체제의 지향이 최고
조에 달했던 천무 13년에 단행된 8색성의 제정으로 말미암아 골품제와
비슷한 것으로 변화한 점에 주목하고 있으며,[117] 8색성의 제정은 율령

---

113) 宮崎道三郎, 1905 <姓氏雜考> ≪法學協會雜誌≫ 23-2 (東京大 法學協會,
    東京) ; 中田薰, 1980 ≪日本法制史論集≫ (思文閣, 京都)

114) 今西龍, 1922 <新羅骨品考> ≪史林≫ 7-1 (京都大 史學研究會, 京都)
    192~212 ; 1933 ≪新羅史研究≫ (近澤書店, 京城)

115) 阿部武彦, 1960 ≪氏姓≫ (至文堂, 東京) ; 平野邦雄, 1969 <無姓と族姓の農
    民> ≪大化前代社會組織の研究≫ (吉川弘文館, 東京) ; 阿部武彦, 1972
    <日本書紀にあらわれた古代朝鮮人名> ≪續日本古代史論集≫ 上 (吉川弘文
    館, 東京) ; 加藤晃, 1972 <我が國における姓の成立について> ≪續日本古代
    史論集≫ 上 (吉川弘文館, 東京)

116) 李基東, 1982 <앞 논문>

117) 골품제와 씨성제도의 차이에 대해서, 골품제도의 기초는 씨족이었던 데 반해
    서 대화 전대의 씨성제도는 의제씨족, 곧 정치적인 종속관계를 축으로 하여
    성립된 정치적인 동족집단이었으며, 또한 골품제도가 그 자체 세습적인 직
    업의 분화에 기초하지 않고 편제된 것인데 반해서 씨성제도는 바로 이 세습
    적인 직업제를 그 기초로 한 점을 거론하였다. 이밖에도 대화 전대의 씨성제
    도에서 씨성은 씨족 전체의 지위를 표시할 뿐 골품제도처럼 개인에 대해 관

관제가 이념상 당제를 모방한 것이라 하더라도 실제로는 신라적인 요소가 있었던 것을 지적하였다. 추고 11년(603)에 제정된 관위 12계는 백제의 관등제도에 기원한 것이라는 견해가 학계의 통설이 되기 때문에, 그 후 大化改新, 천지조, 천무조의 관위제를 거쳐 대보율령의 위계제로 이어지면서 이 관위제는 대화 전대의 씨성제처럼 집단적으로 고정, 세습되는 것이 아니라 개인의 공로에 따라 관위를 받고 또한 일정한 범위 안에서 승진할 수 있는 제도로 변화했고,[118] 이러한 성격은 신라의 관등제도의 그것과 같을 뿐 아니라 이 제도의 형성 주체가 궁극적으로 왕인 점도 같다고 분석하고 있다. 무엇보다도 8색성이라 하지만 실제로 사여된 것은 상위 4성뿐인 점은 신라의 8계층 신분제를 의식하여 이를 목표로 제정했기 때문이 아니었을까하는 추측을 자아내게 한다고 하였다.[119] 또한 이 8색의 성 중 대화 전대 이래의 유력귀족의 가문만이 하사받을 수 있는 성은 아소미(朝臣)과 스쿠네(宿禰)가 대부분이고, 이미키(忌寸)와 후히토(史)는 주로 도래계 출신에게 부여된 성으로 문필과 외교를 담당하던 씨족이었으며 이들이 견신라사절에 적격인 인물군으로 율령의 편찬 등 학식과 행정을 겸비한 인물들이 상당수 포함되어 있어 신라로부터 학문과 사상, 제도, 기술 등 문물의 수입에 역점을 두고 있었던 일본 조정의 의도를 반영한 것이라는 견해가 제시되기도 하였다.[120]

등을 부여한다든지 혹은 비록 제한된 범위 안에서이긴 하지만 관등 승진이 보장되는 것과 달랐다고 하였다. 그러나 대화 전대의 씨성제도는 율령제의 도입, 수용으로 그 기초가 씨족으로 바뀌었고, 이와 동시에 세습적인 직업제가 폐지되고 골품제도의 기반과 동질화하는 현상을 보인다고 하였다(李基東, 1982 <앞 논문> 153).

118) 瀧川政次郎, 1965 <冠位十二階制とその制定の意義> ≪聖德太子研究≫ 1 (聖德太子研究會, 大阪) ; 1967 ≪律令格式の研究≫ (角川書店, 東京)

119) 李基東, 1982 <앞 논문>

120) 延敏洙, 2003 <統一期 新羅와 日本關係> ≪강좌한국고대사≫ 4 (가락국사

율령을 기반으로 운영되는 국가의 신분구조는 기본적으로 양천제이
다. 국가의 최고 통치자인 왕과 이를 보좌하여 국가 운영을 담당하는
지배계층, 그리고 재정을 비롯한 각종 부담을 지는 良人 계층에 대한
신분상의 규정 등이 율령으로 명문화되어 있는 것이다. 신라의 골품제
나 일본의 씨성제를 지탱하는 토대로써 신분제의 중심이 되는 민의 존
재양태에 관한 논의는 사회상을 파악하는 인식의 차이에 따라 다양하
게 나타났다. 일반적으로 公民은 율령제 하에서의 인민 지배를 지칭하
지만, '공민'이라는 용어 자체는 율령 조문에 존재하지 않으며 중국에
서도 보이지 않는다.[121] 그러나 일본에서의 공민이라는 용어는 7세기
말에 성립되었고 공민이 천황에 대한 직접적인 仕奉 관계에 있음으로
써 국가에 대해 직접적인 부역의 의무를 지고 있는 백성이라고 규정하
였다.[122] 나아가 율령제하에서 역사적 성질이 다른 두 가지 신분질서
의 병존으로 일본의 신분제를 설명하려고 하는 시도가 있었다.[123] 즉
한 가지는 王臣·百官人·공민·品部·雜戶·천민이라는 질서이고, 또 한
가지는 이 외부에 존재하는 姓(가바네)의 신분질서였다. 庚午年籍(670)
에 의해서 씨성이 인민의 공적인 신분표식으로서 그 최하층까지 미치
게 되고 양천의 구별이 확립되어 양인=왕민공동체가 일반적으로 확립
되었으며,[124] 씨성 사여의 유일한 주체인 천황과 양인, 양자 간에 직접

적개발연구원, 서울) 270

121) 중국사 연구에서는 기무라 마사오(木村正雄)에 의해 齊民이란 개념이 사용
　　되었다. 그에 의하면 제민제는 노예제의 특수한 형태로서 그리스나 로마와
　　는 달리 모든 인민이 국가라는 생산체에 편입되어 국가의 노동력으로서 예
　　속되는 생산관계라고 보았다[木村正雄, 1965 ≪中國古代帝國の形成≫ (不昧
　　堂書店, 東京)].
122) 田名綱宏, 1952 <古代文獻に見えたる公民について> ≪史學雜誌≫ 61-6 (東
　　京大, 東京). 그는 개신 이전의 공민은 ≪고사기≫·≪일본서기≫ 편자가 천
　　황에 직접 봉사하는 貴豪族을 가리키는 용어로 사용되고 있다고 추측하였다.
123) 石母田正, 1973 <古代の身分秩序> ≪日本古代國家論≫ 1 (岩波書店, 東京)
124) 양인은 천민신분과 대비되는 개념인 것에 대하여 왕민은 양인공동체를 외부

적인 지배, 봉사의 관계가 공적으로 설정됨으로써 율령체제 하에서의 두 신분질서의 병존이 통일적으로 이해된다고 보았다. 이를 이어 종래 공민을 막연하게 국가 소유의 민이라고 규정해버리는 것에 대해서 일본 고대사회에서의 '公(오오야케)'이 지닌 고유의 의미를 명확히 하고 그 안에 공민을 위치지우려는 연구로 나아가게 되었다.[125] 또한 공민과 천황의 관계, 즉 사봉 구조에 대해 구체적으로 다룬 연구도 있었다.[126] 이 연구에 따르면 대화 전대의 왕민은 '氏(우지)'를 부여한 대왕에게 仕奉하는 씨족집단으로 이는 지배층의 선출 모체가 되는 집단이며, 공민은 국가 소유민인 無主民으로 국가의 통치대상인 일반 민중을 가리킨다고 하였다. 이는 공민이 천황에게 직접 봉사하는 존재이며 율령제하에서의 姓(가바네)에 기반한 신분질서＝왕민제가 기능한다는 견해에 입각하여 일층 심화된 것이다.

한편 신라의 경우 중하대 민의 존재양상에 대하여 신분제상 良人적 성격을 갖는 공민으로 파악하려는 연구도 진행되었다. 7세기 이후의 민에 대해 丁田·烟受有田畓의 지급을 통해 보다 확고한 사회경제적 주체로서 의식의 기반을 갖춘 공민으로 자리하게 되었으며, 일방적 관계

적으로 규정하는 개념으로 夷狄·諸蕃과 대비된다고 한다[石母田正, 1973 <위 논문>].

125) 吉田孝, 1978 <ヤケについての基礎的考察> 《古代史論叢》 中 (吉川弘文館, 東京). '공'의 개념에 관해서는 공의 훈인 오호야케(オホヤケ)가 본래 '커다란 야케(ヤケ)'를 의미하는 것에 주목한다. '야케(ヤケ)'란 고대 일본사회의 기초적인 단위였던 농업공동체의 중핵적인 시설로서 공동체의 수장에 소속되는 것이고, 일본의 율령국가는 이러한 재지수장층의 공동체 지배를 기초로 온존시키면서 국가적 차원으로 오호야케(オホヤケ)＝공을 형성시킨 것이라는 가설을 제시하였다.

126) 吉村武彦, 1986 <仕奉と貢納> 《日本の社會史》 4 (岩波書店, 東京) ; 吉村武彦, 1989 <改新詔·律令制支配と "公地公民制"> 《律令制社會の成立と展開》 (吉川弘文館, 東京) ; 吉村武彦, 1993 <律令制的身分集團の成立－王民から公民へ> 《講座前近代の天皇》 3 (青木書店, 東京)

(인신적 예속관계, 착취의 대상)에서 쌍무적 관계(증가된 국가재정의 담당자)로의 전환으로 이해하기도 하였으며,[127] 민이 국왕을 정점으로 국가기구의 공적 지배대상으로 재편성되어 국가의 제도적 보호를 받는 '공민'으로 인식되고, 이에 응하여 국가권력은 공적 지배의 대상인 민의 지지라는 명분 위에서 그 정통성의 실마리를 찾고자 하였을 것이며, 국왕은 정통성의 상징으로 인식되었다고 파악하기도 하였다.[128] 이러한 연구에 덧붙여져 7세기 전쟁을 거치는 동안 민에 대한 국가의 공적 수취를 제외한 인신적 지배는 지양되고, 토지를 매개로 한 경제외적 강제만이 민을 예속함으로써 귀족의 관료화가 진행되고, 그들에게 복무의 대가로 토지를 지급하게 되는 양상이 지적되기도 하였다.[129] 나아가 확장된 신라 영역내 주민간의 齊一化가 5세기 후반 이래 꾸준히 진행되어 7세기부터 나타나는 平人 백성층은 사실상 양인 신분층으로 볼 수 있다는 견해도 제시되었다.[130]

Ⅳ. 맺음말 – 평가와 전망

일본사에서는 대체로 율령의 편찬과 그 시행에 따라 성립된 율령체제를 고대국가로 상정하고 있다. 따라서 일본 율령의 연구는 일본 고대사회의 성격에 대한 접근과 밀접한 관련을 가지면서 율령의 편찬과 복원에 대한 실증적 연구를 토대로 율령에 기반한 통치구조 전반에 대

---

127) 金基興, 1995 <韓國史의 古·中世 時代區分> ≪韓國史의 時代區分≫ (신서원, 서울)

128) 姜鳳龍, 1994 <민의 존재형태> ≪한국사≫ 4 (한길사, 서울)

129) 李昌勳, 1999 <7세기 신라 民의 재편과정> ≪韓國古代史研究≫ 16 (한국고대사학회, 서울)

130) 金基興, 1998 <신라시기 民의 사회경제적 위상> ≪韓國史研究≫ 102 (한국사연구회, 서울)

한 연구로 확장되었다. 그에 비해 신라의 경우 율령의 조문이 남아 있지 않은데다 복원할 만한 사료 자체가 부족하여 율령을 통해 통치체제나 사회성격으로 연구를 확대시키기에는 일정한 한계를 지니고 있다. 7세기 들어 일본에서는 율령제가 본격적으로 시행되었지만, 동시기의 신라 중대에는 율령에 기초한 제도의 시행 여부나 실태는 거의 알 수가 없다. 그렇기 때문에 상대적으로 일본학계에서는 율령과 관련한 많은 연구 성과가 축적된 반면, 한국학계에서는 율령제의 성립이나 시행에 관해 신중한 태도를 보이고 있다. 또한 신라에서 율령의 반포가 이루어졌고 이를 통해 율령이 지배체제를 뒷받침하는 역할을 하였다하더라도 일본과 같이 법전 편찬이 실제로 이루어졌는가는 많은 의문점이 남는다. 하지만 그러한 조건 속에서도 방증과 비교사적 접근을 통해서 신라의 율이라든지 영에 해당하는 부분을 여러 각도에서 구명하려는 노력은 지속되고 있음을 확인할 수 있었다.

　이러한 사정을 바탕으로 본고에서는 신라와 일본의 율령 연구에서 공통으로 찾아지는 요소인 율령의 편찬과 반포, 그리고 그 시행의 문제 등에 관한 연구들과 행정 관료조직과 신분제를 중심으로 한 시행·운영에 관한 연구들을 검토하여 양국 학계의 상이점과 유사성을 밝히고자 하였다. 그 상이점은 각국 연구자들의 시각과 관련된 것으로 해당시기의 성격에 관한 부분이었다. 일본학계는 기본적으로 7세기를 중심으로 율령체제의 성립과 함께 고대국가가 완성되었다는 기본적 틀을 가지고 있고, 한국학계에서 신라 중하대를 바라보는 시각은 이미 성립된 고대국가의 변화·해체과정, 혹은 중세적 성격의 노정과정으로 보고 있다. 하지만 그 내용적 측면에서는 신라와 일본 사이의 유사한 궤적이 보인다. 양국의 관제나 관인제 등 제도의 성립·변화의 방향이 왕권의 강화 혹은 천황권의 강화라는 측면으로 모아지고 있다는 것이다. 또한 당의 3성6부를 모범으로 한다고 하더라도 각 사회와 접목되면서 변용들이 나타난다는 것이 신라나 일본의 관제에서도 확인이 되고 있다. 그리고 제도적으로 신라와 일본의 관련성을 규명하려는 연구들도 상당수 진행되고 있음을 확인할 수 있었다. 즉 일본의 위계제 성립이라든지, 신라의 골품제와 유사성을 가지고 있는 일본의 8색성제도 등에서 비슷한 시기 양국 간의 상호 영향관계를 확인할 수 있었던 것이다. 일본 율령의 성립과정은 대체로 당 율령의 수용이라는 측면이 주요한 배경으로 인식되어왔다. 하지만 당뿐만 아니라 신라의 영향을 배제할 수는 없는 것이다. 비슷한 시기에 상호 영향을 주고 받았던 양국의 제도는 율령이라는 공통 요소를 통해 다각적인 비교, 검토의 가능성이 있는 것이다.

한편 신라와 일본의 율령을 연구하는 데에 과제로 남겨진 것들도 지적될 수 있을 것이다. 먼저 신라와 일본 율령의 계통성과 관련하여 두 가지 측면이 고려되어야 할 것이다. 그 하나는 중국 율령과의 관련성인데, 7세기 이후 신라나 일본의 율령은 중국의 수·당 율령과의 관련성에 초점을 맞추는 경향이 있다. 물론 수·당의 율령이 완성태임을 고려할 때 그러한 측면은 충분히 타당하다. 하지만 중국의 율령도 수·당 시기까지 발전을 거듭해온 체계이기 때문에 수·당에 한정시키기보다는 그 이전 시기에 대한 분석도 계속적으로 이루어져 계통성을 찾을 필요가 있다. 율령이라는 것은 역사적 산물이기 때문에 어느 한 시기를 특정짓기보다는 변화하는 지점을 찾아내는 것이 의미가 있을 것이기 때문이다. 그렇게 함으로써 신라나 일본 사회의 내적 발전과 율령의 수용을 통한 체제의 변화와 정비를 보다 폭넓게 이해할 수 있지 않을까 싶다. 다른 하나는 일본 율령의 계수과정에 대해 백제나 신라의 역할에 보다 주목할 필요가 있을 것이다. 사실상 7세기 후반 당과의 관계가 소원해진 상황에서 일본 율령의 본격적인 편찬과 시행이 이루어지고 있는 점에 주목한다면 한반도로부터의 율령 전수 폭은 훨씬 더

컸을 수도 있다. 그러한 사정의 해명은 신라나 일본의 낭시 상황이나 율령의 성격을 이해하는 데 새로운 자극이 될 수도 있을 것으로 생각된다.

중국에서의 율령이 신라와 일본에 영향을 미치면서 각 사회 내에 내재하고 있던 질서와 율령이라는 외부의 자극이 어떻게 융합되었는가는 그 사회에 따라 다르게 나타날 수 있지만, 무엇이, 어떻게 다르게 수용되었는지에 대한 분석은 계속적으로 이루어져야 할 것이며, 상대적으로 자료가 풍부한 일본의 연구 성과들을 계속 주목할 필요가 있다. 그뿐만 아니라 한·일 양국의 발굴성과도 연구의 진전에 도움이 될 것인데, 목간이나 도성 등의 발굴과 연구를 통해서 신라와 일본의 유사성과 상이성을 찾아낼 수도 있을 것이다. 이와 같이 이해의 폭을 넓히는 작업은 신라, 일본 두 나라의 관계와 신라사, 일본사를 규명하는 데에 큰 밑받침이 되고 활기를 불어넣을 수 있을 것이다.

A Study on Research Tendency in Administrative Law(律令) of Silla and the Ancient Japan During the 7th-9th Century

Han, Young-Hwa

During the 7th century, Sui(隋) and Tang(唐) emerged as unification and extended surrounding regions in China. Forces of Silla(新羅) and Tang(唐) destroyed Baekje (百濟) and Goguryeo(高句麗). And Silla(新羅) unified Baekje (百濟) area, Balhae(渤海) was established on Goguryeo(高句麗) area in Korean Peninsula. In the result, the international realations of East Asia have been restructured. The ancient Japan(Wae : 倭) was not an exception to this rule through the international war in the 7th century. The governing system of Sui(隋) and Tang(唐) was based on the administrative law(律令) which had condensed China's historical experience. In this stage, it was spread to the Korean Peninsula and the Japanese islands and it got a position to universal governing system through East Asian society.

Studies of the ancient Japanese administrative law(律令) are related to characteristic of it's ancient society and have been expanded to study for governance structure with the basis of positive research about codification and restoration of administrative law(律令). In contrast, there is a limit to expanding into research of governance structure or social characteristic in the study of Silla(新羅)'s administrative(律令). Because of the text of Silla(新羅)'s administrative law(律令) remained and its historical material is not enough to restore. Therefore Japanese historical academia have accumulated a lot of research in relation to administrative law(律令), on the other hand

South Korean historical academia has a cautious approach to the establishment and the operation of administrative law(律令) system. However, in these conditions, the effort to find out the administrative(律) or law(令) of Silla(新羅) from various angles is continuing through a comparative access and a circumstantial evidence in South Korean historical academia.

This paper investigated not only research works of Silla(新羅)'s and the ancient Japan's administrative law(律令) on the common element, such as codification, distribution and operation of administrative law(律令) but also those of operation focusing on government organization and a status system. Furthermore it tried to find a difference and an analogy of study tendency between South Korean and Japanese historical academia. The difference was related to the researcher's viewpoint of two countries on the characteristics of that era. In Japanese historical academia, basically they have held on the framework that the ancient state of Japan was established with the beginning of administrative law(律令) system. But in South Korean historical academia, they have considered the middle and latter period(中·下代) of Silla(新羅) as process of change and downfall in the ancient state, or as process of exposure to medieval characteristic. Even so, in aspect of contents, there is an analogy between Silla(新羅) and the ancient Japan. Both states had a similar directivity that the establishment and change of government organization or bureaucracy concentrated on reinforce of the rights of kings. Meanwhile, even though Tang(唐)'s system was exampled by each state, in the process of acceptance, modification was appeared in Silla(新羅)'s and the ancient Japan's governing system.

An analysis is expected to continue how Silla(新羅) and the ancient Japan accepted and modified the Chinese administrative law(律令) at the same era. And because of the relatively material-rich in ancient Japan, if studies of Japanese historical academia would investigate broadly, it should enrich study which related to administrative law(律令) history of Silla(新羅).

Key words : administrative law(律令), bureaucratic system, Taijeongkwanje (Japanese bureaucratic system), social status system, bone rank system(Kolp'umje), family name system

7~9世紀における
新羅と日本の律令に対する研究動向考察

韓鈴和

　隋・唐の登場と勢力拡張、高句麗、百済の滅亡と新羅の百済統合、そして渤海の建国など、7世紀を経て東アジアの力学関係は新しく再編されつつあった。7世紀に国際戦を経験した日本(倭)もまた例外ではなかった。中国の歴史的経験が濃縮された隋や唐の律令を中心とした統治体制は、この過程の中で朝鮮半島と日本列島へ拡散され、これは東アジア社会を貫通する一つの統治秩序として根を下ろすようになった。

　日本律令の研究は日本古代社会の性格に関する接近と密接な関連性を持ちながら、律令の編纂と復元に対する実証的研究に基づいて、律令に基盤した統治構造全般に対する研究へと拡張された。それに比べ新羅の場合、律令の条文が残っていないだけではなく、復元するような史料そのものが不足していて、律令を通じて統治体制や社会性格へ研究を拡大させるためには一定の限界を持っていた。そのため、相対的に日本学界では律令に関する多くの研究成果が蓄積されてきた反面、韓国学界では律令制の成立や施行に関して慎重な態度を示している。しかしこうした条件の中でも、傍証と比較史的接近を通じて、新羅の律や令に該当する部分を様々な角度から究明しようとする努力は持続されてきたといえる。

　本稿では、新羅と日本の律令研究において共通し存在する要素として、律令の編纂と頒布、そしてその施行の問題などに関する研究と、行政官僚組織と身分制を中心にした施行、運営に関する研究を検討し、両国学界の相異点と類似性を明かそうとした。その相異点は各国研究者達の視点に関わるものと、該当時期の性格に関する部分であった。日本学界は基本的に、7世紀を中心に律令体制の開始と共に古代国家が成立したという基本的枠を持っていた。しかし、韓国学界が新羅の中下代を観察する際、既に成立された古代国家の変化、解体過程、或いは中世的性格の露呈過程とみなす。しかし、その内容的側面では新羅と日本との間には類似的な軌跡がみとめられる。両国の官制や官人制などの制度の成立・変化の方向が、王権の強化或いは天皇権の強化という側面に合致しているのである。一方、唐の制度を模範とする際、各社会に合わせた変化が認められるということも、新羅や日本の官制や身分制度に関する研究において確認されたりもした。

　今後も同時期の新羅と日本が、中国の律令をどう消化して変化させたのかに関する研究は持続的に行われなければならない。また、相対的に資料が豊富な日本の研究を幅広く検討する作業は、史料が不足していてその実態を明かすのに苦しんでいる律令関連の新羅史研究を、一層豊かにする端緒になるだろう。

主題語：律令、律令国家、官僚制、太政官制、身分制、骨品制、氏姓制

발해와 일본의 관계사 재검토

김 종 복*

Ⅰ. 머리말

발해는 건국 주도세력이 高句麗遺民이고 멸망 이후에 많은 유민이
高麗로 내투하였다는 점에서 엄연한 한국사의 한 갈래이다. 그럼에도
불구하고 사료의 부족으로 그에 대한 연구가 부진한 편이다. 더구나
남아있는 사료조차 발해 자체의 기록이 거의 없기 때문에 발해의 역사
는 그와 교섭하던 당과 일본측 기록에 의거하여 파악할 수밖에 없다.

중국측 사료에 의하면 발해는 초기에 당과 대립하기도 하였지만 기
본적으로 당으로부터 책봉을 받고 문물을 수용함으로써 海東盛國이라
는 융성기를 누렸다. 일본측 사료에 의하면 발해는 당 및 신라와 대립
하던 초기에 신라를 견제하려는 군사적 목적에서 일본과 외교 관계를

──────────
* 성균관대학교 박물관 학예사

맺다가, 대외적으로 안정된 후기에는 경제적 교류에 치중하였다. 특히 일본이 遣唐使를 간헐적으로 파견하고 9세기 중반 신라와 국교를 단절하였을 때 발해는 일본의 유일한 대외교섭 창구였다.

그런데 발해와 일본의 관계를 파악할 때 주목해야 하는 사실은 이때 일본이 律令體制의 수립과 함께 天皇制 國家를 표방하였다는 점이다. 천황은 대외적으로 외국에서 조공해 오는 蕃國의 존재를 전제로 하고 있다. 720년에 완성된 일본 최초의 역사서인 ≪日本書紀≫에 한반도 관련 기사가 任那日本府 기사 일색인 이유는 바로 그를 통해 한반도에 蕃國을 설정하였기 때문이었다. 그리고 현실에서는 신라와 발해가 諸蕃으로 간주되었다. 이렇게 볼 때 일본사에서 8세기 이후는 한반도에 대한 일본의 전통적 우월감이 성립된 시기라고 할 수 있다.

문제는 이에 대한 발해의 인식과 대응 양상에 대한 자신의 기록이 없다는 점이다. 사료에는 서술 주체의 주관적 입장이 강하게 반영되어 있으므로, 교섭 당사자의 기록을 함께 파악할 때 양국의 외교관계를 객관적으로 파악할 수 있다. 따라서 일본측 기록을 그대로 취신하여 발해와 일본의 관계를 이해하는 것은 일면적일 수밖에 없다. 이 점에서 일본측 기록에 대해 엄격한 사료 비판이 필요하다.

멸망 이후 역사에서 잊혀진 발해는 18세기 朝鮮의 實學者들에 의해 새롭게 주목받았지만, 근대적 역사방법론으로 발해사 연구를 주도한 것은 日帝의 滿鮮史學이었다. 만선사학은 발해를 일본의 번국으로 서술한 일본측 사료에 대해 추호도 의심하지 않았다. 일본에 대한 수동적이고 종속적인 渤海史像은 1960년대 이후 점차 불식되어 가며 적지 않은 연구 성과가 축적되었다. 그렇지만 일본학계는 고대일본의 대외관계사의 일환으로서 발해를 대상으로 삼는 만큼 발해보다는 일본의 입장이 강조될 수밖에 없었다. 이 점에서 일본측 사료에 묘사된 발해 사상에 대한 근본적 비판은 없었다.

한편 한국은 근대로의 전환기에 식민지로 전락하며 조선후기에 고조되었던 발해사에 대한 관심이 침체되었다. 1960년대 이후 남북한에서 만선사학에 의해 왜곡된 민족사의 체계를 수립하는 차원에서 南北國時代論이 다시 주목받았지만, 본격적인 연구는 1980년대에 들어와서 이루어졌다. 1990년대 이후 연구자가 증가하고 관심사도 다방면으로 확산되며 발해와 일본의 관계에 대해서도 적지 않은 연구가 이루어졌다. 한국학계는 발해사의 주체적 입장을 강조하기 때문에 대일관계에서도 일본학계와 큰 차이를 보이고 있다.

이 글은 발일관계에 대한 한국과 일본 학계의 연구 동향을 검토하는 데 목적을 두고 있다. 그런데 발일관계의 추이는 대략 다음과 같이 세 시기로 구분할 수 있다. 즉 8세기 초반 정치적 목적에서의 국교 수립, 8세기 후반의 경제적 목적으로의 전환과 발해 국서를 둘러싼 외교적 갈등, 9세기 무역 중심의 양국 외교에서 발해 사신의 파견 간격 즉 聘期의 준수를 둘러싼 논란이 그것이다.

발해와 일본의 관계에 대해서는 이미 일본학계의 주도하에 상당한 연구가 축적되었고, 최근 새로운 시각에서 폭넓고 다양한 연구가 진행되고 있다. 그렇지만 발해와 일본의 위상에 대해서는 한국과 일본 학계의 입장 차이는 현격하다. 이 글은 발일관계에 대한 한국과 일본 학계의 연구 동향을 검토하는 데 목적을 두고 있는데, 여기서는 위에서 소개한 발일관계의 추이를 개관하며 양국의 입장 차이가 비교적 큰 부분을 중심으로 살펴보고자 한다. 본론에 앞서 한일학계의 인식 차이의 배경을 이해하기 위해 양국의 발해사 연구 동향을 간략히 소개하기로 한다.

Ⅱ. 일본과 한국학계의 연구 경향

1. 일본

일본에서의 발해사 연구는 일본 제국주의의 만주 침략과 함께 시작되었다. 일본은 러일전쟁의 승리로 남만주 철도 부설권을 획득하여 1906년 南滿洲鐵道株式會社를 설립하였고, 滿鐵은 '滿韓經營에 관한 실제적 필요'와 '순수한 학술상의 측면'에서 '학술상 만한지방에 관한 근본적인 연구가 급선무임을 주창'하는 白鳥庫吉의 요청을 받아들여 1908년 滿鐵 東京支社에 滿鮮歷史地理硏究室을 설치하였다. 만선역사 지리연구실의 연구 결과는 ≪滿洲歷史地理≫ 2권(1913), ≪朝鮮歷史地理≫ 2권(1913), ≪滿鮮歷史地理硏究報告≫ 16권(1915~1941)으로 간행되었다.[1] 그 제목에서 보여주듯이 여기에 수록된 발해사 논문들은 다른 논문들과 마찬가지로 역사지리 고증에 치중하였다.

그런데 일본이 만주를 침략함에 따라 만주사 자체뿐만 아니라 일본과 만주의 오랜 친연 관계를 규명할 필요성이 제기되었다. 이 점에 착안하여 內藤湖南은 1907년 일본과 발해의 관계에 대해 처음으로 서술하였다.[2] 그는 靺鞨이나 高句麗가 일본과 교섭한 기록이 단편적인 데 반해, 발해는 명백한 기록이 있다는 점에 주목하였다. 이때 고구려는 조선사에 속하는 반면 발해는 만주족 최초의 국가로 파악하였다. 특히 그는 발해가 일본에 恭順하였다는 점을 강조하였는데, 여기에는 무역상의 이익도 있다고 하였다. 그리고 발해는 당과 일본간의 중개적 역

---

1) 박찬흥, 2005 <만선사관에서의 고구려사 인식 연구> ≪북방사논총≫ 8
2) 內藤湖南, 1907 <日本滿洲交通略說> ≪叡山講演集≫ ; 1969 ≪內藤湖南全集≫ 8 (筑摩書房)

할을 수행하였다고 언급하였다.

그는 1915년 제자 稻葉岩吉의 ≪滿洲發達史≫에 앞의 내용을 요약하여 서문을 쓰기도 하였다.[3] 같은 해 일제시대의 대표적인 발해사 연구자인 鳥山喜一은 근대적 역사방법론에 입각한 최초의 발해사 개설서를 출판했는데,[4] 그의 渤海像은 "발해는 스스로 빛을 내는 능력이 없는 달과 같지 않을까? 발해의 문화는 찬란한 당 문화의 빛을 받아 이를 반사시키는 달빛과 같은 것"라고 하였듯이, 타율적이고 비주체적인 견해였다.[5] 따라서 발해와 일본의 관계는 대등한 관계가 아닌 주종적 관계로 발해는 충실한 일본의 조공국이라고 파악하였다.

1932년 滿洲國 건국 이후 만선사학에서는 발해사가 새삼 강조되었다. 발해는 미개한 말갈족이 일으킨 나라로서 唐이나 高句麗에 종속된 문화적 식민지에 불과하기 때문에, 자연스럽게 일제가 말갈족의 후신인 滿洲國을 영도하여 이곳에 王道樂土를 건설하는 것이 정당화되었다.[6] 이러한 시대적 배경 속에서 몇 가지 저술이 간행되었다.

먼저 역사학자는 아니지만 紋章學 연구의 권위자인 沼田賴輔가 1933년 만주국을 발해의 부활로 간주하여 일본과 만주 양 국민의 교화를 위하여 일본과 발해의 관계를 저술하였다.[7] 또한 1935년 稻葉岩吉·矢野仁一은 ≪朝鮮滿洲史≫를 간행하였는데, 여기서 발해부분은 外山軍治가 집필하였다.[8] 여기서는 일본에 대한 발해의 종속성을 기조로 하면서도 곳곳에서 발해의 교묘한 외교술을 강조한 점이 눈에 띈다.

鳥山喜一도 1939년 "발해가 만주사상 현저한 역사적 사실임과 동시

---

3) 稻葉岩吉, 1915 ≪滿洲發達史≫ ; 1935 ≪增訂 滿洲發達史≫ (日本評論社)

4) 鳥山喜一, 1915 ≪渤海史考≫ (奉公會)

5) 李成市, 1988 <渤海史硏究における國家と民族 - '南北國時代'論の檢討を中心に- > ≪朝鮮史硏究會論文集≫ 25 ; 2001 ≪만들어진 고대≫ (삼인) 86

6) 酒寄雅志, 2001, ≪渤海と古代の日本≫ (校倉書房) 14

7) 沼田賴輔, 1933 ≪日滿の古代國交≫ (明治書院)

8) 稻葉岩吉·矢野仁一, 1935 ≪朝鮮滿洲史(世界歷史大系 11)≫ (平凡社)

에 일본에 조공 교섭한 사실을 현재의 日滿兩國人에게 알리기 위해" 기존 저서를 토대로 ≪渤海國小史≫를 저술하였다.[9] 발해와 일본의 국교 수립의 목적을 군사적, 정치적 의미뿐만 아니라 경제적 의미도 분명히 존재하였다고 강조한 점이 눈에 띈다. 일제 패망 뒤에 이를 수정 보완한 저서에서는[10] '일본에의 朝貢'이 '일본과의 교섭'으로 바뀌었지만, 소제목에서는 '貢使'라는 표현을 계속 사용되고 있다. 그렇지만 그의 강의록을 토대로 사후 출판된 저서에서는[11] 제5장 '발해왕국과 일본의 교섭' 제1절 '隣好의 개시'라고 하여 '貢使'라는 용어가 사라졌다.

朝貢과 貢使 대신 교섭과 隣好로 용어가 바뀐 것은 일제의 패망 즉 만주국의 소멸이라는 외부적 환경의 변화에 따른 현상이었을 뿐, 연구자 자신의 인식의 변화에서 나온 것이 아니었으므로 발해의 종속성에 대한 비판까지 나아가지는 못하였다. 일제시대에 奉天中學校 교사로서 발해사를 연구하던 新妻利久가 1969년 간행한 저술에서 일본과 발해의 관계에 대해서 '모든 면에서 뒤진 말하자면 빈핍국'인 발해가 '大國'인 일본에 '慕化入朝'하였다고 서술한 것은[12] 그 단적인 예이다.

그러나 패전 이후 일본에서는 근대 일본의 역사학이 一國史에 기반한 고립적이고 국수적인 성격으로 인해 제국주의에 복무한 점을 반성하는 차원에서 동아시아 세계라는 시각에서 역사를 파악할 것이 제기되었다. 특히 西嶋定生의 '册封體制에 입각한 동아시아 世界論'과 石母田正의 '일본국가형성사에서의 國際的 契機論'이 제기되면서 1970년대부터 발해사는 일본 대외관계사의 일환으로 새롭게 주목되었다.[13]

9) 鳥山喜一, 1939 ≪渤海國小史≫ (滿日文化協會, 東方國民民庫)
10) 鳥山喜一, 1949 ≪失はれたる王國-渤海國小史≫ (翰林出版株式會社)
11) 鳥山喜一 著, 船木勝馬 編, 1968 ≪渤海史上の諸問題≫ (風間書房)
12) 新妻利久, 1969 ≪渤海國史及び日本との國交史の硏究≫ (東京電機大學出版局)

일본의 대표적인 발해사 연구자인 石井正敏과 酒寄雅志가 본격적으로 논문을 발표하기 시작한 것이 바로 이때였다. 특히 石井正敏은 발해와 일본간의 고구려 계승의식의 차이를 지적하였다. 즉 발해는 大國인 고구려 계승을 표방한 데 반해, 일본은 예전의 조공국 고구려의 계승국으로서 발해를 간주하였다는 것이다. 이러한 인식상의 차이는 발해와 일본간에 외교적 갈등을 야기하였지만, 발해는 경제적 교역을 중시함에 따라 일본의 명분에 부합하는 교묘한 외교를 지속하였다고 파악하였다.14) 이러한 지적은 근대 이후 일본측에서 일방적으로 종속국으로 간주한 발해관을 뒤집는 것으로 일본학계에서 높이 평가되었다.

한편 酒寄雅志도 8세기 일본의 대외관계를 동아시아의 정세와 연관지어 발해사의 전개 과정에 주목하였고, 이후 발해의 왕권·국가의 구조를 해명하는 방향으로 논의의 폭을 넓혔다.15) 鈴木靖民은 수령을 발해의 촌락에서 교역에 관여하는 在地勢力으로 파악하여 발해의 왕권지배를 고찰하였다.16) 이러한 연구들은 일본의 대외교섭의 상대국으로서의 입장에서 발해를 보는 것이 아니라, 발해국 그 자체를 연구대상으로 한 점에서 획기적이었고, 이후 발해사 연구는 급속히 진전되었다.

이러한 연구성과를 토대로 일본 율령국가의 지배구조에 관한 다양한 논의가 이루어져, 특히 '동이의 소제국'인 일본이 '蕃夷'로 설정한

---

13) 일본에서의 발해사 연구 경향에 대한 최근의 정리로는 古畑徹, 2003 <戰後日本における渤海史の歷史枠組みに關する史學史的考察> ≪東北大學　東洋史論集≫ 9와 濱田久美子, 2003 <渤海史硏究の步み－石井正敏氏, 酒寄雅志氏の業績を中心に> ≪歷史評論≫ 634 등이 있다.

14) 석정정민이 1970년대부터 발표한 일련의 연구성과는 2001년에 저서로 발간되었다. 石井正敏, 2001 石井正敏, 2001 ≪日本渤海關係史の硏究≫ (吉川弘文館)

15) 酒寄雅志의 논문들도 2001년 간행되었다. 酒寄雅志, 2001 ≪渤海と古代の日本≫ (校倉書房)

16) 鈴木靖民, 1979 <渤海の首領に關する豫備的考察> ≪旗田巍先生古稀記念　朝鮮歷史論集≫

신라, 발해, 蝦夷 등이 실제로는 어떻게 존재했는지, 그 존재 방식에 대한 논의와 함께 외국사절에 대해 행한 외교의례에 관한 연구도 진행되었다.[17]

1980년대 이후 중국의 개방정책의 진전, 소련의 붕괴 등으로 일본에서는 현실적으로 東北아시아경제권(環日本海經濟圈)에 대한 관심이 고조되었다. 이와 함께 거대담론의 붕괴에 따른 근대 국민국가 단위의 일국사적 역사인식에 대한 비판이 학계의 조류를 이루면서, 민족 중심의 역사인식에 기반한 남북국시대론에 대한 비판이 제기되었다.[18]

이러한 배경 하에 일반 대중 사이에 역사에 대한 관심이 고조되며 발해와 일본의 관계에 대한 대중적인 역사서도 발간되기 시작하였다.[19] 일본 율령국가의 지배구조에 대한 논의는 국가영역의 검토로 확산되어 境界를 주제로 하는 국가나 왕권지배에 관한 연구가 진행되었다. 그리고 邊境論이나 北方史 연구의 활성화에 따라 경계를 넘어서 행해진 율령국가의 대외 交通(기술, 문화, 법 등 다양한 교류)으로써 국가적인 교류가 주목되었다. 그 결과 근래 발해를 둘러싸고 국가간·지역간 交流를 주제로 하는 심포지움이 활발하게 개최되었다.[20]

---

17) 奧田尙, 1976 <天平後期の日本と新羅·渤海－橘諸兄政權期の外交> ≪續日本紀研究≫ 185 ; ブルース·バートン, 1985 <律令制下における新羅·渤海使の接待法－大宰府外交機能の解明へ－> ≪九州史學≫ 83 ; 中西正和, 1990 <新羅使·渤海使の來朝と大宰府－大宰府の外交的機能について－> ≪古代史の研究≫ 8 (關西大學古代史研究會) ; 森田悌, 1995 <日本·渤海의 兄弟·舅甥關係> ≪律令國家の政務と儀禮≫ (吉川弘文館) ; 重松敏彦, 1997 <平安初期における日本の國際秩序構想の變遷－新羅と渤海の位置づけの相違から－> ≪九州史學≫ 118·119 ; 濱田久美子, 2005 <渤海國書にみる八世紀日本の對外認識－啓と表の考察を通して> ≪國史學≫ 185 ; 廣瀬憲雄, 2007 <日本の對新羅·渤海名分關係の檢討－≪書儀≫の禮式を參照して> ≪史學雜誌≫ 116-3

18) 李成市, <앞 글>

19) 上田雄·孫榮健, 1990 ≪日本渤海交涉史≫ (六興出版) ; 中西進·安田喜憲 編, 1992 ≪迷の王國 渤海(角川選書 229)≫ (角川書店) ; 上田雄, 1992 ≪渤海國の迷(講談社現代新書 1104)≫ (講談社) ;

이처럼 1970년대 이후 일본학계는 발해를 일본의 조공국으로 파악하는 만선사학의 수준에서 벗어났지만, 일본이 발해를 조공국으로 간주한 것은 사실이며 발해는 경제적 실리를 위해 이를 감수하였다는 견해가 지배적이다. 결국 일본측 사료에 묘사된 수동적이고 종속적인 발해사상을 인정한 위에서 논의를 전개할 때, 과연 민족과 경계를 넘어선 국가간·지역간 교류의 실상이 제대로 파악될지 의심스럽다.

2. 한국

한국에서는 일찍이 조선후기부터 발해가 고구려를 계승하여 신라와 양립했다는 남북국시대론이 제기되어 발해사에 대한 관심이 고조되었다. 남북국시대론은 한말 申采浩를 거쳐 1920년대 전반까지 전개되었지만, 식민지라는 상황하에서 본격적인 연구는 이루어지지 못하였다.[21] 해방 이후 남북한에서는 각자 일제 만선사학에 의해 왜곡된 민족사의 체계를 수립하는 차원에서 발해에 주목하고 남북국시대론이 재조명되었지만, 본격적인 연구는 북한에서는 1970년대, 남한에서는 1980년대에 들어와서 이루어졌다.

남북한 연구의 공통성은 고구려와 발해의 계승성을 밝힘으로써 발해사가 한국사에 속한다는 점을 증명하려는 것이었다. 이를 위해 고고학 자료를 통한 고구려와 발해의 문화적 계승성, 그리고 문헌사료를 통해서는 건국과정에서 고구려유민의 주도적 역할과 함께 발해의 고구

---

20) 櫛谷圭司 編, 1995 ≪渤海と環日本海交流≫ (新潟大學環日本海研究會) ; 1999 ≪アジア遊學6(特輯 渤海と東アジア－海·山·大地を越える人とモノの交流)≫ ; 佐藤信 編, 2003 ≪日本と渤海の古代史≫ (山川出版社) ; 上田正昭 監修, 2005 ≪古代日本と渤海－能登からみた東アジア≫ (大巧社)
21) 金瑛河, 1993 <韓末·日帝時期의 新羅·渤海認識> ≪泰東古典研究≫ 10

려 계승의식을 그 증거로써 중시하였다.[22]

한편 1980년대부터 중국과 러시아도 본격적으로 발해사 연구에 매진하면서, 발해사의 귀속 문제가 국제적인 논쟁거리가 되었다. 특히 발해를 속말말갈 중심의 당대 지방정권으로 파악하는 중국학계의 인식에 대해, 한국에서는 고구려와 발해의 계승성을 전제로 발해사의 전개과정에 대한 다양한 연구성과가 제출되었다.[23] 이러한 연구 성과들은 일본이나 중국에 비해 발해사의 주체성을 강조하는 특징을 갖고 있다.

일찍이 柳得恭의 ≪渤海考≫(1784)나 韓致奫·韓鎭書의 ≪海東繹史≫(1823) 같은 조선후기의 역사서에서 일본에 보낸 발해 국서를 수록하였듯이 발해사에서 대일관계의 중요성은 인식되었다. 그렇지만 근대 이후 발해사 연구 자체가 침체된 상황에서 발해와 일본의 관계에 대한 연구 역시 부진하였다. 그 이유로는 일본측 사료에 나타난 발해의 종속성을 극복할 논리가 제시되지 않았다는 점을 지적하지 않을 수 없다. 그래서 해방후 남한에서 남북국시대론을 환기시킨 李佑成은 발해가 일본과 "아주 불리한 처지에서 朝聘의 거래를 맺었다"고 할 수밖에 없었다.[24]

발해의 대일관계에 대해 본격적으로 언급한 盧泰敦은[25] 8세기 중반

---

22) 송기호, 1988 <발해사 연구의 몇 가지 문제점> ≪韓國古代史論≫ (한길사)

23) 韓圭哲, 1994 ≪渤海의 對外關係史≫ (신서원) ; 宋基豪, 1995 ≪渤海政治史 研究≫ (一潮閣) ; 임상선, 1999 ≪발해의 지배세력연구≫ (신서원) ; 朴眞淑, 2001 ≪渤海의 對日本外交 研究≫ (忠南大學校 박사학위논문) ; 金鍾福, 2002 ≪발해 정치세력의 추이―대당정책을 중심으로≫ (成均館大學校 박사학위논문) ; 金恩國, 2004 ≪渤海 對外關係의 展開와 性格―唐, 新羅, 契丹과의 관계를 중심으로≫ (中央大學校 박사학위논문) ; 金東宇, 2006 ≪渤海 地方統治體制 研究―渤海 首領을 중심으로≫ (高麗大學校 박사학위 논문) ; 이효형, 2007 ≪발해 유민사 연구≫ (혜안) ; 金鎭光, 2007 ≪발해의 문왕대 지배체제 연구≫ (韓國學中央研究院 박사학위논문)

24) 李佑成, 1975 <南北國時代와 崔致遠> ≪創作과 批評≫ 35 ; 1982 ≪韓國의 歷史像≫ (創作과批評社)

발해와 일본의 상호 인식에 차이가 있었지만 이후 발해가 대일관계에
서 유연한 자세를 취하여 일본의 자존의식에 부응해 주었다고 파악하
였다. 이 점은 石井正敏의 인식과 유사하다. 그렇지만 즉 발해와 일본
이 파악한 고구려의 실체에 대해서는 다른 해석을 제시하였다. 즉 발
해가 계승했다고 표방한 고구려는 原高句麗인 데 반해, 일본이 인식한
고구려는 신라의 관할하에 있던 安勝의 高句麗 즉 報德國이라는 것이
다. 그래서 발해는 고구려와 마찬가지로 天孫意識을 표방하고, 나아가
자신이 일본보다 우월한 지위임을 강조하기 위해 양국관계를 새롭게
舅甥關係에 비유하였다는 것이다.

발해와 일본의 위상을 새롭게 보는 시각에 따라 8세기 중반 일본의
이른바 신라 정토계획과 관련하여 발해의 주도적 역할을 강조하는 논
문들이[26] 집중적으로 발표되었다. 다른 한편, 발일간의 국서에 주목하
여 9세기 발해 사회의 변화상을 분석한 논문도[27] 중요한 연구 성과이
다. 그렇지만 발해의 대일관계의 전반적 추이를 검토한 연구성과는 아
직 한편에 불과할 정도로[28] 부족한 편이다.

또한 남북국시대론에 입각하여 신라와 발해의 대외무역사를 개괄한
연구도[29] 발해와 일본의 경제적 교역을 이해하는 데 중요한 성과이다.

---

25) 盧泰敦, 1986 <對渤海 日本國書에서 云爲한 '高麗舊記'에 대하여> ≪邊太
     燮博士華甲記念史學論叢≫
26) 韓圭哲, 1993 <渤海와 日本의 新羅 挾攻計劃과 霧散> ≪中國問題硏究≫ 5
     (慶星大學校 中國問題硏究所) ; 1994 ≪앞 책≫ ; 朴眞淑, 1997 <渤海 文王
     代의 對日本外交> ≪歷史學報≫ 153 ; 具蘭憙, 1999 <8세기 중엽 발해·신
     라·일본의 관계 – 일본의 신라침공계획을 중심으로> ≪韓日關係史硏究≫ 10 ;
     具蘭憙, 1999 <8世紀 後半 日本의 對外關係에 관한 고찰 – 渤海와의 關係를
     중심으로> ≪日本歷史硏究≫ 10 ; 趙二玉, 2002 <8세기 중엽 渤海와 日本
     의 關係> ≪韓國古代史硏究≫ 25
27) 宋基豪, 1993 <渤·日國書를 중심으로 본 9세기 발해사회> ≪汕耘史學≫ 7 ;
     1995 ≪앞 책≫
28) 朴眞淑, 2001 <앞 글>

이에 따르면 8세기 후반까지는 발해가 동북아시아의 무역을 주도히디
가 청해진 설치 이후 신라가 무역을 주도하였으며, 851년 청해진 혁파
이후로 동북아시아는 무역의 무한경쟁 시기로 진입하게 되었다.

한편 북한은 남한보다 먼저 발해사에 관심을 갖고 고구려－발해 중
심의 역사체계를 수립하기 위해 집중적으로 연구하였지만 대일관계에
대해서는 상대적으로 소홀하였다. 역시 일본측 사료에 나타난 발해의
종속성을 극복할 논리를 제시하지 못하였기 때문일 것이다. 그래서인
지 북한은 발해와 일본간의 관계에서 정치적 측면을 부정하는 특징을
보인다.

박시형은 바다길이 험난한 조건 하에서 "발해로서는 어떤 정치적 목
적을 가지고 일본과 접근 또는 배제하는 일은 처음부터 거의 필요없는
일로 생각하였던 것이다"라고 단정하고, 발해와 일본의 관계를 경제적,
문화적 교류 중심으로 서술하였다.[30] 따라서 발해가 일본과 통교한 이
유는 "고구려 때와 다름없이 일본에 대한 영향력과 국교 관계를 강화
하여 나라의 대외적 권위를 과시하자는 것"과 양국 사이의 경제문화적
교류를 발전시키는 데 있었다고 정리된다.[31] 나중에 남한이나 일본의
연구 성과를 접하여 일본과의 정치적 제휴도 감안하지만, 정치적 측면
은 여전히 부차적으로 인식하고 있다.[32]

고구려 계승의식에 대한 북한의 견해는 남한의 그것과 유사하다. 북
한의 연구성과가 1980년대 후반부터 남한에 널리 알려지며 상당한 영
향을 끼쳤던 것이다. 발해를 한국사(조선사)로 파악하는 인식의 공통성
이 있었기 때문에 북한의 견해가 별다른 거부감없이 남한에 수용되었

---

29) 윤재운, 2006 ≪한국 고대무역사 연구≫ (景仁文化社)

30) 박시형, 1979 ≪발해사≫ (김일성종합대학출판사) ; 1989 (이론과 실천)

31) 전영률, 1997 <발해의 대일관계> ≪발해사연구론문집≫ 2 (과학백과사전종
합출판사)

32) 장국종, 1998 ≪발해사연구 2(정치)≫ (사회과학출판사)

던 것이다.

이처럼 한국학계의 발해사 연구가 본격화된 지 얼마 되지 않고, 연구자도 손에 꼽을 정도이다. 따라서 발일관계에 대한 연구 성과도 일본이 한국에 대해 압도적으로 많다. 그런데 일본이 대외관계사의 일환으로 발해사를 파악하는 데 반해, 한국에서는 남북국시대론에 입각하여 발해사를 한국사로 파악하기 때문에 발해사의 주체적인 입장을 강조하고 있다. 이 점에서 일본측 사료에 의거하여 재구성되는 발일관계에서의 상호 인식 내지 양국 관계의 위상에 대해서는 의견 차이가 적지 않다. 이 부분을 중심으로 발해와 일본의 관계사를 재검토하기로 한다.

Ⅲ. 발일관계의 추이와 연구 쟁점

1. 국교 수립의 배경

발해는 727년 일본에 처음 사신을 파견한 이래 멸망할 때까지 모두 34회 사신을 파견하였다. 반면 일본은 728년의 답방 이후 모두 14회 발해에 사신을 파견하였는데, 그중 발해 사신을 전송하기 위한 送使가 10회이고, 특별한 임무를 띤 專使가 4회였다. 양국의 사신 파견 상황을 도표로 간략히 정리하면 다음 표와 같다.

발해는 727년 일본에 처음으로 사신을 파견하였고, 이듬해 일본은 발해 사신의 귀국편에 답사를 파견함으로써 양국은 국교를 수립하였다. 이것이 발해와 일본의 최초의 교섭이다. 그런데 이에 앞서 720년 일본은 바다 건너 靺鞨에 사신을 파견하여 풍속을 관찰한 적이 있는데,[33] 이 말갈이 발해인지에 대한 논란이 있다. 즉 이때의 말갈이 가리

키는 것이 일본열도의 북쪽 내지 北海道 지방인지, 아니면 중구 동북
지방에서 698년에 건국한 발해인지 하는 것이다.

〈표 1〉 발해 사신 파견 일람표

회수	도착 시점	도착지	入京시점	入京여부	사 신(파견인원)	출발 시점	비고
1	727년 9월 21일	出羽	12월	入京	高仁義(24)	728년 6월 5일	朝賀
2	739년 7월 13일	出羽	10월	入京	胥要德	740년 2월 2일	朝賀
3	752년 9월 24일	越後		入京	慕施蒙(75)	753년 6월 8일	
4	758년 9월 18일	越前	12월	入京	楊承慶(23)	759년 2월 16일	受朝
5	759년 10월 18일	對馬	12월	入京	高南申	760년 2월 20일	受朝
6	762년 10월 1일	越前	윤12월	入京	王新福(23)	763년 2월 20일	受朝
7	771년 6월 27일	出羽	12월	入京	壹萬福(325)	773년 2월 29일	受朝
8	773년 6월 12일	能登		放還	烏須弗(40)	774년 6월 24일	
9	776년 12월 22일	越前	4월	入京	史都蒙(187)	777년 5월 23일	賀卽位
10	778년 9월 21일	越前		入京	張仙壽	779년 2월 2일	受朝·朝賀
11	779년 9월 14일	出羽		放還	高洋弼(359)	779년 12월 22일	
12	786년 9월 18일	出羽		?	李元泰(65)	787년 2월 19일	
13	795년 11월 3일	出羽		入京	呂定琳(68)	796년 5월 17일	
*14	798년 12월 27일	隱岐(?)		入京	大昌泰	799년 4월 15일	受朝
*15	809년 10월 1일			入京	高南容	810년 4월 8일	
*16	810년 9월 29일			入京	高南容	811년 1월 22일	朝賀
*17	814년 9월 30일			入京	王孝廉	816년 5월 2일	受朝
18	818년			?	慕感德		
*19	819년 11월 20일			入京	李承永	820년 1월 22일	
*20	821년 11월 13일			入京	王文矩	822년 1월 21일	
21	823년 11월 22일	加賀		放還	高貞泰(101)	824년 5월 20일	
22	825년 12월 3일	隱岐	5월	入京	高承祖(103)	826년 5월 15일	
23	827년 12월 29일	但馬		放還	王文矩(100)	828년 4월 29일	
24	841년 12월 22일	長門	2월	入京	賀福延(105)	842년 4월 12일	
25	848년 12월 30일	能登	4월	入京	王文矩(100)	849년 5월 12일	
26	859년 1월 22일	能登		放還	烏孝愼(104)	859년 7월 6일	
27	861년 1월 20일	隱岐		放還	李居正(105)	861년 5월 25일	
28	871년 12월 11일	加賀	5월	入京	楊成規(105)	872년 5월 25일	

---

33) ≪續日本記≫ 養老 4년 정월 丙子

29	876년 12월 26일	出雲		放還	楊中遠(105)	877년 6월 25일	
30	882년 11월 14일	加賀	4월	入京	裵頲(105)	883년 5월 12일	
31	892년 1월 8일	出雲		放還	王龜謀(105)	892년 6월 29일	
32	894년 12월 29일	伯耆		入京	裵頲(105)	895년 5월 16일	
33	908년 1월 8일	伯耆		入京	裵璆	908년 6월	
34	919년 11월 18일	若狹		入京	裵璆(105)	920년 6월	

* 14, 15, 16, 17, 19, 20회의 경우 발해 사신이 국서를 바친 날짜임.

〈표 2 일본 사신 파견 일람표〉

회수	임명 및 출발시점	사신명	파견 목적	귀국시점
1	728년 2월 16일 임명	引田蟲麻呂	送使	730년 8월 29일
2	740년 1월 13일 임명	大伴犬養	專使	740년 10월 5일
3	758년 2월 10일 이전 임명	小野田守	專使	758년 9월 18일
4	759년 1월 30일 임명	高元度	送使	
5	760년 2월 20일 출발	陽侯玲璆	送使	760년 11월 11일
6	761년 10월 22일 임명	高麗大山	專使	762년 10월 1일
7	763년 11월 1일 임명	多治比小異	送使	765년 12월 이전
8	772년 2월 29일 출발	武生鳥守	送使	772년 10월 13일
9	777년 5월 23일 출발	高麗殿嗣	送使	777년 9월 21일
10	778년 12월 17일 임명	大網廣道	送使	
11	796년 5월 17일 출발	御長廣岳	送使	796년 10월 2일
12	798년 4월 24일 임명	內藏賀茂麻呂	專使	798년 12월 27일 이전
13	799년 4월 15일 출발	滋野船白	送使	799년 9월 20일
14	810년 12월 4일 임명	林東仁	送使	811년 10월 2일

후자에 따르면, 716년 일본이 당에 사신을 파견하여 당에서 말갈이라고 부르는 발해의 존재를 알고, 귀국 후 그 실체를 파악하기 위하여 말갈=발해에 사신을 파견하였다는 것이다.[34] 이와 함께 일본 동북지방의 宮城縣에 위치한 <多賀城碑>에서 말갈국과 3천리 떨어져 있다는 기록도 발해가 말갈족이 세운 나라라는 유력한 증거로서 주목되었다. 그런데 8세기 초반 일본과 신라의 관계가 악화되기 시작했다는 점

---

34) 酒寄雅志, 1976 <渤海の國號に關する一考察> ≪朝鮮史硏究會會報≫ 44

에서 이때의 말갈을 발해로 볼 경우, 727년 발해가 일본과 국교를 수
립한 목적은 당보다도 신라를 견제하려는 데 있었다는 견해와 연결된
다. 발해사의 사료적 한계를 극복하려는 시도로서 주목되지만, 720년
시점에서 발해가 연해주까지 진출하였는지에 대해서는 회의적이다.

따라서 이때의 말갈을 동해 너머의 존재로 보는 경우에도 발해 자체
가 아니라 한반도 동북부 지역에 거주하던 말갈로 보는 견해[35]와 발해
의 관할하에 있던 흑수말갈 지역으로 보는 견해로 구분된다.[36] 최근에
는 고대일본 문헌에서 말갈과 숙신이 '아시하세(アシハセ)'로 공통된 訓
을 갖는다는 점, 그리고 <多賀城碑>에서 靺鞨國과 함께 蝦夷國이 기
록되어 있으므로, 이때의 말갈은 예전의 肅愼 즉 蝦夷의 북방에 위치
한 민족으로 보아야 한다는 견해가 제기되었다.[37]

727년 발해 武王은 寧遠將軍 高仁義 등 24인을 일본에 파견하였다.
그러나 발해사신단은 蝦夷에 도착하여 고인의 이하 16인이 피살되고
首領 高齊德 등 8인이 간신히 出羽國에 도착하여 이듬해 입경하였다.
이때 무왕은 日本國王 앞으로 국서를 보냈는데, 그 내용은 고구려의
옛 땅을 회복하고 부여의 옛 풍속을 간직한 발해는 일본과 親仁結援하
려는 의도에서 옛 법도에 따라 이웃나라에 사신을 보낸다는 것이었다.
일본의 답서는 '天皇敬問渤海郡王'으로 시작하는데, 그 내용은 발해가
옛 영토를 회복하여 예전의 우호관계를 맺자는 뜻을 받아들인다는 것
이었다.[38]

발해가 일본에 사신을 파견하기 직전인 726년 唐이 黑水靺鞨에 羈縻
州를 설치하고 長史를 파견하였다. 당과 흑수말갈의 밀착에 대해 발해
는 위기감을 느꼈기 때문에 흑수말갈을 토벌하는 한편 일본에 사신을

---

35) 趙二玉, 2001 ≪統一新羅의 北方進出 研究≫ (서경문화사)
36) 전영률, 1997 <앞 글>
37) 石井正敏, 2001 <日本渤海通交養老四年開始說の檢討> ≪앞 책≫
38) ≪續日本紀≫ 神龜 4년 9월 庚寅, 12월 丙申, 神龜 5년 정월 甲寅, 4월 壬午

파견하였던 것이다. 그런데 발해가 당에 필적할 상대를 구하여 일본에 사신을 파견하였다는 초창기의 견해는[39] 일본의 위상을 과대평가한 데서 나온 것이었다. 따라서 나중에는 발해의 남쪽에 있으면서 당과 가까운 신라를 견제하기 위한 것이라 보는 견해로 바뀌었다.

다만 여기에는 발해가 당과의 무력충돌을 예상하고 발해의 배후에 해당하는 친당세력인 신라의 공격 가능성을 제거하려는 의도였다는 견해와[40] 당이 개입되지 않은 발해와 신라의 대립관계에서 비롯된 것이라는 견해[41] 차이가 있다. 그러나 발해의 세력 팽창에 따라 흑수말갈과 신라가 각각 당과 결탁하여 발해는 외교적 고립상태에 봉착한 만큼, 발해가 일본에 사신을 파견한 데에는 두 가지 문제가 유기적으로 관련되어 있었다.[42]

그런데 이때 발해가 고구려의 부흥을 표방한 것에 대해서 滿鮮史學은 옛 고구려 때처럼 종주국인 일본에 조공하겠다는 의사를 표현한 것으로 보았다. 이에 따라 발해와 일본의 관계는 주종 관계로 파악되었다. ≪일본서기≫에 표현된 고대 일본의 한반도 남부에 대한 지배를 사실로 인식한 데서 나온 당연한 논리적 귀결이었다.

그러나 1970년대 이후 치밀한 사료 비판을 통해 이러한 인식은 점차 불식되었다. 먼저 발해 국서에 사용된 日本國王이라는 표현은 발해 국왕이 일본 천황을 자신과 동격으로 이해한 호칭이기 때문이다. 또한 국서에 나오는 옛 법도(前經)는 고전에 입각한 우호 관계를 의미하는 것이지 고구려의 선례에 따라 일본에 입조한다고 해석할 근거가 없기

---

39) 鳥山喜一, 1915 ≪渤海史考≫ (奉公會)
40) 酒寄雅志, 1979 <渤海國家の史的展開と國際關係> ≪朝鮮史硏究會論文集≫ 16
41) 古畑徹, 1986 <日渤交涉開始期の東アジア情勢> ≪朝鮮史硏究會論文集≫ 23
42) 김종복, 1996 <渤海 初期의 對外關係> ≪古朝鮮과 夫餘의 諸問題≫ (≪韓國古代史硏究≫ 9) (신서원)

때문이다.[43)]

한편 이와 전혀 다른 각도에서 파악하는 견해도 있다. 일본이 발해와 국교를 수립한 데에는 고구려 이래로 유지되어 온 양국 사이의 국교 관계를 회복하려는 목적 외에도, 양국이 모두 북쪽으로 진출하는 데 이해관계가 일치하였기 때문이라는 것이다. 즉 발해가 흑수말갈을 제어하고 북방으로 진출하였던 것처럼 일본도 북방의 蝦夷族에 대한 정복을 서두르면서 북방진출을 진행하였다는 것이다.[44)]

739년 발해는 두 번째로 若忽州都督 胥要德 등 40인의 사신을 파견하였다. 이에 앞서 734년 일본의 遣唐使 平郡廣成 등이 귀국중에 난파되어 다시 당으로 돌아왔기 때문에 발해를 경유하여 귀국하려고 하였다. 마침 발해도 일본에 사신을 파견하려는 의도가 있어 일본의 견당사와 동행하였던 것이다. 文王이 보낸 국서에서는 상대방을 大王이 아닌 天皇으로 표현하였지만, 그 내용은 조상의 사업을 잇게 되어 이웃과 우호관계를 유지하겠다는 뜻으로 이루어져 있다. 결국 무왕이 보낸 첫 국서와 동일한 기조였던 것이다. 한편 발해사신이 귀국한 지 두달 후인 740년 2월 일본은 특별한 임무를 띤 專使로 大伴犬養을 발해에 파견하였다.[45)]

문왕이 즉위한 무렵은 732년 발해의 등주 공격을 둘러싼 당과의 충돌, 그리고 당의 요청으로 인한 신라의 발해 공격으로 인한 대외적 위기가 아직 해소되지 않은 상황이었다. 따라서 문왕이 사신을 파견한 이유는 1차 때와 마찬가지로 당과 밀착된 신라를 견제하려는 데 있었다. 이때 문왕이 보낸 국서에서는 天皇이라는 표현만 사용할 뿐, 일본과 대등한 자세를 견지하였다. 따라서 발해 사신이 귀국한 뒤 일본이

---

43) 石井正敏, 2001 ≪앞 책≫
44) 전영률, 1997 <앞 글>
45) ≪續日本紀≫ 天平 11년 11월 辛卯 및 12월 戊辰, 天平 12년 정월 및 2월

별도로 專使를 파견한 것은 주목할 만하다.

왜냐하면 앞의 <표 2>에서 보듯이 일본이 발해에 파견한 사신 가운데 대부분은 발해 사신을 호송하는 送使가 대부분인데, 이때는 일본이 專使를 파견한 것은 일본에 대한 발해의 자세에 어떤 불만을 품었기 때문으로 파악되기 때문이다.[46) 그 불만은 이후에 양국간에 國書를 둘러싼 갈등에서 본격적으로 표출되었다.

2. 8세기 발해 國書를 둘러싼 갈등

753년 발해의 輔國大將軍 慕施蒙 등 75인이 세 번째로 일본에 파견되었다. 그런데 이때 가져온 발해 국서에 대해 일본은 불만을 표출하였다. 즉 발해왕이 臣名을 칭하지 않은 점을 거론하며 ≪高麗舊記≫를 인용하여 예전 고구려는 일본과 형제·군신 관계를 표방하였음을 상기시킨 후, 이런 취지의 칙서를 보냈음에도 불구하고 이번에도 上表文이 없음을 지적하였던 것이다.[47)

758년 발해는 당에 일어난 안록산의 난과 관련된 정보를 전달하기 위해 일본에 네 번째로 사신을 파견하였다. 이때 발해국서는 高麗國王 大欽茂로 시작하고, 일본측 답서도 문왕을 高麗國王으로 표현하였다. 일본측 사료는 이때부터 한동안 발해를 高麗로 표현하기 시작하였다.[48)

일본은 772년 발해의 국서에 대해 노골적으로 無禮하다고 질책하였다. 그 근거는 1) 문왕이 官品姓名을 적지 않고, 2) 天孫을 참칭하고, 3) 일본과 발해의 관계를 兄弟 관계에서 舅甥 관계로 바꾸었다는 것이다.

---

46) 石井正敏, ≪앞 책≫ 380
47) ≪續日本紀≫ 天平勝寶 5년 6월 丁丑
48) ≪續日本紀≫ 天平寶字 2년 12월 戊申 및 3년 정월 戊午

이러한 논란은 발해 사신이 문제가 되는 부분을 수정하고 사과하는 것으로 일단락되었다.[49] 그런데 이듬해 발해사신이 제출한 국서에 대해 다시 違例無禮하다고 질책하는 한편, 발해사신의 입국 경로는 舊例에 따라 筑紫道를 통해 입경하라고 요구하였다.[50]

이 시기는 발일관계사에서 가장 집중적으로 연구된 부분이다. 위의 사료에서 보듯이 발해와 일본간에 외교적 갈등이 발생하였고, 다른 한편으로 이 시기를 전후하여 발해의 대일관계가 정치적·군사적 목적에서 경제적 목적으로 전환되었기 때문이다. 특히 이때 일본이 추진한 이른바 新羅 征討計劃은 발일관계를 이해하는 데 중요한 배경으로 주목되었다.

먼저 발해와 일본간에는 외교적 갈등에 대해 살펴보자. 753년 일본이 ≪高麗舊記≫를 인용하며 발해에게 신하의 예를 요구한 것을 보면, 고구려와 발해의 계승관계에 대한 양국의 인식에 차이가 있었음을 알 수 있다. 이에 대한 일본학계의 견해는 다음과 같다. 즉 발해는 大國인 고구려 계승을 표방한 데 반해, 일본은 예전의 조공국인 고구려의 계승국으로서 발해를 간주하였다는 것이다. 한편 발해왕이 일본에 대해 高麗國王이라고 자칭하고 일본측 요구에 따라 국서를 表文이라고 한 것은 일본측의 인식을 이용하여 외교를 원활히 하고 무역을 진흥시키기 위한 일종의 외교적 수사였다고 파악된다.[51]

한국학계도 발해와 일본간의 고구려 인식의 차이에 대해서는 인정하고 있다. 그렇지만 발해가 내세우는 고구려는 원고구려인 데 반해, 일본이 내세우는 고구려는 671~685년간 金馬渚에 있던 高句麗로 파악하였다.[52] 즉 문제의 ≪高麗舊記≫는 7세기 이전 고구려와 일본의 교

---

49) ≪續日本紀≫ 寶龜 3년 정월 辛酉, 丙午 및 2월 己卯
50) ≪續日本紀≫ 寶龜 4년 6월 戊辰
51) 石井正敏, 2001(1975) <日本·渤海交涉と渤海高句麗繼承國意識> ≪앞 책≫
52) 盧泰敦, 1986 <앞 글>

섭 기록이 아니라 7세기 이후 신라의 통제하에 있던 安勝의 報德國이었으므로, 당시 일본 조정의 독선적인 천하관에 영합할 수 있었다는 것이다. 이에 따르면 원고구려를 계승한 발해는 천손을 자칭하였고, 이에 의거하여 발일관계를 舅甥 관계로 규정하며 일본에 대해 우월한 지위를 강조하였던 것으로 파악된다.

이에 대해 최근 신라의 강력한 관리하에 있던 고구려가 일본에 형제·군신 관계라는 상표문을 제출했다고 보기는 곤란하다는 반론도 제기되었다.[53] 그런데 773년 일본이 발해사신에게 舊例에 따라 筑紫道로 입국하라고 내린 조치는 일본이 인식한 고구려의 실체를 파악하는 단서가 된다.

≪일본서기≫에 의하면 고구려는 540~668년까지 22회 일본에 사신을 파견하였다. 대부분 도착지가 미상인 반면 越에 도착한 것이 4회이고, 단 1회만 筑紫에 도착하였다. 반면 673~682년까지 '高麗'와 新羅 사신이 筑紫에 5회나 도착하였는데, 이때의 '高麗'는 안승의 보덕국이 틀림없다.[54] 이렇게 볼 때, 筑紫로 입국하는 舊例는 안승의 보덕국을 가리키므로, 8세기 일본은 이를 근거로 고구려를 조공국으로 간주하였던 것이다. 결국 신라에 의해 연출된, 일본에 의례적, 현실적 조공국으로서 보덕국의 존재야말로, 8세기 일본 율령국가의 고구려에 대한 蕃國觀의 형성에 중요한 영향을 미치고 있었던 것이다.[55]

이때 발해가 내세운 舅甥 관계에 대해서도 논란이 적지 않다. 종래 일본학계에서는 舅甥을 叔姪로 해석하여 구생관계는 부자·형제 관계에 비하여 경미한, 즉 혈연적으로 소원한 관계로 파악하였다.[56] 반면

---

53) 石井正敏, 2003 <日本·渤海間の名分關係 – 舅甥問題を中心に> ≪日本と渤海の古代史≫ (山川出版社) 112 주 7).

54) 김종복, 2008 <8~9세기 渤海와 日本의 외교적 갈등과 해소> ≪韓國史學報≫ 33, 115

55) 연민수, 2004 <古代 日本의 高句麗觀 硏究> ≪북방사논총≫ 2, 145~146

한국에서는 발해가 일본보다 우월한 지위에 있었다는 견해의 연장선상에서 구생을 장인과 사위로 해석하는 견해가 제기되었다.[57] 한편 舅甥을 종래와 같이 叔姪로 해석하더라도 문왕이 처음 聖武天皇과 형제관계를 맺었으므로, 그를 이은 淳仁天皇과는 당연히 숙질관계를 내세웠다는 견해도 제기되었다.[58]

이처럼 舅甥 관계에 대해서는 舅甥이 叔姪을 가리키는지 아니면 장인과 사위를 가리키는지, 또 발해가 구생 관계를 통해 주장한 것이 군신관계를 강요하는 일본의 요구를 피하려는 것인지 아니면 역으로 발해가 우위에 있다는 지위의 역전을 내세우는 것인지 논란이 적지 않다. 최근에는 兄과 舅는 일본, 弟와 甥은 발해를 가리킨다는 점을 논증하고 기존의 일본측 해석을 지지하는 견해가 제출되기도 하였다.[59] 아무튼 발해의 고구려 계승의식과 발일간의 위상 문제는 현재 한일학계 간에 입장 차이가 가장 큰 부분이다.

다음으로 발해의 대일외교 성격 변화에 대해 살펴보자. 여기서 단서가 되는 것은 762년 발해의 6차 사신 王新福이 紫綬大夫·行政堂左允·

---

56) 新妻利久, 1969 ≪앞 책≫ ; 鈴木靖民, 1985(1969) ≪古代對外關係史の研究≫ (吉川弘文館)
57) 宋基豪, 1995 ≪앞 책≫
58) 森田悌, 1995 <日本·渤海의 兄弟·舅甥關係> ≪律令國家の政務と儀禮≫ (吉川弘文館)
59) 森田悌의 근거는 回紇 登里可汗이 당 代宗과 兄弟 관계를 맺은 후 대종의 아들 雍王(나중의 德宗)에게 叔姪의 禮數를 강요한 사례에 있다. 이에 대해 石井正敏은 다음과 같은 사례를 통해 비판하고 있다. 즉 突厥 毗伽可汗과 父子 관계를 맺은 당 玄宗은 비가가한의 아들 登里可汗에게 祖孫 관계는 너무 소원하므로 다시 부자관계로 되돌아간다고 하였다. 또 南朝王 酋龍은 당 僖宗에게 兄弟 또는 舅甥 관계를 요청한 바 있으므로, 舅甥은 친밀도와 관련된 것으로 파악된다는 것이다.
또한 그는 舅甥을 장인·사위로 보아 발일간 위상의 역전시켰다고 보는 견해에 대해서는 아무런 논증과 설명이 없다고 비판하고 있다(石井正敏, 2003 <앞 글> 100~103 및 109).

開國男이라는 文官직함을 지녔다는 점이다. 반면 그 이전까지 발해가 武官을 사신으로 파견하였는데, 일반적으로 그 이유는 발해의 대일외교가 등주 공격을 전후하여 당과 신라의 밀착으로 인한 외교적 고립을 타개하고 나아가 신라를 견제하는 군사적 목적에 있었다고 보고 있다. 따라서 762년부터 발해 사신이 武官에서 文官으로 바뀐 점은 발해의 정세 변화 나아가 발일교섭의 성격에도 변화가 있었음을 시사한다.

한편 이 시기에 일본은 이른바 新羅 征討計劃을 추진하고 있었다. 신라와 외교적 마찰을 겪던 일본은 759년 3년안에 신라를 정벌할 계획을 세웠던 것이다. 이때 주목되는 사실은 일본이 758년과 761년 두 차례 발해에 專使를 파견한 것이다. 이는 신라를 정벌하는 데 발해의 협조를 구하려는 의도에서 나왔다. 그런데 당시 발해는 762년 당으로부터 渤海國王으로 승진 책봉되었듯이 대당관계가 안정화 되었기 때문에 일본의 계획을 거절하였다. 결국 발해가 政堂省 左允의 직함을 지닌 왕신복을 파견한 것은 발해측의 사정과 주변 정세를 설명하려는 목적이었다.[60]

이러한 추이에 대해서는 한국학계도 대체로 동의하고 있다. 다만 이른바 新羅 征討計劃이 일본의 단독적인 계획이며, 따라서 발해가 소극적으로 대응했다는 데에는[61] 입장 차이도 있다. 즉 일본은 신라와 대립하고 있던 발해를 끌어들이는 전술을 구사했다는 점에서 '발해와 일본의 신라 협공계획'으로 파악하기도 하고[62], 나아가 발해가 적극적으로 주도했다는 입장에서 '발해의 新羅 侵攻計劃'이란 용어를 사용하기

---

60) 石井正敏, 2001(1974) <初期日本·渤海交涉における一問題> ≪앞 책≫ ; 酒寄雅志, 2001(1977) <八世紀における日本の外交と東アジアの情勢 - 渤海との關係を中心として> ≪앞 책≫
61) 河內春人, 1995 <東アジアにおける安史の亂の影響と新羅征討計劃> ≪日本歷史≫ 561 ; 具蘭憙, 1997 <앞 논문> 및 1998 <앞 논문>
62) 韓圭哲, 1993 <앞 글>

도 한다.[63]

이러한 견해들은 발해와 신라가 대립적이었다는 전제에 서 있다. 반면 문왕 전기에는 新羅道가 개설되어 후기에는 양국간에 활발한 교류가 이루어졌다고 보는 입장에 따르면 일본의 신라 정토계획, 또는 발해와 일본의 신라 협공계획, 발해의 新羅 侵攻計劃 등은 당시 일본과 신라의 대립, 발해와 일본의 밀접한 사신 파견 등을 지나치게 확대 해석했다고 비판받을 수 있다.[64] 최근에는 安史의 亂에 대한 발해의 중립적인 외교자세에 주목하여 발해가 이 계획에 참여했는지에 대해 회의적인 견해도 제기되었다.[65]

마찬가지로 초기 발일관계에서 일본의 군사적 역할 내지 위상을 강조하는 데 대한 반론도 제기되었다. 이에 따르면 발해 사신이 무관직이었던 이유는 발해 초기 무관들이 실권을 장악하였기 때문이지, 특별한 군사 임무를 담당하였기 때문에 무관이 파견된 것은 아니라는 것이다.[66]

3. 9세기 발해 聘期를 둘러싼 논란

8세기 발해와 일본간의 외교적 갈등은 군신관계를 강요하는 일본의 입장과 대등한 관계를 견지하는 발해의 입장이 충돌한 데서 발생하였다. 772년 발해 국서에 대해 일본이 무례하다고 질책하자 발해 사신은 문제가 되는 부분을 수정하여 사과한 바 있다. 이후 발해 국서를 둘러싸고 양국간에 외교적 갈등이 보이지 않고 오히려 경제적 교류가 활발

---

63) 朴眞淑, 2001, <앞 글> 46~59

64) 宋基豪, ≪앞 책≫ 113

65) 송완범, 2006 <8세기 중엽 '新羅征討' 계획으로 본 古代日本의 對外方針> ≪韓日關係史硏究≫ 25

66) 전영률, 1997 <앞 글>

하게 이루어졌다.

이처럼 8세기 후반 외교적 갈등이 사라진 이유에 대해서는, 발해가 대일교섭에서 보다 유연한 자세를 취하여 때로는 일본측의 自尊意識에 일부 부응해 주기도 하였으며, 그런 발해의 자세에 일본 조정은 스스로 만족하였다고 보는 것이 일반적인 견해이다.

전근대의 경제적 교류는 사신 파견을 통한 공무역의 성격이 강하였다. 발해 초기 사신단이 평균 20명 내외인 데 반해, 771년에는 325명, 776년에는 166명, 779년에는 369명으로 대폭 증가하였다. 사신단의 대규모화는 내부적으로 靺鞨諸部에 대한 정치적 통합과정과 관련이 있다고 보는 견해가 제기되었다. 이에 따르면 발해 왕권은 이들을 회유하기 위해 중앙에서 일종의 교역단을 조직하여 국가적 사절의 일원으로서 대외통교에 항상적으로 참여시켰으므로, 이 시기의 대일외교는 말갈제부를 지배체제에 통합하려는 의미를 갖는다.[67]

이처럼 발해가 경제적 교역을 중시함에 따라 일본의 명분에 부합하는 유연한 외교를 지속하였다. 그런데 8세기 후반 발해와 일본간에는 聘期 문제가 최대의 현안으로 부각되었다. 聘期란 발해가 일본에 사신을 정기적으로 파견하는 간격을 의미한다. 발해는 이때까지 부정기적으로 일본에 사신을 파견하였다.

795년 11월 강왕은 자신의 즉위와 문왕의 사망을 알리기 위해 일본에 사신을 파견하였다. 이에 대해 일본은 발해 국서의 무례함을 질책하고, 양국 관계의 단절을 암시하였다.[68] 강왕이 처음 보낸 국서에 어떤 점이 무례한지 알 수는 없지만, 아마도 문왕대에 논란이 되었던 국서 문제에 대해 강왕의 즉위를 계기로 환기시킨 것으로 보인다. 강왕

---

67) 李成市, 1997 ≪東アジアの王權と交易≫ (青木書店) ; 이성시 저, 김창석 옮김, 1999 ≪동아시아의 왕권과 교역≫ (청년사) 153~162 여기서는 '지배통합 전략'이라는 용어를 사용하고 있다.

68) ≪日本後紀逸文≫ 4, 延曆 15년 5월 丁未

은 796년 10월 두 번째 국서에서 먼저 발해 사신의 인원수를 20명으로 한정하고, 사신 파견의 간격에 대해서는 일본의 결정에 따르겠다고 제안하였다.[69]

이에 대한 일본의 반응은 지난날의 무례하고 불손한 국서와는 다르다는 점에서 발해가 잘못을 뉘우치고 朝貢의 年限을 요청한 것으로 파악하였다.[70] 뒤이어 798년 5월 일본은 거친 풍랑에 따른 항해의 어려움으로 매년 사신을 파견하는 것이 위험하다는 이유로 6년에 한번으로 횟수를 정하였다.[71] 이해 12월 발해에서는 다시 大昌泰를 파견하여 기간의 단축을 요구하자,[72] 결국 799년 4월 일본은 이를 받아들여 年限을 두지 않았고,[73] 9월 발해는 빙기 단축에 대한 답서를 보냈다.[74]

8세기 후반 일본이 국교 단절을 암시하자 발해가 적극적으로 聘期를 단축하려고 했던 의도는 무엇이었을까. 당시 일본이 외교상 簡易化 노선을 취하면서 조정 내부에서도 발해 사신에 대해 많은 비용을 지출할 필요는 없다는 견해가 우세를 점하게 되었다. 반면 이미 문왕 중반부터 대일외교를 경제적 교역으로 전환하였던 발해는 이를 유지하기 위해 외교자세를 낮추었기 때문으로 파악된다.[75]

발해의 사신 파견 기간을 둘러싼 논의는 799년 매년 파견하는 것으로 귀결되었다. 일본이 804년 6월 발해 사신이 처음 도착하는 能登國에 客院을 설치하도록 한 것은[76] 이에 따른 조치로 파악된다. 그런데

---

69) ≪日本後紀≫ 5, 延暦 15년 10월 己未
70) ≪日本後紀≫ 5, 延暦 15년 10월 壬申
71) ≪日本後紀逸文≫ 延暦 17년 5월 戊戌
72) ≪日本後紀逸文≫ 延暦 17년 12월 壬寅
73) ≪日本後紀≫ 8, 延暦 18년 4월 乙丑
74) ≪日本後紀≫ 8, 延暦 18년 9월 辛酉
75) 石井正敏, 1995 <光仁・桓武朝の日本と渤海> ≪日本古代の傳承と東アジア≫ (吉川弘文館)
76) ≪日本後紀≫ 12, 延暦 23년 6월 庚午

824년(建興 8)에 돌연 일본은 발해의 사신 파견 기간을 고쳤다. 즉 太政官에서 799년 발해의 요청으로 빙기에 연한을 두지 않았던 것을 824년 6월 1紀(12)년에 한번으로 개정하였던 것이다.[77]

그 이유에 대해 일본학계에서는 발해 사신의 접대에 경제적 비용이 적지 않았기 때문이라고 파악하였다.[78] 그런데 834년 빙기를 개정하면서 일본과 발해의 관계를 각각 大小, 上下로 설정하고, 이에 따라 일정한 규범을 두어야 한다는 명분을 제시하고 있다. 이 점은 언제부터인가 발해가 小·下로서 일본을 大·上으로 대하지 않았음을 의미한다. 발해의 태도 변화를 직접적으로 보여주는 사료는 없지만, 발해가 경제적 실리를 취하기 위하여 일본의 정치적 명분을 무조건 감수하지 않았음을 보여주는 좋은 사례이다.

여기서 주목할 사실은 이때부터 발해 사신의 파견 시점이 변화하였다는 점이다. 앞의 <표 1>에 의하면, 8세기에 발해 사신은 9·10월에 일본에 도착하여 12월 입경하였다가 이듬해 2월 이후 출국하는 경우가 대부분이었다. 반면 823년부터 발해 사신은 11~1월에 도착하여 4·5월에 입경하였다.

이처럼 발해 사신의 파견 시점이 1~2개월 지연된 것과 마찬가지로 도착 지점도 바뀌었다. 즉 발해 사신은 8세기에는 주로 越後 이북 즉 北陸 지방과 出羽에 도착한 반면, 9세기에는 주로 隱耆나 出雲 등 山陰 지방에 도착하였던 것이다. 이에 대해서는 8세기까지는 발해가 동해를 횡단하는 항해술을 가지지 못했지만, 9세기에는 항해술의 발달과 함께 신라와의 긴장관계가 완화되어 발해가 동해안 연안 항로를 이용할 수 있었고 나아가 江南交易圈과의 접촉을 지향했기 때문이라는 지적이 있었다.[79]

---

77) 《類聚三代格》 18, 夷俘幷外蕃人事, 太政官符, 改定渤海國使朝聘期事
78) 石井正敏, 1995 <앞 글> 443

8세기에 발해 사신은 9·10월에 일본에 도착하여 이듬해 정월에 入京하여 일본의 賀正 의식에 참석하였다. 이는 일본이 발해를 조공국으로 간주하는 현실적 근거가 되었다. 그런데 824년부터 발해 사신은 11월~1월에 일본에 도착하여 4·5월에 입경하였다. 그 결과 발해 사신은 賀正 의식에 불참함으로써 자연스럽게 군신관계로부터 이탈하게 된 것이다. 발해는 외교적 갈등의 소지를 원천적으로 봉쇄함으로써 일본과 경제적 교역에 치중할 수 있었던 것이다. 일본이 발해의 빙기를 12년에 1회로 제한하는 조치를 취하였던 것은 이 때문이었다. 현실적으로 발해를 강제할 수 없는 상황에서 일본은 발해가 중시하는 경제적 교역으로 일관하지 않겠다는 의사를 드러낸 것이었다.[80]

825년 藤原誓嗣가 빙기를 어기고 2년만에 다시 온 발해사신단에 대해, 이들의 실체는 상인이므로 隣國의 사절로 처우하여 국가의 인적, 물적 손실을 초래해서는 안된다고 건의하였으나 거부되었다.[81] 발해는 일본과 貂皮·熊皮·人蔘 등의 특산물을 중심으로 교역하는 한편 일본에 당의 문물제도를 소개하고 정보를 전달하는 중개적 역할을 수행하여 일본의 정치·경제·문화 등 다방면에 큰 영향을 끼쳤기 때문이다.

발해와 일본의 경제 교류는 주로 왕실간의 公貿易의 형태로 이루어졌지만, 민간무역도 일부 있었다. 양국 왕실간에 의례적인 예물교환의 형식으로 진행되는 공무역 이외에, 사신이 개인의 명의로 선물을 주고받는 형식의 무역, 사신단이 使館에서 일본측 관리들과 개인 상인을 상대로 하여 진행하는 사무역 등이 있었다. 양국간에는 발해의 상인들이 직접 일본에 가서 진행한 사무역도 있었다. 예컨대 746년 발해인과 鐵利人

79) 小嶋芳孝, 1996 <古代日本と渤海> ≪考古學ジャーナル≫ 411, 22~23 ; 윤명철, 1998 <渤海의 海洋活動과 동아시아 秩序 再編> ≪발해건국 1300주년≫ (학연문화사) 478~470
80) 김종복, 2008 <앞 글>
81) ≪日本後紀≫ 권34, 淳和天皇 3년 정월 戊辰朔

1,100명이 일본의 出羽國에 상륙하여 교역한 경우가 바로 그것이다.

일본이 발해에 수출한 것은 絹·綿·絁·綾·錦·布·纈羅·白羅·실·황금·수은·석유·水精念珠·檳榔扇 등이 있었으며, 발해가 일본에 보낸 것에는 담비 가죽·호랑이 가죽·인삼·꿀 등의 토산물과 함께 당의 물품도 포함되어 있었다.[82]

발해와 일본의 무역에 대한 연구성과는 주로 일본 학계에 의해 주도되었다.[83] 이에 따르면, 고대 일본의 對唐관계에서 견당사가 파견되지 않은 시대에는 신라가 이를 돕는 역할을 했고, 신라가 일본의 의도대로 되지 않게 되자 이번에는 발해가 일본과의 사이에 중계지 역할을 수행하였다는 것이다.

이에 대한 최근 한국학계의 비판을 소개하면 다음과 같다. 우선 신라나 발해가 어떠한 생각을 가지고 대일외교를 전개했는지에 대한 상호관계의 관점이 빠져 있다. 또한 일본학계의 견해는 8세기의 신라와 일본 관계의 본질을 정치의 긴장과 경제(교역)의 융성이라는 다른 원리에서 구하고 국가간의 국제정치와 경제가 각기 별개의 논리로 움직인다고 보고 있다. 오히려 교역과 정치는 별개의 논리가 아니라 일체이며, 교역 자체를 정치 행위로 보아야 한다는 것이다.[84]

Ⅳ. 맺음말

근대 역사학으로서의 발해사 연구는 일본 제국주의의 만주 침략과 함께 滿鮮史學이 주도하였다. 만선사학은 고대 일본과 만주의 역사적

---

82) 임상선, 1996 <사회·경제구조> 《발해(한국사10)》 172
83) 東野治之, 1984 <日唐間における渤海の中繼的役割> 《日本歷史》 483 ; 高瀬重雄, 1986 <古代の日本海交通－とくに日本と渤海の交流> 《季刊考古學》 15
84) 윤재운, 2006 《한국 고대무역사 연구》 (景仁文化社) 9~10

친연 관계를 강조하기 위하여 발해를 일본의 蕃國으로 파악히 였다.
1970년대 이후 일본학계는 시각을 점차 극복하였다. 즉 천황제 국가를
표방한 고대 일본은 일방적으로 발해를 번국으로 간주하였다는 것이
다. 그러나 발해는 경제적 실리를 위해 고대 일본의 태도를 감수하였
다고 보기 때문에, 이러한 파악 방식에는 수동적이고 종속적인 渤海史
像이 밑바탕에 깔려있다.

한국에서의 발해사 연구는 조선후기 實學者들로부터 비롯되지만, 근
대로의 전환기에 식민지로 전락하면서 본격적인 연구는 이루어지지 못
하였다. 해방 이후 만선사학에 의해 왜곡된 한국사의 체계를 수립하기
위해 南北國時代論이 제기되었다. 그러나 발해사 연구 자체가 침체된
상황에서 발해와 일본의 관계에 대한 연구도 부진하였다. 여기에는 일
본측 사료에 나타난 발해의 종속성을 극복할 논리가 제시되지 않았기
때문이기도 하다.

1980년대 이후 발해사가 본격적으로 연구되기 시작하면서 대일관계
에 등장하는 高句麗 繼承意識이나 天孫意識이 주목받았다. 나아가 8세
기 중반 양국간에 논란이 된 舅甥 관계는 발해가 일본보다 우월한 지
위를 나타낸다고 파악되었다. 이처럼 한국에서는 남북국시대론에 입각
하여 발해사를 한국사로 파악하기 때문에 발해사의 주체적인 입장을
강조하고 있다. 이 점에서 일본측 사료에 의거하여 재구성되는 발해와
일본의 국가적(외교적) 위상에 대해서는 일본학계와 의견 차이가 적지
않다.

발해와 일본의 추이를 개관하며 각 시기별 쟁점에 대한 양국의 구체
적인 연구 성과를 검토한 결과, 지금까지의 연구는 한일 모두 근대국
민국가의 一國史的 시각에 입각하여 해석하려는 경향이 강하다고 할
수 있다. 즉 일본학계는 발해가 일본에 종속적이라는 전제 하에 일본
과 당을 연결하는 중계적 역할에 관심을 갖는 반면, 한국학계는 발해

가 일본에 대해 얼마나 대등하였는지를 밝히는 데 치중하고 있다. 현재 입장이 강하게 반영된 과거 해석은 발해사에 대한 객관적인 접근을 방해하는 측면도 적지 않다.

한편 최근 탈민족·탈국가의 입장에서 발해와 일본의 구체적인 교섭을 파악하기 위하여 고고학 자료나 목간 등에 주목한 연구들이 진행되고 있다. 발해와 일본의 관계는 일차적으로 교섭 주체의 역사적 전개 과정을 규명하는 데 그 의미를 두어야 하지만, 궁극적으로는 한쪽이 다른 한쪽을 객체로 낮추지 않고 양국의 다양한 교류 양상을 통해 8세기 이후 동아시아의 역사를 밝히는 방향으로 나아가야 할 것이다.

A Reappraisal on the Interrelation between Balhae and Japan

Kim, Jong-Bok

A Manseonsahak, the historical view which asserted that Korean history and culture had been subordinate to Manchuria, took the initiative in the field of researching Parhar's history as a modern historiography with the Japanese imperialists' invasion of Manchuria. The Manseonsahak, considered that Balhae had been a tributary state of Japan with the purpose of emphasizing the historically close relationship between the ancient Japan and Manchuria. The Japanese academic society has transformed its view about Balhae history since 1970's. In other words, it has begun to be thought that the ancient Japan, which declared herself as the Emperor System state, unilaterally considered Balhae a tributary state of Japan. This kind of a view was made on the basis of the image of the Manseonsahak, which considered Balhae history had been subordinative and passive, as Balhae had accepted willingly the ancient Japan's view to get actual profit in economy.

The origin of the historical study about Balhae in Korea could be found among some scholars in the positive group in the late Joseon. However, it couldn't be regularized as Korea fell back to being the colony of Japan in the transitional period toward modern age. After the liberation of Korea, a Nambukkuksidaeron, a historical thinking that recognize the unified Silla and Balhae as the South state (Namkuk) and the North State (Bukkuk) each, was raised to establish Korean historiography newly. Because it was distorted seriously by the Manseonsahak, despite of that effort, also the research about a relative history between Balhae and Japan couldn't be done well because the study on Balhae history itself was not so active. In addition to that, a historical logic couldn't be put yet to overcome the image of subordinative Balhae history which had appeared in Japanese historical records.

Since the 1980's, the consciousness of succession from Goguryeo or the consciousness of the Heaven's offspring in Balhae's foreign relation with Japan occupied attention with regularizing study on Balhae history. Furthermore, the relationship of Gusaeng that had been issued between two countries in the middle of the 8th century was thought that Balhae had had the prior status to Japan's. Korean academic world emphasizes independent position of Balhae history because it considered Balhae history a Korean history, being based on the theory of the North and South State Period. From this point of view, there have been a slight difference differences between Korean scholars and Japanese scholars around the image of Balhae and the nation status of Japan; both of them were reorganized by Japanese historical documents.

This study researched concrete facts of studies on the periodical issues that had been made in Korea and Japan, with an overview of Balhae and Japan. As a result, it might be thought that there have been a strong trend that wanted to interpret Balhae history from the standpoint of a modern nation-state's history ever since. This trend could be seen in both, Korean and Japan. The Japan academic world has been interested in the Balhae's role of the intermediary to connect Japan and Tang dynasty supposing that Balhae was subordinate to Japan. On the other hand, the Korean academic world has concentrated on studying how much equal Balhae had been to Japan. Not a little interruptions have been made in the academic study of Balhae history because of the past interpretation trend which was affected by present historical view.

Meanwhile, some studies that pay attention to the archeological material and the wooden tablets beyond nationalism are being developed. These studies aim to grasp the concrete negotiation between Balhae and Japan. Primarily, the focus on the relationship between Balhae and Japan has to examine the historical development of negotiators. However, ultimately, the direction of the study has to go toward explaining about East Asia history since 8^{th}century through various exchange aspects between two countries, without a one-sided historical view.

Key words : Manseonsahak(滿鮮史學), Nambukkuksidaeron(南北國時代論), consciousness of succession from Goguryeo, consciousness of the Heaven's offspring, relationship of Gusaeng(舅甥)

渤海・日本の関係史の再検討

金鍾福

　近代歴史学としての渤海史研究は、日本帝国主義の満州侵略と共に満鮮史学が主導した。満鮮史学は、古代日本と満州との歴史的親縁関係を強調するために、渤海を日本の蕃国としている。1970年代以後、日本学界は視点を次第に克服した。即ち、天皇制国家を標榜した古代日本は一方的に渤海を蕃国に看做したということである。しかし、渤海は経済的実利のために古代日本の態度を甘受したと見るから、こうした考え方には受動的かつ従属的な渤海史像が根底に敷かれていた。

　韓国における渤海史研究は朝鮮後期の実学者達から始まっているが、近代への転換期に植民地に転落することで本格的な研究は成されなかった。解放以後、満鮮史学により歪曲された韓国史の体系を樹立するために南北国時代論が提起された。しかし、渤海史研究自体が滞った状況で、渤海と日本の関係に関する研究も不振であった。日本側の史料に記された渤海の従属性を克服する論理が提示されていなかったからである。

　1980年代以後、渤海史が本格的に研究され始めると、対日関係に登場する高句麗継承意識や天孫意識が注目されるようになった。さらに8世紀の中盤、両国間で論争になった舅甥関係では、渤海が日本より優越な地位を持っていたとされた。このように、韓国では南北国時代論に基づき渤海史を韓国史として把握するために、渤海史の具体的な立場を強調している。この点から、日本側の史料に基づいて再構成される渤海と日本の国家的(外交的)位相については、日本学界と見解の違いが少なくない。

　渤海と日本との関係の推移を概観して、各時期別の争点に対する両国の具体的な研究成果を検討した結果、いままでの研究は韓日の全ての近代国民国家の一国史的視覚に基づき解釈しようとする傾向が強かったといえる。即ち日本学界は、渤海が日本に従属的という前提の下で、日本と唐をつなぐ仲介的役割に関心を持つ反面、韓国学界は渤海が日本に対してどれ程対等であったかを解明することに重点を置いている。現在の立場が強く反映された過去解釈は、渤海史に対する客観的な接近を妨害する側面も少なくない。

　一方、最近脱民族・脱国家の立場から、渤海と日本の具体的な交渉を把握するために、考古学の資料や木簡などに注目した研究が進んでいる。渤海と日本の関係は、一次的には交渉主体の歴史的展開過程を究明するのにその意味を置かなければならないが、究極的には片側がもう一方の片側を客体に降ろすことなく、両国の多様な交流様相を通じて、8世紀 以後の東アジアの歴史を明かす方向へと進むべきことである。

主題語 : 満鮮史学、南北国時代論、高句麗 継承意識、天孫意識、舅甥関係

찾아보기

· 한일관계사연구논집 편찬위원

　위원장 : 조　광(고려대학교 한국사학과 교수)
　위　원 : 노태돈(서울대학교 국사학과 교수)
　　　　　김태식(홍익대학교 역사교육과 교수)
　　　　　조법종(우석대학교 사회교육과 교수)
　　　　　손승철(강원대학교 사학과 교수)
　　　　　이계황(인하대학교 일어일문학전공 교수)
　　　　　한명기(명지대학교 사학과 교수)
　　　　　주진오(상명대학교 역사콘텐츠학과 교수)
　　　　　류승렬(강원대학교 역사교육과 교수)
　　　　　하종문(한신대학교 일본지역학과 교수)
　　　　　이석우(인하대학교 법학전문대학원 부교수)
　　　　　이찬희(한국교육개발원 석좌연구위원)
　　　　　정재정(서울시립대학교 국사학과 교수)
　　　　　김도형(연세대학교 사학과 교수)
　　　　　정진성(서울대학교 사회학과 교수)
　　　　　현명철(경기고등학교 교사)
　　　　　신주백(연세대학교 국학연구원 HK연구교수)

고대 동아시아 재편과 한일관계　　　　　　　　값 26,000원

　2010년 3월 15일　초판 인쇄
　2010년 3월 25일　초판 발행

　　　　　　　　편　　자 : 한일관계사연구논집 편찬위원회
　　　　　　　　발 행 인 : 韓 政 熙
　　　　　　　　편　　집 : 신학태 김지선 문영주 정연규 안상준 문유리
　　　　　　　　발 행 처 : 景仁文化社
　　　　　　　　　　　　　서울특별시 마포구 마포동 324-3
　　　　　　　　　　　　　전화 : 718-4831~2, 팩스 : 703-9711
　　　　　　　　　　　　　http://www.kyunginp.com
　　　　　　　　　　　　　E-mail : kyunginp@chol.com
　　　　　　　　등록번호 : 제10-18호(1973. 11. 8)

ISBN : 89-499-0679-9 94910 세트
　　　　89-499-0682-9 94910
* 파본 및 훼손된 책은 교환해 드립니다.